Prof. Dr. Klaus Hahn

BilMoG Kompakt
3., aktualisierte und erweiterte Auflage

Ihnen, Lieber Herr Uhrmacher,

mit besten Grüßen

Ihr

Klaus Hahn

2011
HDS-Verlag
Weil im Schönbuch

HDS
Verlag

Bibliografische Information der Deutschen Bibliothek
Die Deutsche Bibliothek verzeichnet diese Publikation
in der Deutschen Nationalbibliografie; detaillierte bibliografische Daten
sind im Internet über http://dnb.ddb.de abrufbar

Gedruckt auf säure- und chlorfreiem, alterungsbeständigem Papier

ISBN: 978-3-941480-36-0

Dieses Werk einschließlich aller seiner Teile ist urheberrechtlich geschützt. Jede Verwertung außerhalb der engen Grenzen des Urheberrechtsgesetzes ist ohne Zustimmung des Verlages unzulässig und strafbar. Das gilt insbesondere für Vervielfältigungen, Übersetzungen, Mikroverfilmungen und die Einspeicherung und Verarbeitung in elektronischen Systemen.

© 2011 HDS-Verlag
Harald Dauber
www.hds-verlag.de
info@hds-verlag.de

Layout und Einbandgestaltung: Peter Marwitz – etherial.de
Druck und Bindung: Gebr. Knöller GmbH & Co KG, Stuttgart
Verarbeitung: Buchbinderei Schallenmüller, Stuttgart
Printed in Germany
August 2011

HDS-Verlag Weil im Schönbuch

Der Autor

Prof. Dr. Klaus Hahn, Steuerberater. Nach dem Studium der Betriebswirtschaftslehre an den Universitäten Stuttgart und Mannheim wissenschaftlicher Angestellter und Promotion zum Dr. rer. pol. an der Universität Mannheim. Von 1984 bis 1995 obere Führungskraft im Finanz- und Rechnungswesen im Hause Daimler-Benz, zuletzt als Hauptabteilungsleiter „Einzelabschluss der Daimler Benz AG" und als Vice President für den Bereich „Grundsätze, Konzepte und Methoden der Bilanzierung". Seit 1995 Leiter des BWL-Studiengangs Steuern und Prüfungswesen an der Dualen Hochschule Baden-Württemberg Stuttgart (Baden-Württemberg Cooperative State University Stuttgart). Autor zahlreicher Fachbeiträge zur nationalen und internationalen Rechnungslegung und Referent bei namhaften Instituten und Unternehmen.

Vorwort zur 3. Auflage

Die Gesetzesänderungen im BilMoG sind sehr vielschichtig und umfassend. Das Buch soll einen leichten und schnellen, aber dennoch fundierten Zugang zu den Neuregelungen ermöglichen. Damit der Leser den Fokus gezielt auf die für ihn relevanten Themen ausrichten kann, werden diese nicht in der Reihenfolge der einzelnen Paragrafen der Gesetze behandelt, sondern nach Sachthemen.

Zu diesem Zweck werden zunächst die generellen Änderungen, die losgelöst von einzelnen Bilanzposten sind, aufgezeigt. Dabei wird in gravierende Gesetzesänderungen und Änderungen, die nur der Klarstellung bzw. Konkretisierung dienen, unterschieden. Danach werden durch systematische Gegenüberstellungen des bisherigen und des neuen Rechts die Änderungen bei den einzelnen Bilanzposten im Einzel- und Konzernabschluss detailliert aufgezeigt. Dabei wird ebenfalls entsprechend der Bedeutung der Änderungen unterteilt in gravierende Gesetzesänderungen und Änderungen, die spezifische Einzelregelungen beinhalten. Um die Tragweite der Umstellungen vollständig aufzuzeigen, werden bei der Darstellung der einzelnen Bilanzposten auch die Ausweisvorschriften, die Übergangsregelungen sowie die Unterschiede zum deutschen Steuerbilanzrecht und zu den IFRS mit einbezogen. Darüber hinaus werden die neuen Offenlegungsvorschriften im Anhang und Lagebericht sowie die neu geregelten Themengebiete der Corporate Governance und der Abschlussprüfung beschrieben. In einem Schlusskapitel wird gezeigt, welche Änderungen das bilanzpolitische Instrumentarium der Unternehmen durch das BilMoG erfährt. Synoptische Darstellungen runden einzelne Kapitel ab.

Vor dem Hintergrund der Finanzmarktkrise hat sich die Verabschiedung des Gesetzes mehrfach verzögert. Im Vergleich zum ursprünglichen Regierungsentwurf ergaben sich vor allem Änderungen im Umfang der zulässigen Zeitwertbewertung. In der Summe verbleibt aber nach wie vor ein umfassendes Reformwerk, welches insbesondere zu einer Erhöhung des Informationsgehalts der HGB-Abschlüsse führt und die größte Reform des deutschen Bilanzrechts seit 25 Jahren beinhaltet. Soweit im Rahmen des Buches auf die Gesetzesbegründung verwiesen wird, bezieht sich diese, wenn nichts anderes angegeben ist, auf die Begründung der Bundesregierung zum Regierungsentwurf vom 21.05.2008.

Um die bisherigen und die neuen Rechtsvorschriften voneinander abzugrenzen, wurden die neuen Gesetzesvorschriften mit dem Zusatz n.F. (neue Fassung) versehen.

Die Fertigstellung der 1. Auflage dieses Buches unmittelbar nach der Verabschiedung des BilMoG wäre nicht möglich gewesen ohne vielfältige Unterstützung im beruflichen und privaten Bereich. Besonders bedanken möchte ich mich für inhaltliche Anregungen bei Herrn Jens Dohmen und Herrn Dipl.-Kfm. Klaus-Dieter Hopffer sowie für die Durchsicht des Manuskripts bei Frau Simone Geyer, Frau Dipl.rer.com. Yvonne Langheld und Herrn Dipl.-Kfm. Julian Hahn.

Die 2. Auflage wurde durchgängig redaktionell überarbeitet. Darüber hinaus wurden aktuelle Diskussionspunkte aus der Literatur und Praxis aufgenommen, so z.B. die Frage des Netto- oder Bruttoausweises der Rückstellungszuführungen in der GuV. Im Rahmen der Umstellungsprojekte auf das BilMoG spielen die Anpassungsbuchungen eine zentrale Rolle. Die 2. Auflage enthält daher hierzu zwei neue Anhänge. In Kapitel 8.2 werden die spezifischen gesetzlichen Übergangsregelungen für einzelne Bilanzposten systematisch aufbereitet. Kapitel 8.3. beinhaltet eine "Checkliste", aus der die Fälle ersichtlich sind, die zu einmaligen Aufwendungen und Erträgen im Umstellungsjahr führen. An der Erstellung der 2. Auflage hat maßgeblich Herr Jens Dohmen mitgewirkt. Ihm gebührt hierfür ein besonderer Dank.

Die 3. Auflage wurde redaktionell überarbeitet und inhaltlich erweitert. Insbesondere wurden aktuelle berufsständische Verlautbarungen und Kommentierungen zum BilMoG berücksichtigt und die konkrete Umsetzung der Vorschriften anhand von Beispielen aus der BilMoG-Bilanzierungspraxis verdeutlicht. Dabei werden auch bilanzpolitische und bilanzanalytische Gestaltungen aufgezeigt. Für die Durchsicht der Erweiterungen gilt mein ausdrücklicher Dank Herrn Jens Dohmen und Herrn Dipl.-Kfm. Julian Hahn.

Anregungen und Anmerkungen zu dem Buch können Sie gerne dem Verfasser per E-Mail (hahn@dhbw-stuttgart.de) zusenden.

Stuttgart, im Juli 2011
Prof. Dr. Klaus Hahn

Inhaltsverzeichnis

Der Autor V
Vorwort zur 3. Auflage VII
Abkürzungsverzeichnis XV

1. Anwendungsbereich, Ziele und Bedeutung des BilMoG 1
1.1 Gesetzeshistorie 1
1.1.1 Vom BiRiLiG zum BilMoG 1
1.1.2 Gesetzgebungsverfahren des BilMoG 1
1.2 Gegenstand des BilMoG 1
1.3 Ziele des BilMoG 2
1.3.1 Das magische Fünfeck der Zielsetzungen 2
1.3.2 Eigenständiges Regelwerk 2
1.3.3 Vollwertiges Regelwerk 3
1.3.4 Kostengünstiges Regelwerk 4
1.3.5 Ausschüttungsrelevanz 4
1.3.6 Besteuerungsrelevanz 4
1.3.7 Das BilMoG als Kompromisslösung 5
1.4 Das BilMoG als Artikelgesetz 5
1.5 Gegenstand und Auswirkungen des BilMoG 6
1.6 Übergang auf das BilMoG 7
1.7 Anwendungsbeginn des BilMoG 7
1.7.1 Regulärer Anwendungsbeginn 7
1.7.2 Freiwilliger vorgezogener regulärer Anwendungsbeginn 10
1.7.3 Gesetzlich vorgezogener Anwendungsbeginn für Einzelregelungen 11

2. Generelle Neuregelungen 12
2.1 Gravierende Gesetzesänderungen 12
2.1.1 Wegfall der Rechnungslegungspflicht für bestimmte Kleinstunternehmen 12
2.1.2 Anhebung der Schwellenwerte/Größenmerkmale 13
2.1.2.1 Einzelabschluss 13
2.1.2.2 Konzernabschluss 13
2.1.3 Abschaffung der umgekehrten Maßgeblichkeit 14
2.1.4 Erweiterung des Stetigkeitsgrundsatzes 19
2.1.5 Erweiterung der Abschlussbestandteile 20
2.1.5.1 Kapitalflussrechnung und Eigenkapitalspiegel 20
2.1.5.2 Segmentberichterstattung 20
2.2 Klarstellungen/Konkretisierungen 21
2.2.1 Zuordnung nach dem wirtschaftlichen Eigentum 21
2.2.2 Definition der kapitalmarktorientierten Kapitalgesellschaft 22
2.2.3 Erweiterung der Befugnisse des DRSC 22

3. Einzelabschluss 24
3.1 Gravierende Änderungen 24

3.1.1	Selbst geschaffene immaterielle Vermögensgegenstände	24
3.1.1.1	Generelle Neuregelung	24
3.1.1.2	Explizite Ausnahmeregelungen	25
3.1.1.3	Bilanzierung von Forschungs- und Entwicklungskosten	25
3.1.1.4	Sonderregelungen für einzelne immaterielle Vermögensgegenstände	32
3.1.2	Bewertung von Handelspapieren zu Zeitwerten	33
3.1.2.1	Keine Zeitwertbewertung bei Nicht-Banken	33
3.1.2.2	Zeitwertbewertung bei Banken	34
3.1.3	Pensionsrückstellungen	36
3.1.3.1	Grundsätzliche Regelungen	36
3.1.3.2	Ansparverfahren	36
3.1.3.3	Altzusagen und mittelbare Verpflichtungen	37
3.1.3.4	Abzinsungssatz	38
3.1.3.5	Berücksichtigung von erwarteten Lohn- und Gehaltssteigerungen sowie Rentenerhöhungen	40
3.1.3.6	Übergangsregelungen für Pensionsverpflichtungen	41
3.1.3.7	Saldierung	43
3.1.3.8	Generelle Anhangangaben	45
3.1.3.9	Pensionsrückstellungen: Zusammenfassung	46
3.1.4	Sonstige Rückstellungen	47
3.1.4.1	Zulässige Rückstellungen	47
3.1.4.2	Berücksichtigung künftiger Preis- und Kostensteigerungen	49
3.1.4.3	Abzinsung langfristiger Rückstellungen	50
3.1.4.4	Zusammenfassender Vergleich der Sonstigen Rückstellungen mit IFRS	54
3.1.4.5	Sonstige Rückstellungen: Zusammenfassung	55
3.1.5	Latente Steuern	56
3.1.5.1	Gegenüberstellung des neuen Wortlauts des bisherigen und neuen § 274 HGB	56
3.1.5.2	Beispielhafte Verdeutlichung der Wirkungsweise latenter Steuern	57
3.1.5.3	Systematisierung der Differenzen zwischen Handels- und Steuerbilanz	58
3.1.5.4	Konzept der Steuerabgrenzung	59
3.1.5.5	Methode der Steuerabgrenzung	62
3.1.5.6	Stufen der Steuerlatenzermittlung	64
3.1.5.7	Ansatz- und Bewertungsvorschriften latenter Steuern	65
3.1.5.8	Ausweisregelungen latenter Steuern im Einzelabschluss	71
3.1.5.9	Ausschüttungs- und Ergebnisabführungssperre latenter Steuern im Einzelabschluss	75
3.1.5.10	Latente Steuern aus der erstmaligen Anwendung des BilMoG	75
3.1.5.11	Latente Steuern: Zusammenfassung	77
3.2	Einzeländerungen	78
3.2.1	Außerplanmäßige Abschreibung im Anlagevermögen bei vorübergehender Wertminderung	78
3.2.2	Neuregelungen zur außerplanmäßigen Abschreibung im Anlage- und Umlaufvermögen nach vernünftiger kaufmännischer Beurteilung	79
3.2.3	Verschärfung der Wertaufholungspflichten	79
3.2.4	Herstellungskosten selbst erstellter Vermögensgegenstände	80
3.2.5	Verbrauchsfolgeverfahren	81

3.2.6	Außerplanmäßige Abschreibung im Umlaufvermögen nach vernünftiger kaufmänischer Beurteilung auf niedrigeren Zukunftswert	81
3.2.7	Konkretisierung der Währungsumrechnung im Einzelabschluss	82
3.2.8	Bildung von Bewertungseinheiten (Hedge-Accounting)	83
3.2.9	Konkretisierung des Eigenkapitalausweises	85
3.2.9.1	Ausstehende Einlagen	85
3.2.9.2	Ausweis von eigenen Anteilen	86
3.2.10	Wegfall bestimmter aktiver Abgrenzungsposten	87
3.2.10.1	Abgrenzungsposten für als Aufwand berücksichtigte Umsatzsteuer auf erhaltene Anzahlungen	87
3.2.10.2	Abgrenzungsposten für als Aufwand berücksichtigte Zölle und Verbrauchsteuern auf Vorräte	88
3.2.11	Änderungen bei den Anhangangaben	89
3.2.11.1	Unterteilung der zusätzlichen Anhangangaben	89
3.2.11.2	Neue Anhangangaben mit Ergänzungsfunktion	89
3.2.11.3	Modifizierte Anhangangaben mit Ergänzungsfunktion	91
3.2.11.4	Befreiungsregelungen von den Anhangangaben	94
4.	**Konzernabschluss**	**96**
4.1	Gravierende Änderungen	96
4.1.1	Erweiterung des Konzerntatbestands	96
4.1.2	Methoden der Kapitalkonsolidierung	98
4.1.2.1	Methoden der Kapitalkonsolidierung nach bisherigem und neuem Recht im Überblick	98
4.1.2.2	Abschaffung der Interessenzusammenführungsmethode	98
4.1.2.3	Abschaffung der Buchwertmethode	99
4.1.2.4	Abschaffung der erfolgsneutralen Goodwill-Behandlung	105
4.1.2.5	Abschaffung des Verrechnungswahlrechts aktiver und passiver Unterschiedsbeträge aus der Kapitalkonsolidierung	105
4.1.3	Latente Steuern im Konzernabschluss	106
4.1.3.1	Stufen der Steuerlatenzermittlung im Konzern	106
4.1.3.2	Ansatz und Bewertung latenter Steuern im Konzernabschluss auf der Ebene Handelsbilanz II	106
4.1.3.3	Ansatz und Bewertung latenter Steuern im Konzernabschluss infolge von Konsolidierungsvorgängen	107
4.2	Einzeländerungen	113
4.2.1	Änderungen des Minderheitenschutzes bei befreienden Gesamtkonzernabschlüssen	113
4.2.2	Festlegung der Berichtsform bei Änderungen des Konsolidierungskreises	114
4.2.3	Festlegung des Zeitpunkts der Erstkonsolidierung	115
4.2.4	Neuregelung zur Abbildung von Rückbeteiligungen	115
4.2.5	Abschaffung der Kapitalanteilsmethode für assoziierte Unternehmen	116
4.2.6	Währungsumrechnung: Einführung Modifizierte Stichtagskursmethode	117
4.2.7	Erhöhung der Anforderungen an einen befreienden Konzernabschluss	117
4.3	Änderungen bei den Anhangangaben	118
4.4	Verbleibende wesentliche Unterschiede zwischen IFRS und BilMoG im Rahmen der Konsolidierung	118
4.5	Konzernrechnungslegung: Zusammenfassung	118

5.	**Erweiterungen des Lageberichts**	121
5.1	Erklärung zur Unternehmensführung	121
5.2	Beschreibung des internen Kontroll- und Risikomanagementsystems	122
6.	**Corporate Governance und Abschlussprüfung**	123
6.1	Hinweise zum Anwendungsbeginn	123
6.2	Zusammensetzung des Aufsichtsrats	123
6.3	Einrichtung eines internen Prüfungsausschusses	124
6.4	Übernahme der Internationalen Prüfungsstandards (ISA) und Verordnungsermächtigung des BMJ	125
6.5	Erweiterungen der Verantwortlichkeit des Konzernabschlussprüfers bei Übernahme der Ergebnisse vorgelagerter Prüfungen	126
6.6	Erweiterte Rotationspflichten	126
6.7	Einführung einer Netzwerkregelung	127
6.8	Cooling-off Periode (Auszeit) beim Wechsel zum Mandanten	128
6.9	Konkretisierung und Ausweitung der Honorarangaben	128
6.10	Information an die Wirtschaftsprüferkammer bei Auflösung des Prüfungsauftrags	129
6.11	Informationsrecht bei Wechsel des Abschlussprüfers	129
6.12	Schriftliche Unabhängigkeitserklärung	130
6.13	Konkretisierung des Berichtsumfangs an Aufsichtsrat und Prüfungsausschuss	130
6.14	Zusammenfassung und ergänzender Hinweis	131
7.	**Resümee und Ausblick**	133
7.1	Veränderungen der bilanzpolitischen Spielräume	133
7.1.1	Verlagerung der bilanzpolitischen Stellschrauben	133
7.1.2	Abschaffung von Wahlrechten im Rahmen des BilMoG	133
7.1.2.1	Wegfall von Ansatzwahlrechten	133
7.1.2.2	Wegfall von Bewertungswahlrechten	134
7.1.2.3	Wegfall von Konsolidierungswahlrechten	135
7.1.2.4	Verbleibende Wahlrechte	135
7.1.2.5	Neue Wahlrechte	136
7.1.2.6	Neue Ermessensspielräume	136
7.2	Auseinanderfallen von Handels- und Steuerbilanz	137
7.2.1	Gründe für das Auseinanderfallen	137
7.2.2	Zusammenfassender Überblick über die Durchbrechungen der Maßgeblichkeit im Rahmen des BilMoG	138
7.3	Resümee der neuen Vorschriften und Auswirkungen auf die Bilanzierungspraxis	139
8.	**Anhang**	141
8.1	Regelungen mit vorgezogenem Anwendungsbeginn	141
8.1.1	Geschäftsjahre, die nach dem 31.12.2007 beginnen gem. Art. 66 Abs. 1 EGHGB n.F.	141
8.1.2	Geschäftsjahre, die nach dem 31.12.2008 beginnen gem. Art. 66 Abs. 2 EGHGB n.F.	141
8.2	Übergangsregelungen im Einzel- und Konzernabschluss	142
8.2.1	Grundsätzliche Regelung	142
8.2.2	Spezielle Übergangsregelungen (Ausnahmeregelungen)	143
8.2.2.1	Übersicht	143

8.2.2.2	Ausschließlich prospektive Anwendung	143
8.2.2.3	Wahlweise prospektive oder retrospektive Anwendung	144
8.2.2.4	Ausschließlich retrospektive Anwendung, aber mit Sonderregelung	146
8.3	Checkliste der erfolgswirksamen BilMoG-Anpassungen	147
8.3.1	Außerordentliche Aufwendungen	147
8.3.2	Außerordentliche Erträge	148
8.3.2	Außerordentliche Aufwendungen oder außerordentliche Erträge	149

Literaturverzeichnis 151
Stichwortregister 155

Abkürzungsverzeichnis

AHK	Anschaffungs- oder Herstellungskosten
AktG	Aktiengesetz
AO	Abgabenordnung
BC	Bilanzbuchhalter und Controller (Zeitschrift)
BilKoG	Bilanzkontrollgesetz
BilMoG	Bilanzrechtsmodernisierungsgesetz
BilReG	Bilanzrechtsreformgesetz
BiRiLiG	Bilanzrichtliniengesetz
BMJ	Bundesministerium der Justiz
DB	Der Betrieb (Zeitschrift)
DPR	Deutsche Prüfstelle für Rechnungslegung
DRSC	Deutsches Rechnungslegungs Standards Committee
DStR	Deutsches Steuerrecht (Zeitschrift)
EGHGB	Einführungsgesetz zum HGB
EHUG	Elektronisches Handels- und Genossenschaftsregister
EStDV	Einkommensteuer-Durchführungsverordnung
EStG	Einkommensteuergesetz
EStR	Einkommensteuerrichtlinien
FGG	Gesetz über die Angelegenheiten der freiwilligen Gerichtsbarkeit
FuE	Forschung und Entwicklung
GE	Geldeinheiten
GenG	Genossenschaftsgesetz
GmbHG	Gesetz betreffend die Gesellschaften mit beschränkter Haftung
GoB	Grundsätze ordnungsmäßiger Buchführung
GuV	Gewinn- und Verlustrechnung
HB	Handelsbilanz
HFA	Hauptfachausschuss des Instituts der Wirtschaftsprüfer
HGB	Handelsgesetzbuch
Hs	Halbsatz
IAS	International Accounting Standards
IDW	Institut der Wirtschaftsprüfer
IFAC	International Federation of Accountants
IFRIC	International Financial Reporting Interpretations Committee
IFRS	International Financial Reporting Standards
InVG	Investmentvermögensgesetz
ISA	International Standards of Auditing

KapAEG	Kapitalaufnahmeerleichterungsgesetz
KapCoRiLiG	Kapitalgesellschaften- und Co-Richtliniengesetz
KonTraG	Gesetz zur Kontrolle und Transparenz im Unternehmensbereich
KoR	Kapitalmarktorientierte Rechnungslegung (Zeitschrift)
KWG	Kreditwesengesetz
n.F.	neue Fassung
RAP	Rechnungsabgrenzungsposten
RechKredV	Rechtsverordnung über die Rechnungslegung der Kreditinstitute
RegE	Regierungsentwurf
SEStEG	Gesetz über steuerliche Begleitmaßnahmen zur Einführung der Europäischen Gesellschaft und zur Änderung weiterer steuerrechtlicher Vorschriften
SFAS	Statement of Financial Accounting Standards
SIC	Standing Interpretations Committee
SME	Small and Medium Sized Entities
sog.	so genannt/e/r
StB	Steuerbilanz
T€	Tausend Euro
TUG	Transparenzrichtlinie-Umsetzungsgesetz
US GAAP	United States Generally Accepted Accounting Principles
VorStOG	Vorstandsvergütungs-Offenlegungsgesetz
WPg	Wirtschaftsprüfung (Zeitschrift)
WPHG	Wertpapierhandelsgesetz
WPK	Wirtschaftsprüferkammer
WPO	Wirtschaftsprüferordnung

1. Anwendungsbereich, Ziele und Bedeutung des BilMoG
1.1 Gesetzeshistorie
1.1.1 Vom BiRiLiG zum BilMoG

Das **Bilanzrechtsmodernisierungsgesetz** (BilMoG) stellt die größte Reform des deutschen Bilanzrechts seit Einführung des Bilanzrichtliniengesetzes (BiRiLiG) im Jahre 1985 dar. Zwar wurden auch zwischen 1985 und 2007 eine Reihe von neuen Gesetzen zur Rechnungslegung und Offenlegung vom Gesetzgeber verabschiedet, wie dies die nachstehende Übersicht zeigt. Gegenstand dieser Gesetze waren aber im Wesentlichen nur einzelne Vorschriften der Konzernrechnungslegung und der Corporate Governance, während das BilMoG eine fundamentale Reform der Rechnungslegungsvorschriften sowohl für den **Einzelabschluss** als auch den Konzernabschluss beinhaltet.

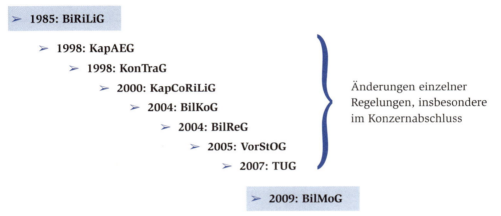

1.1.2 Gesetzgebungsverfahren des BilMoG
Den **Zeitablauf** des Gesetzgebungsverfahrens zeigt folgende Aufstellung:

- 08.11.2007: Vorlage des Referentenentwurfs vom BMJ
  (54 Seiten Gesetzestext und 187 Seiten Erläuterungen)
- 08.01.2008: Anhörung beim BMJ
- 21.05.2008: Vorlage des Regierungsentwurfs
  (64 Seiten Gesetzestext und 188 Seiten Erläuterungen)
- 04.07.2008: Stellungnahme des Bundesrats
- 30.07.2008: Erwiderung der Bundesregierung zur Stellungnahme des Bundesrats
- 25.09.2008: 1. Lesung im Bundestag
- 17.12.2008: Öffentliche Anhörung im Rechtsausschuss des Bundestages
- 18.03.2009: Annahme des Gesetzes im Rechtsausschuss des Bundestags
- 26.03.2009: 2. und 3. Lesung im Bundestag und Verabschiedung des Gesetzes
- 03.04.2009: Zustimmung des Bundesrats
- 28.05.2009: Verkündung im Bundesgesetzblatt
- 29.05.2009: Inkrafttreten des Gesetzes

1.2 Gegenstand des BilMoG
Das BilMoG erstreckt sich im Einzelnen für kapitalmarkt- und nichtkapitalmarktorientierte Unternehmen auf folgende **Anwendungsbereiche**:

1. Anwendungsbereich, Ziele und Bedeutung des BilMoG

	Einzelabschluss	Konzernabschluss	
Kapitalmarktorientierte Mutterunternehmen	HGB (BilMoG)	IFRS	

		Wahlrecht	
		IFRS	HGB (BilMoG)
Nicht kapitalmarktorientierte Mutterunternehmen	HGB (BilMoG)	IFRS	HGB (BilMoG)

Die Systematisierung zeigt, dass die **Einzelabschlüsse** deutscher Unternehmen ausnahmslos vom BilMoG betroffen sind. Im **Konzernabschluss** sind die Neuregelungen des BilMoG von allen nicht kapitalmarktorientierten Mutterunternehmen anzuwenden, die von dem Wahlrecht zum freiwilligen Übergang auf IFRS keinen Gebrauch gemacht haben. Die Konzernabschlüsse, die nach IFRS erstellt werden, werden dagegen durch die Neuregelungen im BilMoG grundsätzlich nicht tangiert.

1.3 Ziele des BilMoG

1.3.1 Das magische Fünfeck der Zielsetzungen

Laut der Gesetzesbegründung der Bundesregierung benötigen die Unternehmen, die Abschlüsse nach deutschem Recht erstellen, eine **moderne Bilanzierungsgrundlage**, die mit IFRS konkurrenzfähig ist. Das BilMoG soll daher folgende Ziele erfüllen, welche in Form des nachstehenden „Magischen Fünfecks" verdeutlicht werden können (vgl. auch Hahn, 2009):

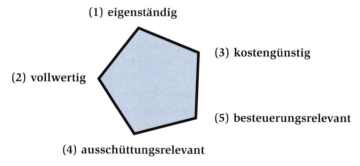

Das BilMoG soll also als eigenständiges Regelwerk losgelöst von IFRS angewandt werden können. Inhaltlich soll es vollwertig mit IFRS aber für die Unternehmen kostengünstiger sein. Außerdem sollen die Regelungen wie bisher als Ausgangsbasis für die Ausschüttung und Besteuerung geeignet sein. Zudem werden im Rahmen des BilMoG bestimmte aktualisierte Richtlinien der EU in das deutsche Bilanzrecht umgesetzt.

1.3.2 Eigenständiges Regelwerk

Die in § 252 Abs. 1 HGB verankerten Grundsätze ordnungsmäßiger Bilanzierung (GoB), d.h. insbesondere das Vorsichtsprinzip und die daraus abgeleiteten Prinzipien, wie das Anschaffungswertprinzip sowie das Realisations- und Imparitätsprinzip, bleiben im Rahmen des BilMoG in der Formulierung unverändert. Dies hindert den Gesetzgeber jedoch nicht daran, in Form von neuen Einzelregelungen gegen diese Grundsätze in ihrem traditionellen Verständnis zu verstoßen bzw. sie neu zu interpretieren (vgl. hierzu auch Wüstemann, 2007). Hierzu zählt z.B. das Aktivierungswahlrecht für eigene Entwicklungskosten. Diese **dynamische Rechtsfortentwicklung** der GoB durch den Gesetzgeber führt im Ergebnis zu einem Konglomerat von Einzelregelungen, bestehend aus:

> - Regelungen, die **unverändert** bleiben, z.B. erfolgt bei der Bilanzierung langfristiger Auftragsfertigung kein Übergang auf die Percentage of Completion Method (Teilgewinnrealisierung) entsprechend IFRS (IAS 11).
> - Regelungen, die eine **volle Übernahme** der IFRS beinhalten, z.B. die Abschaffung der Buchwertmethode entsprechend IAS 27 im Rahmen der Kapitalkonsolidierung gem. § 301 Abs. 1 HGB n.F.
> - Regelungen, die **wahlweise die Übernahme** der IFRS-Bestimmungen erlauben, z.B. das Aktivierungswahlrecht für aktive latente Steuern auf Verlustvorträge gem. § 274 Abs. 1 HGB n.F., für die gem. IAS 12 eine Aktivierungspflicht besteht.
> - Regelungen, die nur **teilweise** die IFRS übernehmen, z.B. die Behandlung des erworbenen Goodwill. Einerseits schreiben §§ 246 Abs. 1 S. 2 und 309 Abs. 1 HGB n.F. entsprechend IAS 27 eine Aktivierungspflicht vor, andererseits wurde aber der sog. Impairment-Only-Approach nach IAS 36 bzw. IFRS 3 für die Folgebewertung nicht übernommen.

Trotz dieser **Heterogenität** der Vorschriften ist positiv hervorzuheben, dass letztendlich – abgestellt auf die deutschen Rahmenbedingungen – aus den IFRS gezielt bestimmte Regelungen übernommen wurden. Allerdings stellt sich die Frage, wie die **Regelungslücken** in den neuen Bestimmungen interpretiert und geschlossen werden. Da die neuen Regelungen häufig vom Grundsatz her den IFRS entsprechen, bietet sich eine an IFRS angelehnte Interpretation an, nicht zuletzt vor dem Hintergrund, dass dadurch den Unternehmen, die im Konzernabschluss bereits nach IFRS bilanzieren, die Erstellung des HGB-Abschlusses erleichtert wird.

1.3.3 Vollwertiges Regelwerk

Die Wertigkeit eines Regelwerks wird aus Sicht der Adressaten vor allem bestimmt durch die Klarheit und Eindeutigkeit der Regelungen. Im Rahmen des BilMoG werden die meisten der bisherigen **Bilanzierungs-, Bewertungs- und auch Ausweiswahlrechte** sowie **Konsolidierungswahlrechte abgeschafft**. Hierdurch werden die bilanzpolitischen Stellschrauben der Unternehmen stark eingeengt. Damit erhöht sich die Aussagekraft der Abschlüsse im Zeitvergleich und zwischenbetrieblichen Vergleich. Die verbleibenden bisherigen Wahlrechte sind – mit Ausnahme des Ansatzwahlrechts für latente Steuern – bilanzpolitisch relativ unbedeutend, vgl. hierzu auch die zusammenfassende Übersicht in Kapitel 7.1.2.4. Aus den neuen Rechnungslegungsvorschriften ergeben sich aber neue **bilanzpolitische Möglichkeiten** in Form von **neuen Wahlrechten** (wie z.B. das Aktivierungswahlrecht für eigene Entwicklungskosten) und vor allem auch **neue Ermessensspielräume** (vgl. hierzu auch Kapitel 7.1.1 und die tabellarische Aufbereitung in Kapitel 7.1.2.6). Im Vergleich zu den IFRS sind aber insbesondere die Ermessensspielräume im BilMoG weitaus geringer, sodass das neue HGB sicherlich mit den IFRS, was die Wertigkeit anbetrifft, auf eine Stufe zu stellen ist.

Kritisch anzumerken ist allerdings, dass durch die unterschiedliche Ausübung der vom Gesetzgeber eingeräumten **Übergangswahlrechte** im EGHGB n.F. zwar den Unternehmen der Übergang auf das neue Bilanzrecht erleichtert wird, der zwischenbetriebliche Vergleich wird aber durch die unterschiedliche Ausübung der Wahlrechte stark eingeschränkt.

1.3.4 Kostengünstiges Regelwerk

Einerseits ist die Abschlusserstellung und -prüfung der neuen HGB-Abschlüsse sicherlich **teurer** als die der bisherigen HGB-Abschlüsse. Im Gegenzug dafür sind diese Abschlüsse aber auch **informativer** und **aussagekräftiger**. Außerdem bestehen **Erleichterungen** für bestimmte **Kleinstunternehmen** sowie **kleine und mittelgroße Kapitalgesellschaften**. Einzelne Neuerungen verursachen nur **einmalige Umstellungskosten**, während andere **dauerhafte Zusatzkosten** verursachen. Andererseits ist die Abschlusserstellung und -prüfung der neuen HGB-Abschlüsse aber sicherlich immer noch kostengünstiger als die der vollständigen IFRS-Abschlüsse (vgl. hierzu u.a. Hahn, 2007a).

Die Gründe hierfür liegen insbesondere darin, dass:

> - Die aufwendige Zeitwertbewertung bei weitem nicht in dem Umfang wie nach IFRS ins deutsche Bilanzrecht übernommen wird,
> - viele komplexe IFRS-Methoden nicht übernommen werden, wie z.B. die Korridormethode bei der Pensionsrückstellung,
> - die Anhangangaben weniger umfangreich sind.

Für Unternehmen, die bereits nach IFRS im Konzernabschluss bilanzieren, bedeutet der eigenständige neue „HGB-Weg" zusätzliche Kosten. Bisher mussten diese Unternehmen praktisch zwei Abschlüsse erstellen. Zum einen den HGB-Abschluss (HB I), welcher weitgehend identisch mit der Steuerbilanz ausgestaltet werden konnte und zum andern die sog. HB II nach IFRS für Zwecke des Konzernabschlusses. Da zukünftig in der HB I aber praktisch losgelöst von der Steuerbilanz bilanziert werden muss und die Neuregelungen zur HB I nicht deckungsgleich mit den Bestimmungen nach IFRS sind, bedeutet dies für diese Unternehmen, dass sie drei separate Abschlüsse erstellen müssen.

1.3.5 Ausschüttungsrelevanz

In § 268 Abs. 8 HGB n.F. wird eine **Ausschüttungssperre** und entsprechend in § 301 S. 1 AktG n.F. eine **Ergebnisabführungssperre** verankert. Hierunter fallen Gewinne aus:

> - Der Aktivierung selbst geschaffener immaterieller Vermögensgegenstände des Anlagevermögens,
> - der Bewertung von Vermögensgegenständen zum beizulegenden Zeitwert im Rahmen der Saldierung mit Pensionsverpflichtungen sowie
> - der Aktivierung latenter Steuern.

Damit wird grundsätzlich die Ausschüttung/Ergebnisabführung nicht realisierter Gewinne vermieden und insoweit an den bestehenden Grundsätzen der **Kapitalerhaltung** festgehalten. Auf die Ausgestaltung der Ausschüttungs- und Ergebnisabführungssperre im Detail wird in den einschlägigen folgenden Kapiteln eingegangen. Im Zusammenhang mit der Kapitalerhaltung ist auch auf die neue Verpflichtung für Kreditinstitute hinzuweisen, nach der diese zur Einstellung eines bestimmten Anteils der noch nicht realisierten Gewinne aus Handelspapieren in einen ausschüttungsgesperrten Sonderposten verpflichtet sind.

1.3.6 Besteuerungsrelevanz

Durch die **Abschaffung der umgekehrten Maßgeblichkeit** und die vielfältigen neuen **Durchbrechungen der Maßgeblichkeit** verliert die HGB-Bilanz faktisch ihre Stellung als Ausgangspunkt für die Steuerbilanz. Formell bleibt zwar die HGB-Bilanz maßgeblich für die Steuerbilanz, materiell gehen aber die HGB-Bilanz und die Steuerbilanz zukünftig stark auseinander. Diese Abkopplung wird zur Einrichtung **eigener Buchungskreise** und einer **eigenständigen Handels- und Steuerbilanzpolitik** in den Unternehmen führen. Die Steuerbemessungsfunktion des HGB-Abschlusses ist damit weitgehend aufgehoben.

Wegen der formellen Beibehaltung der Maßgeblichkeit der Handels- für die Steuerbilanz und der gleichzeitigen Vorgabe der **steuerneutralen Umsetzung** des BilMoG mussten im Zuge des BilMoG insoweit Änderungen im Steuerrecht vorgenommen werden, um Abstrahleffekte auf die steuerliche Einkommensermittlung zu vermeiden.

1.3.7 Das BilMoG als Kompromisslösung

Letztendlich stellt das BilMoG einen überfälligen Reformschritt in Richtung der IFRS dar (so u.a. im Ergebnis auch Lüdenbach/Hoffmann, 2007; Naumann, 2008), da:

> - einerseits ein Reformstau im HGB bestanden hat,
> - andererseits aber die vollumfänglichen IFRS und auch die verkürzten IFRS für mittelständische Unternehmen, die sog. SME IFRS (SME = Small and Medium Sized Entities) aufgrund deren Nachteilen (Komplexität, Kosten, Auswirkungen auf die Besteuerung und Ausschüttung) per se nicht das Modell zur Lösung des Reformstaus darstellen.

1.4 Das BilMoG als Artikelgesetz

Das BilMoG beinhaltet in mehreren sog. **Artikeln** Änderungen bestehender Gesetze:

> - **Artikel 1:** Änderung des Handelsgesetzbuchs
> - **Artikel 2:** Änderung des Einführungsgesetzes zum Handelsgesetzbuch
> - **Artikel 3:** Änderung des Einkommensteuergesetzes
> - **Artikel 4:** Änderung des Publizitätsgesetzes
> - **Artikel 5:** Änderung des Aktiengesetzes
> - **Artikel 6:** Änderung des Einführungsgesetzes zum Aktiengesetz
> - **Artikel 7:** Änderung des SE-Ausführungsgesetzes (SE = Europäische Aktiengesellschaft)
> - **Artikel 8:** Änderung des Gesetzes betreffend die Gesellschaften mit beschränkter Haftung
> - **Artikel 9:** Änderung des GmbHG-Einführungsgesetzes
> - **Artikel 10:** Änderung des Genossenschaftsgesetzes
> - **Artikel 11:** Änderung des SCE-Ausführungsgesetzes (SCE = Europäische Genossenschaft)
> - **Artikel 12:** Änderung der Wirtschaftsprüferordnung
> - **Artikel 13:** Änderung sonstigen Bundesrechts
> - **Artikel 14:** Änderungen des FGG-Reformgesetzes
> - **Artikel 15:** Inkrafttreten

Der **Schwerpunkt** der Gesetzesänderungen liegt eindeutig in Artikel 1 und 2. Dies wird besonders aus der Gesetzesbegründung deutlich. Über 80 % der 188 Seiten entfallen auf die Erläuterungen der Neuregelungen im HGB und EGHGB n.F. Weitere wesentliche Gesetzesänderungen beinhalten vor allem die Artikel 3 zum EStG, 5 zum AktG und 12 zur WPO. Die Änderungen in den übrigen Gesetzen sind häufig nur Folgeänderungen. Beispielsweise gelten – wie bisher – die neuen Vorschriften im HGB zur Rechnungslegung, Offenlegung und Prüfung von Kapitalgesellschaften über § 264a HGB grundsätzlich auch für bestimmte Personenhandelsgesellschaften (KapG & Co.) oder über das PublG für alle Unternehmen, die eine bestimmte Größenordnung erreichen. Aus Gründen der besseren Lesbarkeit der Ausführungen werden diese Querverweise nicht bei jeder einzelnen Gesetzesvorschrift erwähnt. Soweit wesentliche rechtsformspezifische Abweichungen bestehen, wird hierauf hingewiesen.

1.5 Gegenstand und Auswirkungen des BilMoG

Gegenstand des BilMoG sind zum einen die **Bilanzierungsgrundlagen**, wie z.B. die Neuformulierung des Grundsatzes der Bewertungsstetigkeit. Zum anderen beinhaltet das BilMoG gravierende Änderungen der **Bilanzierungs- und Bewertungsregeln** für bestimmte Bilanzposten, wie z.B. die Pensionsrückstellungen. Darüber hinaus werden bei einer Reihe von weiteren Einzelposten bisherige Ansatz- und Bewertungswahlrechte abgeschafft. Wegen der Maßgabe des Finanzministeriums zur **Wahrung der Aufkommensneutralität** des BilMoG mussten alle diejenigen Vorschriften im Steuerrecht angepasst werden, die von den Änderungen im HGB infolge des Maßgeblichkeitsprinzips betroffen gewesen wären. Die Bilanzierung und Bewertung in der Steuerbilanz bleibt also durch das BilMoG grundsätzlich unberührt. Die Änderungen im EStG sollen nur sicherstellen, dass sich an der bisherigen Bilanzierung und Bewertung in der Steuerbilanz nichts ändert. Mit den neuen Bilanzierungs- und Bewertungsvorschriften gehen auch weitere **Offenlegungsvorschriften** einher, die zum Teil auch Ausfluss der Umsetzung der EG-Abänderungsrichtlinie (vgl. Kapitel 1.7.3) sind. Ferner werden im Rahmen des BilMoG die Regelungen zur **Corporate Governance** (Unternehmensführung) und **Abschlussprüfung** insbesondere infolge der Umsetzung der EG-Abschlussprüferrichtlinie spezifiziert (vgl. Kapitel 1.7.3). In nachstehender Abbildung wird der Gegenstand des BilMoG nochmals im Überblick verdeutlicht. (Gesamtdarstellungen der Änderungen durch das BilMoG auf Basis des Regierungsentwurf finden sich u.a. bei Hoffmann/Lüdenbach, 2008; Küting/Pfitzer/Weber, 2008 und Oser/Roß u.a., 2008):

Gegenstand		
Bilanzierungsgrundlagen		
Immaterielle Vermögensgegenstände	Finanzinstrumente	Rückstellungen
Konzernrechnungslegung	Latente Steuern	Weitere Bilanzposten
Bilanz- und GuV-Ausweis, Anhangangaben sowie Abschlussbestandteile		
Steuerbilanz		
Lagebericht		
Corporate Governance		
Abschlussprüfung		

Infolge des umfangreichen Gegenstands des BilMoG ergeben sich weit reichende Auswirkungen insbesondere auf folgende Bereiche:

- ➢ Abschlusserstellung,
- ➢ Abschlussprüfung,
- ➢ Bilanzpolitik,
- ➢ Bilanzanalyse/Rating,
- ➢ Interne Prozesse und Systeme,
- ➢ Interne Steuerungsgrößen.

1.6 Übergang auf das BilMoG

Im Rahmen des Übergangs auf das BilMoG stellen sich folgende Fragen:

> ➤ Erfolgt der Übergang **retrospektiv oder prospektiv**, d.h. sind die Vorjahre anzupassen oder gelten die Neuregelungen nur für neue Sachverhalte in den Folgejahren?
> Aus den Bestimmungen im EGHGB n.F. ergibt sich, dass grundsätzlich von der retrospektiven Vorgehensweise auszugehen ist, wenn nichts anderes explizit im EGHGB geregelt ist. Dies entspricht im Übrigen auch der h.M., wonach Methodenänderungen generell retrospektiv vorzunehmen sind.

Geht man von einem retrospektiven Übergang aus, stellen sich folgende weitere Fragen:

> ➤ Wird die Umstellung **erfolgswirksam** (über die GuV) **oder erfolgsneutral** (über das Eigenkapital) vorgenommen?
> Das deutsche Bilanzrecht geht grundsätzlich nur von ergebniswirksamen Anpassungsbuchungen aus. Dem folgt auch das EGHGB n.F. Die Begründung zur Beschlussempfehlung des Rechtsausschusses verweist ausdrücklich darauf, dass hiervon auch beim Übergang auf das BilMoG nur dann abgewichen werden kann, wenn dies das EGHGB ausdrücklich vorsieht.
> ➤ Ist ein **Einmalbetrag** anzusetzen **oder** erfolgt eine **Verteilung** auf mehrere Jahre?
> Grundsätzlich müssen nach deutschem Bilanzrecht die Anpassungsbuchungen in einem Betrag erfolgen, wenn explizit nichts anderes geregelt ist. Auch dies gilt im Rahmen der Umstellung auf das BilMoG, es sei denn, es gilt explizit eine Ausnahmeregelung.

Falls bezüglich einer Neuregelung also keine spezifische Übergangsregelung im EGHGB n.F. enthalten ist, ist beim Übergang nach der durch **Unterstreichung gekennzeichneten allgemeinen Vorgehensweise** zu verfahren. Das EGHGB n.F. enthält aber eine Reihe von spezifischen **Ausnahmeregelungen**. Diese sind **nicht** durch eine **einheitliche** Regelung gekennzeichnet. Teilweise werden auch **Wahlrechte** eingeräumt. Auf diese spezifischen Übergangsregelungen wird bei der Darstellung der einzelnen Bilanzposten im jeweiligen Kapitel eingegangen. Eine Gesamtdarstellung enthält Kapitel 8.2. Der **zwischenbetriebliche Vergleich** der neuen HGB-Abschlüsse wird in den nächsten Jahren durch die unterschiedliche Ausübung der Übergangswahlrechte beeinträchtigt sein. Hinzu kommt, dass in den Fällen, in denen das EGHGB n.F. ausnahmsweise ein Beibehaltungswahlrecht der bisherigen Werte einräumt, diese auch nach bisherigem Recht (einschließlich der Anhangangaben) fortzuführen sind. Insofern vermischen sich also das alte und neue Bilanzrecht in den nächsten Jahren.

1.7 Anwendungsbeginn des BilMoG

1.7.1 Regulärer Anwendungsbeginn

Das BilMoG ist zwar am 29.05.09 in Kraft getreten, für den **Anwendungsbeginn** der Vorschriften gelten jedoch unterschiedliche Stichtage.

Die meisten der neuen Vorschriften des BilMoG sind gem. Art. 66 Abs. 3 S. 1 EGHGB n.F. zwingend für Geschäftsjahre, die nach dem 31.12.2009 beginnen, anzuwenden (= sog. **Regelbeginn**). Eine **freiwillige frühere** Anwendung ist zulässig (vgl. Kapitel 1.7.2). Für bestimmte Einzelregelungen gelten zwingend vorgezogene Termine (vgl. Kapitel 1.7.3).

Entspricht das Geschäftsjahr dem Kalenderjahr, gilt folgender regulärer Anwendungsbeginn:

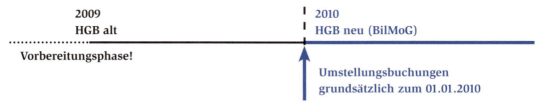

Für Unternehmen mit versetztem Geschäfts- und Kalenderjahr gilt als regulärer Anwendungsbeginn erst das Geschäftsjahr, welches **in** 2010, also z.B. am 01.10.2010, beginnt. Diese Unternehmern haben damit noch vergleichsweise lange Zeit zur Vorbereitung auf die Umstellung.

Bei der Umstellung gelten gem. Art. 67 Abs. 8 EGHGB n.F. folgende Vereinfachungen/Erleichterungen:

> ➤ Die Grundsätze der **Bewertungsstetigkeit** (§ 252 Abs. 1 Nr. 6 HGB) und **Ausweisstetigkeit** (265 Abs. 1 HGB) sowie der **Publizität von Stetigkeitsunterbrechungen** (§ 284 Abs. 2 Nr. 3 bzw. § 313 Abs. 1 Nr. 3 HGB) sind **nicht** zu beachten.
> ➤ Die **Vorjahreszahlen** brauchen weder angepasst noch im Anhang einzeln erläutert zu werden. Es genügt ein allgemeiner Hinweis im Anhang, dass die Vorjahreszahlen nicht vergleichbar sind. Beispielsweise wird im Jahresabschluss für das Geschäftsjahr 2010 der Beiersdorf AG ausgeführt: *„Eine Anpassung der Vorjahreszahlen an die neuen Bilanzierungsvorschriften ist – in Übereinstimmung mit den Übergangsvorschriften des BilMoG – nicht erfolgt."*

Zur **buchungstechnischen Erfassung** der Änderungen beim retrospektiven Übergang empfiehlt sich eine „Überleitungstabelle", wie dies nachstehend die schematische Darstellung zeigt.

Bilanzposten	HGB alt: Schlussbilanz zum 31.12.2009 = formale Eröffnungsbilanz zum 01.01.2010		Umstellungsbuchungen per 01.01.2010 (Überleitung)		HGB neu: Neue BilMoG-Eröffnungsbilanz zum 01.01.2010 = sog. Überleitungsbilanz	
	Aktiva	Passiva	Soll	Haben	Aktiva	Passiva
…	xxxx			x	xxx	
…		xxx		xx		xxxxx

Das EGHGB verlangt nicht explizit die Veröffentlichung einer Überleitungsrechnung und einer BilMoG-Eröffnungsbilanz. Sie kann jedoch auf freiwilliger Basis vorgenommen werden.

Für interne Zwecke ist aber die **Erstellung einer BilMoG-Eröffnungsbilanz** faktisch unumgänglich.

Einzelne Unternehmen, z.B. die SAP AG, veröffentlichen die Überleitung der einzelnen Bilanzposten freiwillig, wobei die SAP AG die Überleitung in den Lagebericht aufgenommen hat. Die Darstellung im Lagebericht bei der Analyse der Vermögens-, Finanz- und Ertragslage wurde offensichtlich deshalb gewählt, da sich durch die Erstanwendung des BilMoG ein Rückgang des Eigenkapitals von 5,7 auf 4,7 Mrd. € und ein damit verbundener Rückgang der Eigenkapitalquote von 45 % auf 41 % ergeben hat.

Der **GuV-Ausweis der Anpassungsbuchungen** ist in Art. 67 Abs. 7 EGHGB n.F. explizit geregelt. Danach sind – sofern es sich um keine erfolgsneutralen Anpassungen über die Gewinnrücklagen handelt – die aus den Anpassungen resultierenden Aufwendungen als **„Außerordentliche Aufwendungen"** und die Erträge als **„Außerordentliche Erträge"** separat in der GuV auszuweisen. Im Inte-

1.7 Anwendungsbeginn des BilMoG

resse der besseren Übersichtlichkeit können aber in der GuV-Rechnung die Posten zusammengefasst als außerordentliches Ergebnis gezeigt werden, im Anhang muss dann aber eine Aufteilung erfolgen. Durch diese Separierung des Einmaleffekts in der GuV im Umstellungsjahr soll, so die Begründung zur Beschlussempfehlung des Rechtsausschusses, der Einblick in die tatsächliche Ertragslage verbessert werden, d.h. vor allem, dass das Ergebnis des betrieblichen Bereichs und das Finanzergebnis durch die Anpassungsbuchungen nicht verwässert werden dürfen (vgl. auch Kirsch, 2008). Im Anhang sind die außerordentlichen Aufwendungen und Erträge gem. § 277 Abs. 4 S. 2 HGB n.F. hinsichtlich des Betrags und ihrer Art zu erläutern. Diese Verpflichtung gilt allerdings gem. § 276 S. 2 HGB n.F. nicht für kleine Kapitalgesellschaften. In Kapitel 8.3 sind die Sachverhalte, die – infolge der BilMoG-Umstellung – in die außerordentlichen Aufwendungen bzw. Erträge eingehen, zusammenfassend aufgelistet.

Je nachdem, ob die Anpassungsbuchung der Bilanzposten ergebniswirksam über die GuV-Rechnung oder erfolgsneutral über die Gewinnrücklagen erfolgt, ergeben sich also die in nachstehender Tabelle schematisch dargestellten **Anpassungsbuchungen** vom „Typ A" oder „Typ B". Dabei sind auch die latenten Steuern (vgl. insbesondere Kapitel 3.1.5.10) zu berücksichtigen.

Bilanzposten	HGB alt: Schlussbilanz zum 31.12.2009 = formale Eröffnungsbilanz zum 01.01.2010		Umstellungsbuchungen per 01.01.2010 (Überleitung)		HGB neu: Neue BilMoG-Eröffnungsbilanz zum 01.01.2010 = sog. Überleitungsbilanz	
	Aktiva	Passiva	Soll	Haben	Aktiva	Passiva

Typ A der Anpassungsbuchungen: Erfolgswirksam
Fiktives Zahlenbeispiel: Anstieg einer Sonstigen Rückstellungen von bisher 10.000 T€ um 3.000 T€ infolge eines Aufwandssaldos.

Sonstige Rückstellung		10.000 T€		3.000 T€		13.000 T€

GuV-Rechnung 2010						
a.o. Aufwand			3.000 T€			

Typ B der Anpassungsbuchungen: Erfolgsneutral
Fiktives Zahlenbeispiel: Anstieg einer Sachanlage von bisher 50.000 T€ um 2.000 T€ infolge der Auflösung einer im Geschäftsjahr 2008 vorgenommenen nur steuerrechtlich zulässigen Abschreibung gem. § 254 HGB a.F.

Gewinnrücklagen				2.000 T€		2.000 T€
Sachanlagen	50.000 T€		2.000 T€		52.000 T€	

Die Höhe des außerordentlichen Ergebnisses und damit der Einfluss auf die Ertragslage im Umstellungsjahr ist je nach Unternehmen sehr unterschiedlich, wie dies nachstehende Beispiele zeigen:

Auszug aus der GuV-Rechnung der Volkswagen AG

Mio. €	2010	2009
Ergebnis der gewöhnlichen Geschäftstätigkeit	4.928	1.512
Außerordentliches Ergebnis	**– 1.789**	**–**
Steueraufwand	– 1.589	– 430
Jahresüberschuss	1.550	1.082

Auszug aus der GuV-Rechnung der Daimler AG

Mio. €	2010	2009
Ergebnis der gewöhnlichen Geschäftstätigkeit	5.607	– 4.364
Außerordentliches Ergebnis	**+ 254**	**–**
Steueraufwand	– 462	– 401
Jahresüberschuss	5.399	– 4.765

Während die Hauptursache für das negative außerordentliche Ergebnis bei der Volkswagen AG die Nachholungen bei den Pensionsrückstellungen infolge eines sog. Aufwandssaldos aus der Neubewertung dieser Schulden sind, beruht das positive außerordentliche Ergebnis der Daimler AG insbesondere aus der Auflösung steuerrechtlicher Abschreibungen aus dem Vorjahr.

Allgemein kann folgende bilanzanalytische Trendaussage getroffen werden:

> ➤ Unternehmen mit einem negativen außerordentlichen Ergebnis aus der BilMoG-Umstellung haben im Rahmen des alten HGB relativ wenig vorsichtig bilanziert.
> ➤ Unternehmen mit einem positiven außerordentlichen Ergebnis aus der BilMoG-Umstellung haben dagegen im Rahmen des alten HGB relativ vorsichtig bilanziert.

In der BilMoG-Eröffnungsbilanz (Überleitungsbilanz) sind neben den erfolgswirksamen (Typ A) und erfolgsneutralen (Typ B) Anpassungen auch die reinen Ausweisänderungen, wie z.B. die Saldierung von Pensionsrückstellungen und Deckungsvermögen (vgl. Kap. 3.1.3.7) oder die Umgliederung der Eigenen Anteile (vgl. Kap. 3.2.9.2), vorzunehmen.

1.7.2 Freiwilliger vorgezogener regulärer Anwendungsbeginn

Die neuen Vorschriften können nach Art. 66 Abs. 3 S. 6 EGHGB n.F. auch **vorzeitig** ab Geschäftsjahren, die nach dem 31.12.2008 beginnen, angewendet werden. Allerdings dürfen sie **nicht punktuell** angewendet werden, sondern nur **insgesamt**. Von dieser Möglichkeit haben z.B. die SAP AG, die Bayer AG, die Dürr AG und die Freudenberg & Co. KG Gebrauch gemacht. Von den Unternehmen wurde das Vorziehen u.a. damit begründet, dass durch das BilMoG eine Annäherung der nationalen Rechnungslegung nach HGB (HB I) an die internationale Rechnungslegung nach IFRS (HB II) möglich ist und die Unternehmen von dieser Option zur Vereinfachung des Rechnungswesens möglichst frühzeitig Gebrauch machen wollten. Ein vorgezogener Übergang auf BilMoG war darüber hinaus insbesondere dann relevant, wenn ein Tochterunternehmen gem. § 299 HGB mit einem Abschluss in den Konzern einbezogen wird, der von dem Konzernabschlussstichtag abweicht. Geht z.B. das Geschäftsjahr eines Tochterunternehmens vom 01.10. bis 30.09., während der Konzernabschluss auf den 31.12. erstellt wird, dann kann in der erstmals zum 31.12.2010 nach BilMoG zu erstellenden Konzernabschluss das Tochterunternehmen nur dann sachgerecht, d.h. mit einem BilMoG-Abschluss, in den Konzernabschluss einbezogen werden, wenn es bereits für das Geschäftsjahr 01.10.2009 bis

30.09.2010 nach BilMoG einen Einzelabschluss, zumindest jedoch die für den Konzernabschluss relevante HB II, erstellt hat.

1.7.3 Gesetzlich vorgezogener Anwendungsbeginn für Einzelregelungen

Das BilMoG beinhaltet für bestimmte neue Einzelregelungen **vorgezogene** Einführungstermine. Dabei kann differenziert werden in:

1. **Deregulierungsvorschriften**
   Diese Vorschriften gelten nach Art. 66 Abs. 1 EGHGB n.F. für Geschäftsjahre, die **nach dem 31.12.2007** beginnen. D.h. bei Kalenderjahr = Geschäftsjahr erstmals für 2008. Hierzu zählen:
   - Der Wegfall der Rechnungslegungspflicht für Kleinstunternehmen und
   - die Anhebung der Größenklassen im Einzel- und Konzernabschluss.

   Da es sich hier um **Erleichterungsvorschriften** für die Unternehmen handelt, von denen die Unternehmen nicht zwingend Gebrauch machen müssen, konnte dieser vorgezogene Stichtag, der vor dem Termin des Inkrafttretens des Gesetzes liegt, gewählt bzw. entsprechend den Gesetzesentwürfen beibehalten werden. Da die Abschlussarbeiten für die Jahresabschlüsse 2008 bei vielen Unternehmen zum Zeitpunkt des Inkrafttretens des BilMoG bereits weitgehend abgeschlossen sein dürften, haben diese begünstigenden Vorschriften in der Praxis vor allem in der Zukunft Bedeutung.

2. **Vorschriften zur Umsetzung der Abschlussprüferrichtlinie der EG**
   Diese gelten gem. Art. 66 Abs. 2 EGHGB n.F. für Geschäftsjahre, die **nach dem 31.12.2008** beginnen, hierzu zählen u.a.:
   - Die Neuregelungen zur Abschlussprüfung und
   - die Einrichtung eines Prüfungsausschusses.

3. **Vorschriften zur Umsetzung der Abänderungsrichtlinie der EG**
   Diese Regelungen gelten gem. Art. 66 Abs. 2 EGHGB n.F. ebenfalls für Geschäftsjahre, die **nach dem 31.12.2008** beginnen, betroffen sind hiervon insbesondere:
   - Bestimmte Anhangangaben, z.B. zu nahe stehenden Personen,
   - die Erklärung zur Unternehmensführung.

   Die Neuregelungen, die sich aus der Umsetzung der EG-Abschlussprüferrichtlinie und der EG-Abänderungsrichtlinie ergeben, hätte der deutsche Gesetzgeber nach den EU-Vorgaben eigentlich bereits zum 29.06. bzw. 05.09.2008 in nationales Recht umgesetzt haben müssen. Im Interesse der Rechtssicherheit sind sie aber erst für Geschäftsjahre, die nach dem 31.12.2008 beginnen, anzuwenden. Vgl. hierzu auch die Gesamtübersicht in Kapitel 8.2.

4. **Erleichterungsvorschriften beim Übergang auf Einzelregelungen**
   Abweichend von den vorstehend genannten Terminen können bzw. sind laut dem EGHGB n.F. bestimmte Einzelregelungen erst **später** anzuwenden, um den Unternehmen den Übergang zu erleichtern, z.B.:
   - Die Einrichtung eines Prüfungsausschusses erst ab 01.01.2010 und
   - die Zulässigkeit der prospektiven Anwendung bestimmter Neuregelungen.

Hinweis!
In den folgenden Kapiteln wird bei der Darstellung der einzelnen Neuregelungen immer darauf hingewiesen, wenn ein spezifischer vorgezogener Anwendungsbeginn gilt, der von dem regulären Anwendungsbeginn abweicht.

2. Generelle Neuregelungen
2.1 Gravierende Gesetzesänderungen
2.1.1 Wegfall der Rechnungslegungspflicht für bestimmte Kleinstunternehmen

Die Bundesregierung geht laut Pressemitteilung vom 26.03.2009 davon aus, dass durch den Wegfall von Buchführungs-, Inventur- und Bilanzierungspflichten eine **Kostenentlastung** der Wirtschaft von rund 2,5 Mrd. € erzielt werden kann.

> - Nach den §§ 241a S. 1 und § 242 Abs. 4 S. 1 HGB n.F. werden **Einzelkaufleute**, welche die beiden folgenden **Größenmerkmale** an zwei aufeinanderfolgenden Abschlussstichtagen nicht überschreiten:
>   - Umsatzerlöse: 500.000 € **und**
>   - Jahresüberschuss: 50.000 €
>
>   von der Pflicht zur
>   - Buchführung und Erstellung eines Inventars nach § 241a HGB n.F. und
>   - Erstellung einer Bilanz und GuV nach § 242 Abs. 4 HGB n.F.
>
>   befreit.
> - Im Falle von Neugründungen gilt gem. §§ 241a S. 2 und 242 Abs. 4 S. 2 HGB n.F. die Befreiung bereits dann, wenn die Werte am ersten Abschlussstichtag nach der Neugründung nicht überschritten werden.
> - **Personenhandelsgesellschaften** fallen **nicht** unter die Befreiungsvorschrift, wenngleich dies im Rahmen des Gesetzgebungsverfahrens (ausführlich) diskutiert wurde.
> - Lt. der Gesetzesbegründung ist eine überschlägige Ermittlung der Größenmerkmale ausreichend.
> - Die Größenmerkmale sind an die Grenzen nach § 141 AO angelehnt, aus deren Überschreitung für gewerbliche Unternehmen die Verpflichtung folgt, Bücher zu führen und Abschlüsse zu machen (= sog. originäre Buchführungspflicht des Steuerrechts). Für die betroffenen Einzelunternehmen reicht somit grundsätzlich eine **Einnahmen-Überschuss-Rechnung** gem. § 4 Abs. 3 EStG aus. Allerdings bestehen im Detail Unterschiede. Nach § 141 AO wird statt auf den Jahresüberschuss auf den steuerlichen Gewinn abgestellt, wobei gem. § 7a Abs. 6 EStG erhöhte Absetzungen oder Sonderabschreibungen bei der Prüfung der Größenmerkmale unberücksichtigt bleiben. Ferner wird die steuerrechtliche Bilanzierungspflicht nach § 141 AO bereits ausgelöst, wenn eines der Kriterien für ein Wirtschafts- bzw. Kalenderjahr erfüllt ist. Darüber hinaus hängt der **Beginn der Buchführungspflicht** von einer entsprechenden Mitteilung des Finanzamtes ab, z.B. im Rahmen eines Steuerbescheides oder mittels eines selbständigen feststellenden Verwaltungsaktes, und hat zur Folge, dass diese Pflicht zu erfüllen ist vom Anfang des Wirtschaftsjahres an, welches auf die Bekanntgabe der Mitteilung folgt (§ 141 Abs. 2 S. 1 AO). Die Mitteilung soll dem Steuerpflichtigen mindestens einen Monat vor Beginn des Wirtschaftsjahres bekannt gegeben werden, von dessen Beginn an die Buchführungspflicht zu erfüllen ist (AEAO zu § 141 Tz. 4). Das Ende der steuerlichen Buchführungs- und Bilanzierungspflichten hängt grundsätzlich von der Feststellung der Finanzbehörde ab, dass die Voraussetzungen für die Buchführungspflicht nicht mehr vorliegen; die Pflicht endet mit Ablauf des Wirtschaftsjahres, welches auf das Wirtschaftsjahr folgt, in dem die Finanzbehörde diese Feststellung getroffen hat (§ 141 Abs. 2 S. 2 AO).
> - **Anwendungsbeginn:**
>   Die Neuregelungen gelten gem. Art. 66 Abs. 1 EGHGB n.F. bereits für **Geschäftsjahre**, die nach dem **31.12.2007** beginnen. D.h. bei Kalenderjahr = Geschäftsjahr erstmals für **2008**.

2.1 Gravierende Gesetzesänderungen

> Inwieweit die von der Bundesregierung genannte Kostenentlastung realistisch ist, hängt insbesondere davon ab, in welchem Umfang die Unternehmen aufgrund satzungsmäßiger Bestimmungen oder vertraglicher Vereinbarungen, z.B. im Rahmen von Kreditvergabeentscheidungen der Banken, weiterhin faktisch zur Buchführung und Bilanzierung verpflichtet werden.

2.1.2 Anhebung der Schwellenwerte/Größenmerkmale

Der Umfang der Rechnungslegungs- und Offenlegungs- sowie Prüfungspflichten von Kapitalgesellschaften hängt von bestimmten Größenmerkmalen ab. Durch die Anhebung der sog. „Schwellenwerte" für Bilanzsumme und Umsatz um ca. 20 % sollen sich laut Gesetzesbegründung für die Unternehmen Kostenentlastungen von rund 300 Mio. € ergeben.

2.1.2.1 Einzelabschluss

Die folgende Tabelle zeigt die **Anhebung** der Werte in § 267 HGB, die für die Einstufung in kleine und mittelgroße Kapitalgesellschaften relevant sind.

	Bilanzsumme (€)		Umsatzerlöse (€)		Arbeitnehmer	
	bisher	neu	bisher	neu	bisher	neu
Kleine Kapitalgesellschaften	4.015.000	4.840.000	8.030.000	9.680.000	50	50
Mittelgroße Kapitalgesellschaften	16.060.000	19.250.000	32.120.000	38.500.000	250	250

> Von den Kriterien dürfen – wie bisher – mindestens zwei an zwei aufeinanderfolgenden Stichtagen nicht überschritten werden, um entsprechend klassifiziert zu werden.
> **Anwendungsbeginn:**
> Die Neuregelungen gelten gem. Art. 66 Abs. 1 EGHGB n.F. bereits für Geschäftsjahre, die nach dem **31.12.2007** beginnen. D.h. bei Kalenderjahr = Geschäftsjahr erstmals für **2008**.
> Laut der Gesetzesbegründung sind für die Beurteilung, ob zum 31.12.**2008** die Schwellenwerte an zwei aufeinanderfolgenden Geschäftsjahren über- oder unterschritten wurden, auch zum 31.12.2007 und 31.12.**2006** bereits die erhöhten Schwellenwerte anzuwenden.

2.1.2.2 Konzernabschluss

In § 293 Abs. 1 HGB n.F. werden die Schwellenwerte für Bilanzsumme und Umsatz auch im Hinblick auf die Frage, ob eine Kapitalgesellschaft zur **Konzernrechnungslegung** verpflichtet ist, um ca. 20 % erhöht, wie dies nachstehende Tabelle zeigt.

	Bilanzsumme (€)		Umsatzerlöse (€)		Arbeitnehmer	
	bisher	neu	bisher	neu	bisher	neu
Additiv (brutto)	19.272.000	23.100.000	38.544.000	46.200.000	250	250
Konsolidiert (netto)	16.060.000	19.250.000	32.120.000	38.500.000	250	250

> Kleinkonzerne liegen vor, soweit zwei der drei Merkmale an zwei aufeinander folgenden Stichtagen nicht überschritten werden.
> **Anwendungsbeginn:**
> Die Neuregelungen gelten gem. Art. 66 Abs. 1 EGHGB n.F. bereits für Geschäftsjahre, die nach dem **31.12.2007** beginnen. D.h. bei Geschäftsjahr = Kalenderjahr erstmals für **2008**. Vgl. zu den relevanten Vorjahren Kapitel 2.1.2.1.

2.1.3 Abschaffung der umgekehrten Maßgeblichkeit

Der Zusammenhang zwischen der Handels- und Steuerbilanz wurde bislang durch zwei Grundsätze hergestellt:

1. **Maßgeblichkeit der Handels- für die Steuerbilanz**
   Nach diesem in § 5 Abs. 1 S. 1 EStG verankerten Grundsatz ist der handelsrechtliche Einzelabschluss bzw. das Betriebsvermögen, das nach den handelsrechtlichen Grundsätzen ordnungsmäßiger Buchführung (GoB) auszuweisen ist, Grundlage für die Steuerbilanz, soweit keine steuerlichen Vorschriften eine abweichende Bilanzierung oder Bewertung zwingend verlangen. Dieser Grundsatz bleibt auch im Rahmen des BilMoG **erhalten**, wenngleich die **Durchbrechungen** wesentlich zunehmen.
2. **Umgekehrte Maßgeblichkeit**
   Neben der Maßgeblichkeit der Handels- für die Steuerbilanz galt bisher gleichzeitig gem. § 5 Abs. 1 S. 2 EStG auch die umgekehrte Maßgeblichkeit, welche auch als formelle Maßgeblichkeit bezeichnet wird, wonach steuerliche Wahlrechte bei der Gewinnermittlung in Übereinstimmung mit dem handelsrechtlichen Einzelabschluss auszuüben sind.

Die Neuregelung beinhaltet:

> Streichung des bisherigen § 5 Abs. 1 S. 2 EStG, d.h. **Wegfall der umgekehrten Maßgeblichkeit**.
> Aufhebung der handelsrechtlichen Öffnungsklauseln zur Beibehaltung der steuerlichen Werte, d.h. Streichung der bisherigen §§ 247 Abs. 3, 254, 273, 279 Abs. 2, 280 Abs. 2 und 3 sowie 281 HGB.
> Voraussetzung für die Ausübung der steuerlichen Wahlrechte ist allerdings nach § 5 Abs. 1 S. 2 EStG n.F., dass ergänzend zur Steuerbilanz ein **Verzeichnis** erstellt wird, in dem die Wirtschaftsgüter, die nicht mit den handelsrechtlich maßgeblichen Werten in der steuerlichen Gewinnermittlung bilanziert sind, aufgenommen werden. Dabei sind anzugeben:
> • Tag der Anschaffung oder Herstellung,
> • Anschaffungs- oder Herstellungskosten,
> • Abschreibungen,
> • relevante Rechtsvorschriften.
> Diese Vorschrift konkretisiert die bisherige Regelung in § 60 Abs. 2 EStDV, wonach handelsbilanzielle Ansätze oder Beträge, die nicht den steuerrechtlichen Vorschriften entsprechen nebst Angaben von Zusätzen oder Anmerkungen anzupassen sind.

Eine bestimmte Form für das Verzeichnis ist nicht vorgeschrieben. Laut BMF-Schreiben vom 12.03.2010 (IV C 6 – S 2133/09/10001) gilt: „Soweit die Angaben bereits im Anlagenverzeichnis enthalten sind oder das Anlagenverzeichnis um die Angaben ergänzt wird, ist diese Dokumentation ausreichend."

2.1 Gravierende Gesetzesänderungen

D.h., die geforderten Angaben können entweder in einem **eigenständigen steuerlichen Anlagenspiegel** oder alternativ in einem „integrierten" Anlagenspiegel, der neben den handelsrechtlichen Werten auch die für steuerliche Zwecke erforderlichen Korrekturen enthält, vorgenommen werden.

In das Verzeichnis sind auch die Wirtschaftsgüter aufzunehmen, die im Rahmen des Übergangs auf das BilMoG infolge der Auflösung steuerlicher Abschreibungen oder steuerlicher Sonderposten in der Handelsbilanz abweichend zur Steuerbilanz bewertet werden.

Die von der Handelsbilanz losgelöste Ausübung der steuerlichen Wahlrechte in der Steuerbilanz erstreckt sich gem. dem vorstehend genannten BMF-Schreiben sowohl auf:
1. Wahlrechte, die nur in der Steuerbilanz bestehen als auch auf
2. Wahlrechte, die sowohl in der Steuer- als auch in Handelsbilanz bestehen.

Zu (1) Wahlrechte, die nur in der Steuerbilanz bestehen

Die nachstehende Tabelle enthält die wesentlichen gesetzlichen Vorschriften, die ausschließlich für die Steuerbilanz, nicht jedoch für die Handelsbilanz ein Bilanzierungs- bzw. Bewertungswahlrecht beinhalten:

Vorschrift	Steuerbilanz	Handelsbilanz
Rücklage gem. § 6b Abs. 3 EStG zur Übertragung stiller Reserven bei der Veräußerung bestimmter Anlagegüter	Wahl	Verbot
Rücklage für Ersatzbeschaffung gem. R 6.6 Abs. 4 EStR	Wahl	Verbot
Investitionsabzugsbetrag und steuerliche Sonderabschreibungen gem. § 7g EStG	Wahl	Verbot
Erfolgswirksame Investitionszuschüsse (R 6.5 EStR)	Wahl	Verbot
Erhöhte Absetzungen (§§ 7c, 7d, 7h, 7i, 7k EStG; §§ 82a, 82g, 82i EStDV)	Wahl	Verbot
Sonderabschreibungen (§ 7f EStG; § 81 EStDV)	Wahl	Verbot
Sonderbehandlung von Erhaltungsaufwand (§§ 11a, 11b EStG)	Wahl	Verbot
Teilwertabschreibung bei dauerhafter Wertminderung (§ 6 Abs. 1 Nr. 1 S. 2 EStG)	Wahl	Pflicht

Beispiel:
Ein Unternehmen verkauft in 2011 ein zum Betriebsvermögen gehörendes Gebäude zum Preis von 5.000.000 €. Der Buchwert des Gebäudes beträgt 4.000.000 €. Die gesetzlichen Anwendungsvoraussetzungen zur Bildung einer Rücklage nach § 6b Abs. 3 EStG sollen erfüllt sein. Das Unternehmen übt das Wahlrecht aus, sodass der Gewinn von 1.000.000 € in der Steuerbilanz „storniert" wird. In der Handelsbilanz darf diese Rücklage in 2010 aufgrund des Wegfalls der umgekehrten Maßgeblichkeit nicht gebildet werden. Am 01.01.2012 soll der Erwerb eines neuen Gebäudes zum Preis von 5.000.000 € erfolgt sein (Reinvestitionsgut). Das neue Gebäude soll gem. § 7 Abs. 4 S. 1 Nr. 1 EStG planmäßig mit 3 % linear p.a. abgeschrieben werden. Für die Handelsbilanz soll ebenfalls eine lineare planmäßige Abschreibung von 3 % auf die Anschaffungskosten unterstellt werden.

Die buchhalterische Abbildung (ohne latente Steuern) stellt sich in 2011 und 2012 in der Steuerbilanz und Handelsbilanz wie folgt dar:

2011:
a) **Handelsbilanz und Steuerbilanz:**
   Zahlungsmittel   5.000.000 €   an   Gebäude   4.000.000 €
                                   an   Ertragskonto   1.000.000 €
b) **zusätzlich nur in der Steuerbilanz:**
   Ertragskonto   1.000.000 €   an   Rücklage nach § 6b Abs. 3 EStG   1.000.000 €

2012:
Buchungen beim Kauf des Ersatzwirtschaftsgutes am 01.01.2012:
a) **Handelsbilanz und Steuerbilanz:**
   Gebäude   5.000.000 €   an   Zahlungsmittel   5.000.000 €
b) **zusätzlich nur in Steuerbilanz:**
   Rücklage nach § 6b Abs. 3 EStG 1.000.000 €   an   Gebäude   1.000.000 €
Das Gebäude ist überdies ab 01.01.2011 in das „Verzeichnis" aufzunehmen.
Buchung der planmäßigen Abschreibung am Jahresende 2012:
a) **in Steuerbilanz**
   Abschreibungen   120.000 €   an   Gebäude   120.000 €
b) **in Handelsbilanz**
   Abschreibungen   150.000 €   an   Gebäude   150.000 €

Zu (2) Wahlrechte, die sowohl in der Steuer- als auch in Handelsbilanz bestehen

Wahlrechte, die sowohl das Steuerrecht als auch das Handelsrecht beinhalten, führen zu einem Auseinanderfallen von Handels- und Steuerbilanz, wenn sie unterschiedlich ausgeübt werden.

Planmäßige Abschreibungen
Grundsätzlich stehen in der Handels- und Steuerbilanz folgende Verfahren zur Verfügung:

- linear
- degressiv oder
- leistungsabhängig.

Aber: Für die Handelsbilanz ist zu belegen, dass der tatsächliche Werteverzehr auch entsprechend erfolgt. Dagegen können bzw. konnten in der Steuerbilanz bewegliche Wirtschaftsgüter des Anlagevermögens gem. § 7 Abs. 2 EStG losgelöst vom tatsächlichen Werteverzehr degressiv abgeschrieben werden. Je nach Jahr der Anschaffung waren in der Vergangenheit unterschiedliche AfA-Sätze relevant:

- 2001 bis 2005: 20 %, maximal aber das 2-fache des linearen AfA-Satzes,
- 2006 bis 2007: 30 %, maximal aber das 3-fache des linearen AfA-Satzes,
- 2008: Keine degressive AfA möglich,
- 2009 bis 2010: 25 %, maximal aber das 2,5-fache des linearen AfA-Satzes,
- 2011 ff.: Keine degressive AfA auf Basis der derzeitigen Rechtslage.

Ferner können gem. § 7 Abs. 5 EStG bestimmte Gebäude degressiv abgeschrieben werden.

2.1 Gravierende Gesetzesänderungen

Die häufigen Änderungen im Steuerrecht in den vergangenen Jahren zeigen, wie stark die Regelung fiskalpolitisch bestimmt ist. Steuerliche degressive Abschreibungen können in der Handelsbilanz nach den Neuregelungen nur noch angesetzt werden, wenn sie dem Werteverzehr tatsächlich entsprechen (vgl. IDW RH HFA 1.015, FN-IDW2009, S. 690 Rz 6). In der Literatur wird aber auch die Meinung vertreten, dass steuerliche degressive AfA-Sätze auch weiterhin in der Handelsbilanz zulässig sind, wenn sie nicht in einem offenen Widerspruch zum Gebot der periodengerechten Aufwandserfassung stehen, vgl. z.B. Vinken u.a., 2011, Ziff. 200.

Vor BilMoG haben die Unternehmen häufig – aus Vereinfachungsgründen – die steuerlichen degressiven AfA-Sätze in die Handelsbilanz übernommen. Mit der Neuregelung ist dies also nicht mehr per se möglich. Beispielsweise ergibt sich aus dem Jahresabschluss der Volkswagen AG für das Geschäftsjahr 2010 (Seite 6):

„Für Zugänge bis zum 31.12.2009 werden im steuerrechtlich zulässigen Umfang grundsätzlich planmäßige Abschreibungen auf bewegliche Sachanlagen degressiv mit späterem planmäßigen Übergang auf die lineare Methode unter Berücksichtigung des Einsatzes im Mehrschichtbetrieb vorgenommen. [...] Ab dem 01.01.2010 angeschaffte oder hergestellte bewegliche Gegenstände des Sachanlagevermögens werden linear abgeschrieben."

Gleichartige Vermögensgegenstände des Vorratsvermögens

Sowohl in der Steuer- als auch in der Handelsbilanz sind folgende Verfahren zulässig (§ 6 Abs. 1 Nr. 2a EStG und R 6.9 sowie R 6.8 Abs. 4 EStR bzw. §§ 240 Abs. 4 und 256 S. 1 HGB n.F.):

> - Einzelbewertung
> - Durchschnittsbewertung oder
> - LIFO-Methode.

Die Neuregelung erlaubt, dass diese Wahlrechte unterschiedlich in der Steuer- und Handelsbilanz ausgeübt werden. Aus Gründen der Arbeitsvereinfachung empfiehlt sich aber i.d.R. eine einheitliche Anwendung.

Geringwertige Wirtschaftsgüter/Sammelposten

Für nach dem 31.12.2009 angeschaffte oder hergestellte abnutzbare bewegliche Wirtschaftsgüter bestehen nach § 52 Abs. 16 S. 14 EStG i.V.m. § 6 Abs. 2 und 2a EStG folgende Möglichkeiten zur bilanziellen Behandlung:

> - **Einzelerfassung und -bewertung,**
> - **Behandlung als GWG,**
>   - Voraussetzung: Anschaffung-/Herstellungskosten bis 410 €,
>   - Bilanzierung: Sofortaufwand,
> - **Sammelposten,**
>   - Voraussetzung: Anschaffungs-/Herstellungskosten zwischen 151 € und 1.000 €
>   - Bilanzierung: Bildung eines Sammelpostens und Gewinn mindernde Auflösung im Jahr der Bildung und den folgenden 4 Jahren mit jeweils 20 %. Bei Anschaffungskosten bis 150 €: Behandlung als Sofortaufwand.

Die Inanspruchnahme der Wahlrechte kann in der Steuerbilanz losgelöst von der Bilanzierung in der Handelsbilanz erfolgen. Die Wahlrechte sind grundsätzlich auch in der Handelsbilanz möglich, soweit sie den Grundsätzen ordnungsmäßiger Bilanzierung entsprechen. Dies wurde in der Vergangenheit für die GWG-Regelung in der Literatur bejaht. Für den Sammelposten ist dies ebenfalls grundsätzlich zu bejahen. Voraussetzung ist aber, dass sich infolge des Ausscheidens einzelner Vermögensgegenstände/Wirtschaftsgüter innerhalb des Auflösungszeitraumes keine Überbewertung des Sammelpostens ergibt, da sich dieser gemäß § 6 Abs. 2a EStG nicht vermindert (vgl. etwa Kozikowski u.a. 2010, Beck'scher BilKomm, § 253, Ziff. 434).

> **Hinweis zur Nutzungsdauer!**
> ➤ Die grundsätzlich auf der Dauer der technischen Nutzbarkeit basierenden Abschreibungszeiträume der sog. AfA-Tabellen der Finanzverwaltung können nicht mehr ohne weiteres in die Handelsbilanz übernommen werden, da das Beibehaltungswahlrecht steuerlicher Werte entfallen ist.
> ➤ Gleichwohl wird aus Gründen der Objektivierung und Vereinfachung eine Übernahme der Nutzungsdauern laut der AfA-Tabellen häufig möglich sein.
> ➤ Weichen aber die tatsächlichen wirtschaftlichen Nutzungsdauern, wie sie z.B. aufgrund von Beobachtungen in der Vergangenheit festgestellt wurden, gravierend von den AfA-Tabellen ab, sind diese in der Handelsbilanz zugrunde zu legen. Diese Nutzungsdauern können sowohl länger als auch kürzer sein als die Nutzungsdauern laut der jeweils einschlägigen AfA-Tabellen.
> ➤ Wegen der auch nach BilMoG weiterhin bestehenden Maßgeblichkeit der Handels- für die Steuerbilanz, sind diese handelsbilanziellen Nutzungsdauern grundsätzlich auch für die Steuerbilanz relevant (so auch das IDW in seiner 222. Sitzung des Hauptfachausschusses). Insbesondere bei gegenüber den steuerlichen AfA-Tabellen kürzeren Nutzungsdauern wird dies gegenüber der Finanzverwaltung wohl gesondert nachgewiesen werden müssen.
> ➤ In der Literatur (vgl. z.B. Kozikowski u.a. 2010, Beck'scher BilKomm, § 253, Ziff. 231) wird – abweichend von der Ansicht des IDW – auch die Meinung vertreten, dass für die Steuerbilanz weiterhin die Nutzungsdauern der amtlichen AfA-Tabellen herangezogen werden können.

> ➤ **Konsequenzen des Wegfalls der umgekehrten Maßgeblichkeit:**
> • Verbesserung der Aussagekraft der HGB-Handelsbilanz (Einzelabschluss), da diese zukünftig grundsätzlich frei ist von rein fiskalisch geprägten Bilanzierungsregeln,
> • Anstieg der latenten Steuern infolge umfangreicherer Abweichungen zwischen der Handels- und Steuerbilanz (vgl. zum Ansatz latenter Steuern Kapitel 3.1.5).
> ➤ **Übergangsregelung:**
> **Wahlrecht** gem. Art. 67 Abs. 4 bzw. Abs. 3 EGHGB n.F., d.h. die bisher in der HGB-Handelsbilanz gebildeten steuerrechtlichen Abschreibungen bzw. steuerlichen Sonderposten können entweder
> • beibehalten und fortgeführt oder
> • aufgelöst und unmittelbar in die Gewinnrücklagen eingestellt werden.
> Die Möglichkeit zur Einstellung in die Gewinnrücklagen gilt **nicht** für steuerrechtliche Abschreibungen nach § 254 und § 279 Abs. 2 HGB, die im letzten vor dem 01.01.2010 begonnenen Geschäftsjahr vorgenommen wurden.

Das Wahlrecht nach Art. 67 Abs. 3 EGHGB bezüglich der steuerlichen Sonderposten kann nicht sachverhaltsbezogen ausgeübt werden, sondern ist für den insgesamt ausgewiesenen Sonderposten einheitlich auszuüben. Vgl. auch IDW RS HFA 28, Tz. 14.

Das Wahlrecht nach Art. 67 Abs. 4 EGHGB bezüglich der steuerrechtlichen Abschreibungen kann jeweils bezogen auf den einzelnen Sachverhalt ausgeübt werden. Vgl. auch IDW RS HFA 28, Tz. 15.

2.1 Gravierende Gesetzesänderungen

Bilanzpolitische Strategien:
- Werden die bestehenden steuerrechtlichen Sonderposten und steuerrechtlichen Abschreibungen aufgelöst, steigt bei der Umstellung auf BilMoG das Eigenkapital.
- Bei der Auflösung ist aber zu bedenken, dass sich daraus höhere Vermögenswerte in der Handelsbilanz ergeben, die in der Zukunft grundsätzlich zu höheren Abschreibungen und damit schlechteren Ergebnissen führen. Die zugeschriebenen Vermögenswerte werden insoweit faktisch zweimal durch die GuV-Rechnung aufwandswirksam erfasst.

Insofern besteht also beim Übergang auf BilMoG ein Zielkonflikt, d.h., einerseits kann das Eigenkapital erhöht werden, andererseits geht damit aber eine Aufwandsbelastung in der Zukunft einher.

In der betrieblichen Praxis wird daher je nach der unternehmensindividuellen Interessenlage unterschiedlich mit dem Übergangswahlrecht verfahren.

Hinweis im Hinblick auf zu berücksichtigende latente Steuern!
Werden die o.g. Posten beim Übergang aufgelöst, dann folgt aus den nunmehr bestehenden temporären Abweichungen zwischen der Handels- und Steuerbilanz ein (entsprechend ebenfalls temporär) höheres handelsrechtliches Nettovermögen, auf welches – ebenfalls im Zuge der „BilMoG-Umstellung" – passive latente Steuern erfolgsneutral (über die Gewinnrücklagen) zu erfassen sind; vgl. auch Kapitel 3.1.5.10.

2.1.4 Erweiterung des Stetigkeitsgrundsatzes

Der **Stetigkeitsgrundsatz** besitzt sowohl eine **zeitliche** als auch eine **inhaltliche** Komponente. Die Verknüpfung der Abschlüsse im zeitlichen Ablauf wird nunmehr für Ansatz und Bewertung strenger gefasst.

Bisher:
- Sollvorschrift.
- Beschränkt auf Methodenstetigkeit.
- **Gesetzestext in § 252 Abs. 1 Nr. 6 HGB:**
  „Die auf den vorhergehenden Jahresabschluss angewandten Bewertungsmethoden sollen beibehalten werden."

Nach dem BilMoG neu:
- Mussvorschrift.
- Ausweitung auf Ansatzstetigkeit.
- **Gesetzestext in § 246 Abs. 3 HGB n.F.:**
  „Die auf den vorhergehenden Jahresabschluss angewandten Ansatzmethoden sind beizubehalten."
- **Gesetzestext in § 252 Abs. 1 Nr. 6 HGB n.F.:**
  „Die auf den vorhergehenden Jahresabschluss angewandten Bewertungsmethoden sind beizubehalten."
- Die Neuregelung entspricht grundsätzlich IFRS (IAS 8). Allerdings ist abweichend zum HGB nach IAS 8 der Effekt einer Stetigkeitsunterbrechung erfolgsneutral, d.h. direkt im Eigenkapital zu erfassen.

2.1.5 Erweiterung der Abschlussbestandteile

Neben der Bilanz und GuV sowie dem Anhang müssen bzw. können bestimmte Unternehmen zusätzlich eine Kapitalflussrechnung, einen Eigenkapitalspiegel und eine Segmentberichterstattung als Bestandteil des Abschlusses offen legen. Der Kreis dieser Unternehmen wird im Rahmen des BilMoG erweitert.

2.1.5.1 Kapitalflussrechnung und Eigenkapitalspiegel

In der **Kapitalflussrechnung** werden in Form eines Cash Flow Statements die erwirtschafteten Zahlungsmittel und Zahlungsmitteläquivalente nach verschiedenen Unternehmensbereichen (Geschäftstätigkeit, Investitionstätigkeit und Finanzierungstätigkeit) aufgezeigt. Der **Eigenkapitalspiegel** enthält eine Aufstellung der Veränderungen in den einzelnen Eigenkapitalposten.

> **Bisher:**
> Die Kapitalflussrechnung und der Eigenkapitalspiegel waren nur zwingender Bestandteil des **Konzernabschlusses** von Kapitalgesellschaften gem. § 297 Abs. 1 HGB, nicht jedoch des Einzelabschlusses.

> **Nach dem BilMoG neu:**
> Die Kapitalflussrechnung und der Eigenkapitalspiegel sind gem. § 264 Abs. 1 S. 1 HGB n.F. auch zwingender Bestandteil des **Einzelabschlusses kapitalmarktorientierter Kapitalgesellschaften**, die nicht zur Aufstellung eines Konzernabschlusses verpflichtet sind.

2.1.5.2 Segmentberichterstattung

Der **Segmentbericht** beinhaltet umfassende Informationen über die Geschäftsbereiche und Regionen.

> **Bisher:**
> Keine Vorgaben zu einer separaten Segmentberichterstattung im Einzelabschluss. Für den **Konzernabschluss** von Kapitalgesellschaften besteht gem. § 297 Abs. 1 HGB ein Wahlrecht zu einer Segmentberichterstattung als Teil des Abschlusses.

> **Nach dem BilMoG neu:**
> Wahlrecht zur Segmentberichterstattung gem. § 264 Abs. 1 S. 1 HGB n.F. auch bezüglich des **Einzelabschlusses kapitalmarktorientierter Kapitalgesellschaften**, die nicht zur Aufstellung eines Konzernabschlusses verpflichtet sind.

Die nachfolgende Tabelle enthält nochmals im Überblick die Bestandteile des Abschlusses einer Kapitalgesellschaft. Die Veränderungen durch das BilMoG sind weiß hinterlegt.

2.2 Klarstellungen/Konkretisierungen

	Konzernabschluss			Einzelabschluss		
	Mutterunternehmen			Unternehmen		
	nicht kapitalmarktorientiert		kapitalmarktorientiert	nicht kapitalmarktorientiert		kapitalmarktorientiert
	Wahlrecht zwischen HGB und IFRS		IFRS	HGB		HGB
	§ 297 HGB	IAS 1	IAS 1/ IFRS 8	HGB bisher = HGB neu (BilMoG)	HGB bisher	HGB neu (BilMoG)
Bilanz	ja	ja	ja	ja	ja	ja
GuV	ja	ja	ja	ja	ja	ja
Kapitalfluss-rechnung	ja	ja	ja	nein	nein	ja [1]
Eigenkapital-spiegel	ja	ja	ja	nein	nein	ja [1]
Segmentbericht-erstattung	Wahlrecht	Wahlrecht	ja	nein	nein	Wahlrecht [1]
Anhang	ja	ja	ja	ja	ja	ja

1) Sofern keine Verpflichtung zur Aufstellung eines Konzernabschlusses besteht.

2.2 Klarstellungen/Konkretisierungen

2.2.1 Zuordnung nach dem wirtschaftlichen Eigentum

Als Aktiva sind entsprechend dem **Vollständigkeitsgrundsatz** alle dem Unternehmen gehörende Vermögensgegenstände zu bilanzieren. Hierbei wird zwischen **juristischem** und **wirtschaftlichem** **Eigentum** unterschieden. Grundsätzlich sind die Vermögensgegenstände in der Bilanz des juristischen Eigentümers zu bilanzieren. § 39 Abs. 2 AO bestimmt explizit, dass für den Fall, dass ein anderer als der juristische Eigentümer die tatsächliche Herrschaft in der Weise über einen Vermögensgegenstand (Wirtschaftsgut) ausübt, dass er den juristischen Eigentümer im Regelfall für die gewöhnliche Nutzungsdauer von der Einwirkung ausschließen kann, dieser den Vermögensgegenstand bilanzieren muss. Dieses sog. wirtschaftliche Eigentum war zwar auch bislang in der HGB-Bilanz als Grundsatz ordnungsmäßiger Bilanzierung heranzuziehen, wenngleich es nicht explizit im HGB kodifiziert war. Mit dem BilMoG wird die Regelungslücke geschlossen.

> ➤ Nach § 246 Abs. 1 S. 2 HGB n.F. gilt: „... ist ein Vermögensgegenstand nicht dem Eigentümer, sondern einem anderen wirtschaftlich zuzurechnen, hat dieser ihn in seiner Bilanz auszuweisen".
> ➤ Laut Gesetzesbegründung ist wirtschaftlicher Eigentümer derjenige, der die wesentlichen **Chancen** und **Risiken** trägt, die aus dem zu bilanzierenden Vermögensgegenstand erwachsen.
> ➤ Während in der Begründung zum Referentenentwurf noch ausgeführt wurde:

> *„Mit der Neufassung soll eine Annäherung an die auch nach den IFRS übliche wirtschaftliche Betrachtungsweise erreicht werden",*
> wird in der Begründung zum Regierungsentwurf einschränkender formuliert:
> *„Mit § 246 Abs. 1 S. 2 HGB ergeben sich keine Veränderungen des bisherigen Rechtszustandes. Die von der Rechtsprechung schon erarbeiteten Beurteilungskriterien behalten ebenso ihre Bedeutung, wie beispielsweise die steuerlichen Leasingerlasse, die die wirtschaftliche Zurechnung inhaltlich ausfüllen."*
> Die Begründung zur Beschlussempfehlung des Rechtsausschusses führt überdies aus, dass die Neuregelung im HGB zwar die handelsrechtliche Terminologie berücksichtigt (insbesondere die Bezeichnung Vermögensgegenstand statt Wirtschaftsgut), sie aber **inhaltlich § 39 AO** entspricht. Im Ergebnis beinhaltet die Neuregelung also nur die **Klarstellung** der bisherigen Bilanzierungspraxis. Dazu gehört vor allem die Orientierung in der HGB-Bilanzierungspraxis an den Leasingerlassen der Finanzverwaltung.
>
> ⇒ Die „weichen" in IAS 17 genannten sog. Indizien zur Frage des wirtschaftlichen Eigentums können häufig entsprechend den steuerrechtlichen Zuordnungskriterien laut den o.g. Leasingerlassen interpretiert werden. Damit ist in vielen Fällen in der Praxis im Hinblick auf das wirtschaftliche Eigentum nicht nur eine einheitliche Bilanzierung im HBG-Einzelabschluss und in der Steuerbilanz möglich, sondern auch im IFRS-Konzernabschluss. Viele Großkonzerne orientieren sich allerdings bei der Interpretation des IAS 17 an den US-GAAP.

2.2.2 Definition der kapitalmarktorientierten Kapitalgesellschaft

Da verschiedene Vorschriften der Rechnungslegung und Offenlegung an den Begriff der kapitalmarktorientierten Kapitalgesellschaft anknüpfen, ist diese Definition von grundlegender Bedeutung. Sie wurde daher vom Gesetzgeber ins HGB eingefügt.

Der neue § 264d HGB n.F. definiert den Begriff der **„kapitalmarktorientierten Kapitalgesellschaft"** wie folgt:

„Eine Kapitalgesellschaft ist kapitalmarktorientiert, wenn sie einen organisierten Markt im Sinne des § 2 Abs. 5 des Wertpapierhandelsgesetzes durch von ihr ausgegebene Wertpapiere im Sinne des § 2 Abs. 1 Satz 1 des Wertpapierhandelsgesetzes in Anspruch nimmt oder die Zulassung solcher Wertpapiere zum Handel an einem organisierten Markt beantragt hat."

Vorteil der Definition: Kürzung und Verbesserung der Lesbarkeit einer Reihe gesetzlicher Vorschriften, da auf die Definition verwiesen werden kann.

2.2.3 Erweiterung der Befugnisse des DRSC

Das privatrechtlich organisierte Deutsche Rechnungslegungs Standards Committee (DRSC) ist der vom Bundesministerium der Justiz anerkannte Standardsetter für die Bundesrepublik Deutschland. Seine Befugnisse sind in § 342 HGB wie folgt geregelt:

> **Bisher:**
> ➢ Entwicklung von Empfehlungen zur Anwendung der Grundsätze über die Konzernrechnungslegung.
> ➢ Beratung des Bundesministeriums der Justiz bei Gesetzgebungsvorhaben zur Rechnungslegung.
> ➢ Vertretung der Bundesrepublik Deutschland in internationalen Standardisierungsgremien.

2.2 Klarstellungen/Konkretisierungen

> **Nach dem BilMoG neu:**
> - Die Einfügung einer vierten Aufgabe in § 342 Abs. 1 Nr. 4 HGB n.F., wonach das DRSC die **Befugnis** zur Erarbeitung von Interpretationen zu den IFRS für deutsche Unternehmen erhält.
> - Laut Gesetzesbegründung soll das DRSC hier eine Lücke schließen. D.h. betroffen sind nur die Fälle, in denen ein Interpretationsbedarf der IFRS besteht, jedoch vom IFRIC, dem Interpretationsgremium der IASC-Foundation in London, keine Regelung erarbeitet wurde, da es sich um ein spezifisch nationales Interpretationsproblem handelt. Als Beispiel kann die bilanzielle Behandlung der Steuerguthaben aufgrund des SEStEG in den IFRS-Abschlüssen deutscher Unternehmen genannt werden.

3. Einzelabschluss
3.1 Gravierende Änderungen
3.1.1 Selbst geschaffene immaterielle Vermögensgegenstände
3.1.1.1 Generelle Neuregelung

Die Bedeutung der **immateriellen Vermögensgegenstände** hat in den letzten Jahren kontinuierlich zugenommen. Die bilanzielle Erfassung ist insbesondere für die selbst geschaffenen Werte äußerst schwierig, da sie – im Gegensatz zu den erworbenen – häufig nur schwer identifizierbar und bewertbar sind.

> **Bisher:**
> - **Generelles Aktivierungsverbot** für selbst geschaffene immaterielle Vermögensgegenstände des Anlagevermögens gem. § 248 Abs. 2 HGB.
> - Aktivierungspflicht für erworbene immaterielle Vermögensgegenstände und selbst geschaffene immaterielle Vermögenswerte im Umlaufvermögen, z.B. bei beauftragter Entwicklung.
>
> **Nach dem BilMoG neu:**
> - **Neufassung von § 248 Abs. 2 S. 1 HGB n.F.**
>   Danach gilt: *„Selbstgeschaffene immaterielle Vermögensgegenstände des Anlagevermögens **können** als Aktivposten in die Bilanz aufgenommen werden".* Damit ist grundsätzlich eine gleiche bilanzielle Behandlung von selbst geschaffenen und erworbenen immateriellen Vermögensgegenständen möglich.
> - Es besteht also ein **Aktivierungswahlrecht** und keine Aktivierungspflicht, wie noch im Regierungsentwurf vorgesehen.
> - Ausgangspunkt der Bilanzierung immaterieller Vermögenswerte ist im HGB weiterhin der Begriff **Vermögensgegenstand** und **nicht** wie nach IFRS der allgemeinere Begriff des **Vermögenswertes**.
> - Merkmale eines Vermögensgegenstands nach deutschem Bilanzrecht:
>   - Selbständige Verkehrsfähigkeit (Einzelverwertbarkeit),
>   - Selbständige Bewertbarkeit (Anschaffungs- oder Herstellungskosten),
>   - Verfügungsmacht (rechtlich oder wirtschaftlich).
> - **Steuerbilanz:**
>   Für die Steuerbilanz ergeben sich aus der Änderung im BilMoG keine Auswirkungen, da nach § 5 Abs. 2 EStG ein Aktivposten für immaterielle Wirtschaftsgüter des Anlagevermögens nur bei entgeltlichem Erwerb anzusetzen ist.
> - **Übergangsregelung:**
>   Gem. Art. 66 Abs. 7 EGHGB n.F. dürfen Aufwendungen für selbst geschaffene immaterielle Vermögensgegenstände des Anlagevermögens erst aktiviert werden, wenn mit der Entwicklung nach dem 31.12.2009 begonnen wurde. Laut der Begründung zur Beschlussempfehlung des Rechtsausschusses darf aber unter dem Aspekt der Wesentlichkeit eine Aktivierung auch dann erfolgen, wenn unwesentliche Teile der Entwicklung noch im Vorjahr lagen. Eine Nachaktivierung von Entwicklungskosten aus früheren Geschäftsjahren ist aber explizit ausgeschlossen.

3.1 Gravierende Änderungen

> **Ausweisvorschriften:**
> Im **Anhang** sind im Falle der Aktivierung gem. § 285 Nr. 22 bzw. § 314 Abs. 1 Nr. 14 HGB n.F. die gesamten FuE-Kosten sowie der davon aktivierte Betrag für die selbst geschaffenen immateriellen Vermögensgegenstände anzugeben.
> In der Bilanz sind die aktivierten selbst geschaffenen immateriellen Vermögenswerte gemäß § 266 Abs. 2 HGB n.F. innerhalb der Immateriellen Vermögensgegenstände separat unter dem neu eingefügten Posten I.1. „Selbst geschaffene gewerbliche Schutzrechte und ähnliche Rechte und Werte" auszuweisen. Aus dem Anlagespiegel kann die Höhe der Abschreibungen hierauf entnommen werden.

3.1.1.2 Explizite Ausnahmeregelungen

Es bestehen folgende **Einschränkungen des Aktivierungswahlrechts im HGB-Abschluss**:

> - Gem. § 248 Abs. 2 S. 2 HGB n.F. dürfen folgende selbst geschaffene Werte **nicht** aktiviert werden, auch wenn sie die Kriterien für einen Vermögensgegenstand erfüllen:
>   - Marken,
>   - Drucktitel,
>   - Verlagsrechte,
>   - Kundenlisten oder
>   - vergleichbare immaterielle Vermögensgegenstände des Anlagevermögens.
>
>   Ferner besteht gem. § 248 Abs. 1 HGB n.F. ein explizites Aktivierungsverbot für:
>   - Aufwendungen für die Gründung eines Unternehmens,
>   - Aufwendungen für die Beschaffung des Eigenkapitals und
>   - Aufwendungen für den Abschluss von Versicherungsverträgen.
> - Zusätzlich gilt gem. § 255 Abs. 2 S. 4 HGB n.F. ein explizites Aktivierungsverbot im Rahmen der Ermittlung der Herstellungskosten für:
>   - Forschungskosten und
>   - Vertriebskosten.

Durch diese kasuistische **Einschränkung der Aktivierungsmöglichkeit** immaterieller Werte verbleibt im Vergleich zum bisherigen Recht als neuer Tatbestand, der zu einer Aktivierung selbst geschaffener immaterieller Werte führen kann, im Wesentlichen nur die Aktivierung von Entwicklungskosten.

3.1.1.3 Bilanzierung von Forschungs- und Entwicklungskosten

3.1.1.3.1 Zweistufige Vorgehensweise

Aus dem Gesetzeswortlaut (§ 255 Abs. 2a S. 2–3 HGB n.F.) und der Gesetzesbegründung ergibt sich folgende **zweistufige Vorgehensweise**:
- **1. Schritt:** Übergang von Forschung und Entwicklung gegeben?
- **2. Schritt:** Führt die Entwicklung mit hoher Wahrscheinlichkeit zu einem Vermögensgegenstand?

> **Schematische Darstellung**
> Die **Aktivierungsregelung** kann mit Hilfe des folgenden Schemas (vgl. hierzu auch Dobler/Kurz, 2008) verdeutlicht werden:

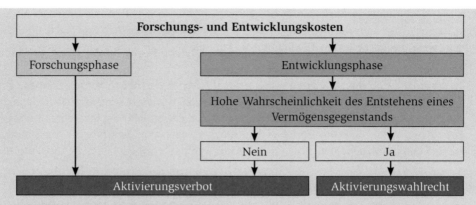

- **1. Schritt:**
  In einem ersten Schritt ist der Übergang von der Forschungs- auf die Entwicklungsphase zu prüfen:
  - In § 255 Abs. 2a S. 2–3 HGB n.F. findet sich eine Legaldefinition von Forschung und Entwicklung, danach gilt:
    „*Entwicklung ist die Anwendung von Forschungsergebnissen oder von anderem Wissen für die Neuentwicklung von Gütern oder Verfahren oder die Weiterentwicklung von Gütern oder Verfahren mittels wesentlicher Änderungen.*
    Forschung ist die eigenständige und planmäßige Suche nach neuen wissenschaftlichen oder technischen Erkenntnissen oder Erfahrungen allgemeiner Art, über deren technische Verwertbarkeit und wirtschaftliche Erfolgsaussichten grundsätzlich keine Aussagen gemacht werden können."
  - Soweit Forschung und Entwicklung nicht verlässlich voneinander getrennt werden können, ist nach § 255 Abs. 2a S. 4 HGB n.F. eine Aktivierung ausgeschlossen.
- **2. Schritt:**
  In einem zweiten Schritt ist zu prüfen, ob die Entwicklung mit hoher Wahrscheinlichkeit zu einem Vermögensgegenstand führt:
  - Nach § 255 Abs. 2a S. 1 HGB n.F. gilt:
    „*Herstellungskosten eines selbst geschaffenen immateriellen Vermögensgegenstands des Anlagevermögens sind die bei dessen Entwicklung anfallenden Aufwendungen ....*"
  - Der Wortlaut verdeutlicht, dass eine Aktivierung der Kosten nicht erst ab dem Zeitpunkt des Vorliegens eines Vermögensgegenstandes erfolgen kann, sondern grundsätzlich bereits ab dem Zeitpunkt, ab dem die Entwicklung beginnt.
  - In Anlehnung an die Gesetzesbegründung darf aber eine Aktivierung gemäß dem unverändert in § 252 Abs. 1 Nr. 4 HGB verankerten Vorsichtsprinzip erst ab dem Zeitpunkt erfolgen, ab dem mit **hoher** Wahrscheinlichkeit (**hinreichender** Wahrscheinlichkeit) davon ausgegangen werden kann, dass ein einzeln verwertbarer immaterieller Vermögensgegenstand des Anlagevermögens entsteht.

3.1.1.3.2 Vergleich mit IFRS

Die **Bilanzierung der Forschungs- und Entwicklungskosten** nach IFRS ist in IAS 38 sehr viel detaillierter geregelt als im BilMoG. Daher kann die bereits erfolgte Anwendung der IFRS in den nach diesen Regeln bilanzierenden Unternehmen Anhaltspunkte für die zukünftige Bilanzierung nach dem BilMoG geben, wenngleich sich im Detail durchaus Unterschiede ergeben können bzw. müssen.

3.1 Gravierende Änderungen

Nach IAS 38 dürfen, wie nach den Neuregelungen im BilMoG, Forschungskosten nicht aktiviert werden. Insofern stimmen die Regelungen überein. **Entwicklungskosten** sind nach IFRS dann zu aktivieren, wenn **sechs Kriterien** (Bedingungen) kumulativ erfüllt sind, während nach den Neuregelungen im HGB zum einen ein Aktivierungswahlrecht besteht und zum anderen der Zeitpunkt, ab dem die Aktivierung einsetzen kann, nicht explizit an bestimmte Kriterien anknüpft, sondern viel allgemeiner umschrieben wird.

Schematisch ergibt sich damit folgende Darstellung:

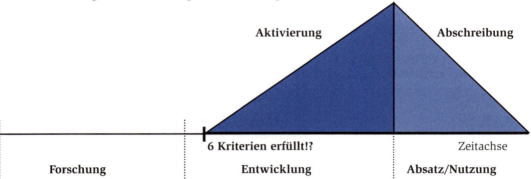

Gem. IAS 38,57 sind **Entwicklungskosten** ab dem Zeitpunkt zu aktivieren, an dem kumulativ folgende sechs Bedingungen nachgewiesen werden:
1. Technische Realisierbarkeit,
2. Fertigstellungsabsicht,
3. Nutzbarkeit,
4. Nutzennachweis/Marktnachweis,
5. Ressourcennachweis,
6. Kostenzurechenbarkeit.

> **Hinweis!**
> Die vor diesem Zeitpunkt angefallenen Ausgaben für Forschung und Entwicklung dürfen nicht nachaktiviert werden. Nur die nach diesem Zeitpunkt anfallenden Kosten sind zu aktivieren (vgl. auch IAS 38,65).

> **Unterschiede zu IFRS:**
> ➢ **Einerseits** ist die Regelung im BilMoG weitergehender und allgemeiner als nach IFRS, da:
>   - Keine Objektivierungsregelungen für die Aktivierung von Entwicklungskosten entsprechend der sechs Kriterien in IAS 38,57 aufgenommen wurden, insbesondere gehört das Kriterium Marktnachweis bzw. Nachweis eines internen Vorteils nicht zu den Begriffsmerkmalen eines Vermögensgegenstands.
>   - Der Umfang der einzubeziehenden Kosten nicht konkret abgegrenzt wird. Z.B. schließt IAS 38,67 explizit die Aktivierung von Schulungskosten aus.
> ➢ **Andererseits** besteht aber abweichend von den IFRS keine Aktivierungspflicht, sondern ein Aktivierungswahlrecht. Damit wird insbesondere den deutschen Unternehmen, die bereits im Konzernabschluss nach IFRS bilanzieren eine Annäherung bzw. bei gleicher Interpretation der sechs Kriterien eine Angleichung im HGB-Einzelabschluss ermöglicht. Andererseits können insbesondere die Unternehmen, die nur nach HGB bilanzieren, infolge des Aktivierungswahlrechts auf die aufwendige Erfassung, Aktivierung und Abschreibung von Ent-

wicklungskosten verzichten. Insbesondere fallen dadurch aufwendige Aufzeichnungs- und Nachweispflichten weg.

3.1.1.3.3 Unterschiedliche Umfänge der Aktivierung von Entwicklungskosten in der Bilanzierungspraxis

Die **Höhe der aktivierten Entwicklungskosten** in Prozent der gesamten während einer Periode angefallenen Ausgaben für Forschung und Entwicklung sind in der IFRS-Bilanzierungspraxis stark abhängig von der Branche. So werden beispielsweise in den Bilanzen der großen Unternehmen der Pharmabranche grundsätzlich keine Entwicklungskosten in den IFRS-Abschlüssen für neue Medikamente aktiviert. Anders dagegen z.B. im Maschinenbau und in der Automobilwirtschaft.

Innerhalb ein und derselben Branche bestehen aber auch große Unterschiede.

Beispiel:
Aktivierungsquote in der Automobilbranche (gerundete Zahlen), die sich aus den veröffentlichten IFRS-Konzernabschlüssen der Unternehmen berechnen lassen.

	2007	2008	2009	2010
BMW	42 %	43 %	44 %	34 %
VW	29 %	33 %	34 %	27 %
Daimler	26 %	31 %	31 %	28 %
Porsche	5 %	7 %	30 %	68 %

Die **aktivierten Entwicklungskosten** nach IFRS zeigen also je nach Branche große Unterschiede und auch innerhalb einer Branche gibt es aufgrund der **Ermessensspielräume** erhebliche Unterschiede, daher ist die Vergleichbarkeit stark eingeschränkt!

Die ersten vorliegenden BilMoG-Abschlüsse zeigen, dass die meisten Unternehmen das Aktivierungswahlrecht nicht genutzt haben, und zwar selbst dann nicht – wie etwa die Dürr AG –, wenn die Unternehmen in den IFRS-Konzernabschlüssen Entwicklungskosten aktiviert haben (vgl. Bertram, 2011). Die empirische Erhebung von Philipps zu BilMoG-Abschlüssen 2009 ergab, dass nur rund 10 % der Unternehmen eigene Entwicklungskosten aktivierten, vgl. Philipps, 2011, S. 206. Die Gründe hierfür liegen wohl insbesondere in den umfangreichen Dokumentationspflichten, den Angabepflichten im Anhang sowie den vielfach schwierigen Abgrenzungsproblemen zwischen Forschung und Entwicklung und der Bestimmung des Aktivierungszeitpunkts sowie der verursachungsgerechten Zuordnung einzelner Kostenbestandteile auf die jeweiligen Projekte. Ferner hat bei vielen HGB-Bilanzierern das Vorsichtsprinzip nach wie vor einen sehr hohen Stellenwert. Mit der Aktivierung geht in den Folgejahren ein entsprechender Abschreibungsbedarf einher. Als Beispiel für ein größeres Unternehmen, welches von dem Aktivierungswahlrecht Gebrauch gemacht hat, sei die Deutsche Post AG genannt.

Im Anhang des Jahresabschlusses 2010 der Deutsche Post AG wird ausgeführt:
„Für selbst geschaffene immaterielle Vermögensgegenstände wurde das Wahlrecht gemäß § 248 Abs. 2 HGB ausgeübt. Sie werden ab dem 01.01.2010 aktiviert. Die Entwicklung und die Zusammensetzung der immateriellen Vermögensgegenstände sind aus dem Anlagegitter ersichtlich. Erstmals ab dem Geschäftsjahr 2010 wurden die Entwicklungskosten für eigenerstellte Software aktiviert, mit deren Entwicklung nach dem 01.01.2010 begonnen wurde. Im Berichtsjahr fielen Entwicklungskosten in Höhe von insgesamt 88 Mio Euro an, von denen 4 Mio Euro bei den selbsterstellten immateriellen Vermögensgegenständen aktiviert wurden. Im Eigenkapital sind zum 31.12.2010 ausschüttungsgesperrte Beträge in

3.1 Gravierende Änderungen

Höhe von 4 Mio Euro enthalten. Der Betrag entspricht dem Ausweis der selbsterstellten immateriellen Vermögenswerte. Andere aktivierte Eigenleistungen werden in Höhe von 5 Mio. Euro ausgewiesen. Es handelt sich im Wesentlichen um Eigenleistungen im Zusammenhang mit der ab 01.01.2010 zulässigen Aktivierung selbst erstellter immaterieller Vermögensgegenstände."

3.1.1.3.4 Beispiele aus der Pressemitteilung des BMJ vom 26.03.2009

Zur Illustration der geplanten Neuregelungen hat das BMJ folgende Beispiele im Zusammenhang mit der Verabschiedung des Gesetzes veröffentlicht.

> **Beispiel 1:**
> „Ein großer Teil der in der pharmazeutischen Industrie anfallenden Kosten entfällt auf die Erforschung und Entwicklung neuer Medikamente. Wenn sich künftig beispielsweise aus klinischen Studien ergibt, dass ein Medikament die Marktzulassung erhalten wird, können die Entwicklungskosten als Herstellungskosten eines selbst erstellten Vermögensgegenstandes des Anlagevermögens, beispielsweise eines Patents oder von einfachem Know-how aktiviert werden. Das heißt, die Gewinn- und Verlustrechnung des Unternehmens wird nicht belastet, und der bilanzielle Gewinn fällt höher aus."

> **Beispiel 2:**
> „Ein Start-up-Unternehmen, das sich beispielsweise mit der Entwicklung von Software befasst, kann die Kosten für die Entwicklung der Software als Herstellungskosten der Software innerhalb der selbst erstellten immateriellen Vermögensgegenstände des Anlagevermögens ausweisen und muss diese nicht, wie bisher, aufwandswirksam erfassen."

Die Aktivierung eigener Entwicklungskosten ist in vielen Ländern der EU bereits seit Jahren nach nationalem Recht zulässig oder geboten. Mit der Neuregelung im HGB werden die deutschen Unternehmen gleichgestellt.

3.1.1.3.5 Beispiel zur Aktivierung eigener Entwicklungskosten nach BilMoG

Ein Unternehmen entwickelt die Software für einen neuen Lackierroboter. Die Entwicklung soll folgende Kosten (Werte in T€) verursachen:

	1. Halbjahr 2010	2. Halbjahr 2010
Einzelkosten (Material, Lohn und Gehalt etc.)	900	1.500
Zuordenbare Gemeinkosten	350	500
Nicht eindeutig zuordenbare Gemeinkosten	300	300
Gesamte Projektkosten	1.550	2.300

> ➤ Ab 01.07.2010 wird davon ausgegangen, dass die Entwicklung mit großer Wahrscheinlichkeit zu einer Software führt, die die Kriterien eines Vermögensgegenstands erfüllt. Zum 31.12.2010 wird die Entwicklung abgeschlossen. Ab 2011 beginnen die Produktion und der Absatz der Lackierroboter mit der neu entwickelten Software.

> Der neue Roboter soll von 2011 bis 2015 (fünf Jahre) mit konstanten Stückzahlen produziert werden.
> Ende 2013 muss die Produktion wegen Unverkäuflichkeit des Roboters eingestellt werden.

Lösung des Beispiels zur Aktivierung eigener Entwicklungskosten:

Aufwandsbelastung gemäß HGB neu, wenn von dem Aktivierungswahlrecht Gebrauch gemacht wird		Zum Vergleich HGB alt
1. Halbjahr 2010: Gesamte Kosten = Aufwand	1.550	1.550
2. Halbjahr 2010: Aktivierung der Einzelkosten und zuordenbaren Gemeinkosten als immaterieller Vermögensgegenstand Gesamt 2.300 − Aktivierbare Kosten 2.000 = Aufwand	300	2.300
2011: Planmäßige Abschreibung der aktivierten Entwicklungskosten 2.000 : 5 Jahre (Produktionsdauer) =	400	0
2012: Jährliche planmäßige Abschreibung	400	0
2013: Jährliche planmäßige Abschreibung 400 Außerplanmäßige Abschreibung 800	1.200	0
Gesamte ergebniswirksame Entwicklungskosten	**3.850**	**3.850**

3.1.1.3.6 Ausschüttungs- und Ergebnisabführungssperre

> **Ausschüttungssperre:**
> Erträge aus der Aktivierung selbst geschaffener immaterieller Vermögensgegenstände unterliegen abzüglich der hierfür gebildeten passiven latenten Steuern einer Ausschüttungssperre gem. § 268 Abs. 8 S. 1 HGB n.F. Danach dürfen, falls selbst geschaffene Immaterielle Vermögensgegenstände aktiviert werden, Gewinne nur dann ausgeschüttet werden, wenn die nach der Ausschüttung verbleibenden frei verfügbaren Rücklagen (zuzüglich eines Gewinnvortrags und abzüglich eines Verlustvortrags) mindestens den insgesamt in der Bilanz angesetzten ausschüttungsgesperrten Beträgen abzüglich der hierauf gebildeten passiven latenten Steuern entsprechen. Maßgeblich für die Höhe der Ausschüttungssperre ist dabei nicht die „Jahresscheibe", sondern der kumulierte Wert der ausschüttungsgesperrten Beträge. Zu den frei verfügbaren Rücklagen zählen die Gewinnrücklagen und die Kapitalrücklagen, soweit nicht gesetzliche oder gesellschaftsvertragliche Regelungen deren Ausschüttung entgegen stehen.

Beispiel:
Ein Unternehmen weist zum Ende des laufenden Geschäftsjahres aus:
- Stand der aktivierten selbst erstellten immateriellen Vermögensgegenstände: 300.000 €,
- Frei verfügbare Rücklagen: 200.000 €,
- Jahresüberschuss: 150.000 €.

3.1 Gravierende Änderungen

Weitere ausschüttungsgesperrte Beträge sollen nicht bestehen (vgl. Kapitel 3.1.3.7, 3.1.5.9 und 3.2.11.3.2). Der Steuersatz zur Berechnung der latenten Steuern beträgt 30 %. Ein Ergebnisvortrag aus dem Vorjahr ist nicht vorhanden.

Ausgehend von diesen Eckdaten ergibt sich folgende Berechnung von Ausschüttungssperre und ausschüttbarem Betrag:

Ausschüttungsgesperrter Betrag zum Jahresende

Aktivierte selbst erstellte immaterielle Vermögensgegenstände	300.000 €
./. darauf gebildete passive latente Steuern	./. 90.000 €
= **Nettobetrag**	**210.000 €**

Zur Ausschüttung verfügbarer Betrag zum Jahresende

Frei verfügbare Rücklagen	200.000 €
+ Jahresüberschuss	150.000 €
./. ausschüttungsgesperrter Betrag zum Jahresende	./. 210.000 €
=	**140.000 €**

Damit können im laufenden Geschäftsjahr nur 140.000 € ausgeschüttet werden, 10.000 € unterliegen einer Ausschüttungssperre. Würde sich der Jahresüberschuss z.B. alternativ auf 100.000 € belaufen, könnten dennoch insgesamt 140.000 € ausgeschüttet werden. Eine „Verwendungsreihenfolge", z.B. dass zuerst der Jahresüberschuss und dann aus den frei verfügbaren Rücklagen ausgeschüttet wird, ist gesetzlich nicht vorgegeben.

> **Ergebnisabführungssperre:**
> Die **Ausschüttungssperre bei Ergebnisabführungsverträgen**, die sog. Ergebnisabführungssperre, wird im Rahmen des BilMoG eindeutig geregelt. Damit werden bisher bestehende Unsicherheiten beseitigt.

Bisher:
Es war strittig, ob die Ergebnisabführung ausschüttungsgesperrter Erträge zulässig ist.

Nach dem BilMoG neu:

> **Explizite Regelung** in § 301 AktG n.F., wonach die Ergebnisabführung ausschüttungsgesperrter Beträge grundsätzlich ausgeschlossen ist.
> Wortlaut des § 301 S. 1 AktG n.F:
> *„Eine Gesellschaft kann, gleichgültig welche Vereinbarungen über die Berechnung des abzuführenden Gewinns getroffen worden sind, als ihren Gewinn höchstens den ohne die Gewinnabführung entstehenden Jahresüberschuss, vermindert um einen Verlustvortrag aus dem Vorjahr, um den Betrag, der nach § 300 in die gesetzlichen Rücklagen einzustellen ist, und den nach § 268 Abs. 8 des Handelsgesetzbuchs ausschüttungsgesperrten Betrag, abführen."*

Im Falle einer ertragsteuerlichen Organschaft, zu deren Voraussetzungen u.a. der Abschluss eines Ergebnisabführungsvertrages zählt (vgl. § 14 KStG), erfolgt die bilanzielle Berücksichtigung sowohl der tatsächlichen als auch (nach h.M.) der latenten Steuern auf der Ebene des Organträgers (vgl. Kap. 3.1.5). Strittig ist, ob für die **Berechnung der Abführungssperre auf Ebene der Organgesellschaft** die für dessen temporäre Differenzen auf der Ebene des Organträgers gebildeten passiven latenten Steuern zu berücksichtigen sind, d.h., die Abführungssperre sich nach dem Bruttobetrag oder Nettobetrag bemisst (vgl. z. B. Schindler, 2011, S. 336–337 sowie Ellerbusch u.a., 2009, S. 2445 ff.).

3.1.1.4 Sonderregelungen für einzelne immaterielle Vermögensgegenstände
3.1.1.4.1 Entgeltlich erworbener Geschäfts- oder Firmenwert

Der selbst geschaffene Geschäfts- oder Firmenwert (**originärer Goodwill**) unterliegt weiterhin einem Bilanzierungsverbot. Für den entgeltlich erworbenen Geschäfts- oder Firmenwert (**derivativer Goodwill**), der sich aus dem Unterschied zwischen dem Kaufpreis eines Unternehmens und dem Saldo aus den Zeitwerten der einzelnen erworbenen Aktiva und den erworbenen Schulden ergibt, enthält das BilMoG dagegen neue Bilanzierungsvorschriften.

> Bisher:
> ➤ Aktivierungswahlrecht gem. § 255 Abs. 4 HGB. Bei Aktivierung planmäßige Abschreibung zu mindestens einem Viertel in den Folgejahren. Ggf. auch außerplanmäßige Abschreibungen.
>
> **Nach dem BilMoG neu:**
> ➤ Streichung des bisherigen § 255 Abs. 4 HGB.
> ➤ Der entgeltlich erworbene Goodwill wird in § 246 Abs. 1 S. 4 HGB n.F. im Wege der Fiktion als zeitlich begrenzt nutzbarer Vermögensgegenstand qualifiziert und ist damit per se aktivierungspflichtig.
>   • Damit gelten die (normalen) Regelungen des § 253 Abs. 3 HGB n.F.
>   D.h. planmäßige Abschreibung und ggf. außerplanmäßige Abschreibung.
>   • Abweichend von allen übrigen Vermögensgegenständen ist aber eine spätere Wertaufholung beim entgeltlich erworbenen Goodwill gem. § 253 Abs. 5 S. 2 HGB n.F. **nicht** zulässig.
>   • Im Anhang sind gem. § 285 Nr. 13 HGB n.F. die Gründe anzugeben, wenn eine Nutzungsdauer von mehr als fünf Jahren für den Goodwill unterstellt wird.
>   Lt. Gesetzesbegründung genügt ein Hinweis auf die steuerlichen Regelungen nicht.
>   • **Steuerbilanz:**
>   Keine Änderung, d.h. § 7 Abs. 1 S. 3 EStG gilt unverändert.
>   Übereinstimmung zwischen Handels- und Steuerbilanz also nur noch, falls für den HGB-Abschluss eine Nutzungsdauer von 15 Jahren sachlich begründet werden kann. Eine empirische Erhebung zu BilMoG-Abschlüssen 2009 ergab, dass keines der „Stichprobenunternehmen" eine Nutzungsdauer von unter fünf Jahren gewählt hatte. Die Spannweite lag zwischen fünf und fünfzehn Jahren, vgl. Philipps, 2011, S. 206.
>   • Der sog. **Impairment-Only-Approach** nach IFRS, wonach nur außerplanmäßige Abschreibungen des erworbenen Goodwill erfolgen, wurde also **nicht** ins HGB übernommen.
> ➤ **Übergangsregelung:**
>   • Die Neuregelung zur Behandlung des erworbenen Goodwill gilt gem. Art. 66 Abs. 3 S. 2 EGHGB n.F. erstmals für Geschäftsjahre, die nach dem 31.12.2009 beginnen. Durch diese zwingend vorgeschriebene prospektive Anwendung wird eine Nachaktivierung bislang sofort aufwandswirksam erfasster Goodwill vermieden, was nicht nur zu einer Ergebnisbelastung durch Abschreibungen auf die nachaktivierten Werte führen würde, sondern vor allem auch zu einem aufwendigen Schätzproblem zur Bestimmung der noch vorhandenen Restbeträge der in der Vergangenheit erworbenen Goodwill.
>   • Nach IDW RS HFA 28, Ziff. 32 kann ein beim Übergang auf das BilMoG noch nicht vollständig abgeschriebener Geschäfts- oder Firmenwert weiterhin nach der bisherigen Methode bzw. Nutzungsdauer abgeschrieben werden.

3.1.1.4.2 Kosten der Ingangsetzung und Erweiterung des Geschäftsbetriebs

Die **Kosten der Ingangsetzung und Erweiterung des Geschäftsbetriebs** stellen keinen Vermögensgegenstand dar. Die Aktivierung war bislang gemeinhin umstritten, wenngleich sie durch den Wortlaut des Gesetzes abgedeckt war.

> **Bisher:**
> Aktivierungswahlrecht (Bilanzierungshilfe) gem. § 269 HGB.
>
> **Nach dem BilMoG neu:**
> - Aktivierungsverbot, d.h. Streichung der §§ 269 und 282 HGB.
> - Stärkere Orientierung am Vorsichtsprinzip als bislang.
> - Die Regelung entspricht den IFRS, wonach gem. IAS 38,69 die Aktivierbarkeit solcher Aufwendungen ausgeschlossen ist, sofern sie nicht nach IAS 16 in den Anschaffungs- oder Herstellungskosten eines Sachanlagevermögenswerts enthalten sind.
> - In der Steuerbilanz war der Ansatz bereits bisher nicht zulässig.
> - **Übergangsregelung:**
> Die bisher in der HGB-Handelsbilanz aktivierten Ingangsetzungs- und Erweiterungskosten dürfen nach Art. 67 Abs. 5 EGHGB n.F. unter Anwendung der für sie geltenden Vorschriften des bisherigen HGB (insbesondere auch der Ausschüttungssperre) fortgeführt werden.

3.1.2 Bewertung von Handelspapieren zu Zeitwerten
3.1.2.1 Keine Zeitwertbewertung bei Nicht-Banken

Der **Regierungsentwurf** hatte vorgesehen, dass Finanzinstrumente, die zu Handelszwecken erworben werden, zum beizulegenden Zeitwert zu bewerten sind. Für diese sog. Handelspapiere waren ein separater Ausweis in der Einzel- und Konzernbilanz sowie zusätzliche Erläuterungen im Anhang vorgesehen. Die Erträge aus der Bewertung zum Zeitwert sollten einer Ausschüttungssperre unterliegen. Für die Steuerbilanz hätten sich keine Auswirkungen ergeben, da nach § 6 Abs. 1 Nr. 2 S. 1 EStG die Anschaffungskosten die Obergrenze darstellen.

Die Gesetzesbegründung definiert **Handelspapiere** als Papiere, die zum Zwecke der kurzfristigen Gewinnrealisierung durch Weiterveräußerung oder Rückzahlung erworben wurden. Diese Definition setzt – so die Gesetzesbegründung – voraus, dass die Papiere auf einem **aktiven Markt** gehandelt werden. Finanzinstrumente, deren beizulegender Zeitwert lediglich durch finanzmathematische Bewertungsverfahren (z.B. Optionspreismodelle) abgeleitet werden kann, seien, auch wenn die Bewertungsparameter beobachtbar sind, **nicht** mit dem beizulegenden Zeitwert zu bewerten.

Trotz dieser restriktiven Voraussetzungen, unter denen eine Zeitwertbewertung von Finanzinstrumenten bei Nicht-Banken zulässig sein sollte, wurde im Rahmen des Gesetzgebungsverfahrens vor dem Hintergrund der **Finanzkrise** die vorgesehene Regelung aber wieder **verworfen**. Insbesondere wurde vorgebracht, dass die Zeitwertbewertung prozyklisch wirke, da es zu stärkeren Ergebnisschwankungen kommt. In Krisenzeiten bedeutet dies einen größeren Abschreibungsbedarf und damit ggf. eine Beschleunigung der negativen Effekte. Ferner wurde im Rahmen der Anhörung im Rechtsausschuss am 17.12.2008 insbesondere die Problematik der Bestimmung der Zeitwerte diskutiert (vgl. hierzu Bieg u.a., 2008 sowie Böcking/Flick, 2009).

Zu verweisen ist in diesem Zusammenhang auf die faktisch unveränderte Anhangangabe, welche bislang in § 285 S. 1 Nr. 18 HGB geregelt war und nunmehr in Nr. 19 HGB enthalten ist, wonach auch dann, wenn keine Zeitwertbewertung in der Bilanz erfolgt, für die **derivativen Finanzinstrumente** dennoch im **Anhang** die beizulegenden Zeitwerte anzugeben sind bzw. zu begründen ist, weshalb diese nicht bestimmt werden können.

3.1.2.2 Zeitwertbewertung bei Banken

Der **Kauf und Verkauf von Handelspapieren** gehört bei vielen Kreditinstituten zu den wesentlichen Geschäftszwecken, deshalb wird für diese Unternehmen im BilMoG eine Sonderregelung zur Bewertung der zu Handelszwecken erworbenen Finanzinstrumenten, des sog. Handelsbestands, geschaffen.

➢ **Handelsbestand:**
- Nach den Bestimmungen des KWG fallen unter den Handelsbestand alle Finanzinstrumente, die nicht zur Liquiditätsreserve und nicht zum Anlagebestand zählen.
- **Eine Beschränkung der Zeitwertbewertung auf Finanzinstrumente** mit einem aktiven Markt (Börse) besteht laut der Gesetzesbegründung nicht.

➢ **Bewertung des Handelsbestands:**
- Die Bewertung des Handelsbestands zum beizulegenden Zeitwert auch über die Anschaffungskosten hinaus war in der Bilanzierungspraxis der Kreditinstitute bereits vor dem BilMoG üblich (vgl. z.B. die HGB-Einzelabschlüsse der Deutschen Bank seit 2005) und zulässig im Sinne einer dynamischen Rechtsfortentwicklung der Grundsätze ordnungsmäßiger Bilanzierung.
- In § 340e Abs. 3 S. 1 HGB n.F. wird diese bisherige Bilanzierungspraxis nunmehr **kodifiziert**. Danach ist der gesamte Handelsbestand zum beizulegenden Zeitwert abzüglich eines Risikoabschlags (Value at Risk) zu bewerten.
- Der Zeitwert entspricht grundsätzlich dem **Börsenwert**. Falls keine Börsenwerte vorliegen, kommen Bewertungsmodelle zur Anwendung. Diese müssen die produkt- und marktspezifischen Risiken und das allgemeine Realisationsrisiko berücksichtigen. Der Gesetzgeber macht dabei keine konkreten Vorgaben. Im Rahmen des Gesetzgebungsverfahrens wurde die Vorgabe einer bestimmten Höhe eines Risikoabschlags (Value at Risk-Abschlag) diskutiert, aber wieder verworfen. Die Deutsche Bank z.B. geht bei der Bestimmung der Abschläge im HGB-Einzelabschluss 2007 von einer Haltedauer des Handelsbestands von zehn Tagen und einem Konfidenzniveau von 99 % aus.

➢ **Umgliederung:**
- Die Handelsabsicht muss zum Zeitpunkt des Erwerbs bestehen.
- Eine spätere **Eingliederung** in den Handelsbestand ist nach § 340e Abs. 3 S. 2 HGB n.F. ausgeschlossen.
- Eine spätere **Ausgliederung** aus dem Handelsbestand ist nach § 340e Abs. 3 S. 3 HGB n.F. grundsätzlich ebenfalls ausgeschlossen, es sei denn "außergewöhnliche Umstände, insbesondere schwerwiegende Beeinträchtigungen der Handelbarkeit der Finanzinstrumente, führen zu einer Aufgabe der Handelsabsicht durch das Kreditinstitut." Die Finanzkrise 2008/09 ist als ein solcher außergewöhnlicher Umstand anzusehen, der eine Ausgliederung ermöglicht (so auch die Verlautbarungen des IASB im Rahmen der Anwendung der IFRS).
- Handelspapiere können nach § 340e HGB n.F. nachträglich in eine Bewertungseinheit gem. § 254 HGB n.F. einbezogen werden. Bei der Beendigung der Bewertungseinheit sind sie wieder in den Handelsbestand umzugliedern.

➢ **Ausschüttungssperre:**
- Die Ausschüttungssperre in § 268 Abs. 8 HGB n.F. findet direkt **keine Anwendung**, stattdessen ist eine Einstellung von Erträgen in eine ausschüttungsgesperrte Rücklage vorgeschrieben.

3.1 Gravierende Änderungen

- Nach § 340e Abs. 4 HGB n.F. sind jährlich mindestens 10 % der Nettoerträge, d.h. der Gewinne abzüglich der Verluste des gesamten Handelsbestands, in den **Sonderposten für allgemeine Bankrisiken** nach § 340g HGB n.F. einzustellen und gesondert auszuweisen.
- Der Sonderposten zählt nach den Vorschriften des KWG (§ 10 Abs. 2a Nr. 7 KWG) zum bankaufsichtsrechtlichen Eigenkapital.
- Der Sonderposten darf gem. § 340e Abs. 4 S. 2 HGB n.F. nur aufgelöst werden: (1) zum Ausgleich von Nettoaufwendungen des Handelsbestands oder (2) soweit er 50 % des Jahresdurchschnitts der Nettoerträge des Handelsbestands der letzten fünf Jahre übersteigt.
- Mit dieser Regelung werden, so die Begründung zum Regierungsentwurf, die Grundgedanken einer Ausschüttungssperre verwirklicht, ohne dass zwischen realisierten und unrealisierten Gewinnen unterschieden werden muss. Daraus ergibt sich für die Kreditinstitute eine vergleichsweise einfache Anwendung, die das Vorhalten der Anschaffungskosten zur Bestimmung der noch nicht realisierten Erträge nicht erforderlich macht.

➢ **Besteuerung:**
- Nach § 6 Abs. 1 Nr. 2b EStG n.F. müssen die Handelspapiere in der Steuerbilanz entsprechend § 340e Abs. 3 HGB n.F. mit dem Zeitwert abzüglich eines Risikoabschlags bewertet werden. Die noch nicht realisierten Gewinne unterliegen also der Besteuerung, während sich die noch nicht realisierten Verluste steuermindernd auswirken.
- Für die Hälfte des Gewinns, der sich aus der erstmaligen Anwendung der Neuregelung ergibt, kann gem. § 52 Abs. 16 S. 10 EStG n.F. eine Rücklage in der Steuerbilanz gebildet werden, die im folgenden Wirtschaftsjahr aufgelöst werden muss.

➢ **Anhangangaben:**
Im Anhang gelten – über die bisherigen Angabepflichten hinaus – gem. § 285 Nr. 20 bzw. § 314 Abs. 1 Nr. 12 HGB n.F. folgende zusätzliche Angabepflichten:
- Falls die beizulegenden Zeitwerte mit Hilfe allgemein anerkannter Bewertungsmethoden ermittelt wurden:
Angabe der grundlegenden Annahmen, die in die Berechnungsmethoden eingegangen sind.
- Für derivative Finanzinstrumente:
Angabe des Umfangs und der Art jeder Kategorie von derivativen Finanzinstrumenten sowie der risikorelevanten Bedingungen, die die Höhe, den Zeitpunkt und die Sicherheit der künftigen Zahlungsströme beeinflussen können.

➢ **Spezifische Anhangangaben laut RechKredV:**
In der Verordnung über die Rechnungslegung der Kreditinstitute (RechKredV) werden in § 35 Abs. 1 Nr. 1a und 6a bis 6c n.F. ebenfalls neue zusätzliche Anhangangaben aufgenommen, um die Bewertungsvorgänge transparenter darzustellen. Danach sind u.a. anzugeben:
- Absoluter Betrag des Risikoabschlags sowie die Methode zur Bestimmung des Risikoabschlags und die Parameter (Haltedauer, Beobachtungszeitraum, Konfidenzniveau), die in die Berechnung eingeflossen sind.
- Gründe für Umgliederungen und die Auswirkungen auf das Jahresergebnis.
- Änderungen der institutsinternen Definition des Handelsbestands und Auswirkungen auf das Jahresergebnis.

➢ **Vergleich mit IFRS:**
- Der deutsche Gesetzgeber hat sich im Rahmen des BilMoG nur bei der **Bewertung des Handelsbestands** von **Kreditinstituten** an die Zeitwertbewertung nach IFRS angenähert. Grundsätzlich stimmen diese Neuregelungen mit den Vorschriften nach IAS 39 für sog.

Trading Papiere überein. Allerdings hat der Gesetzgeber bei der Ausgestaltung der HGB-Vorschriften der Tatsache Rechnung getragen, dass der HGB-Einzelabschluss Basis für die Ausschüttungen ist. Daher wurde die Verpflichtung zur Einstellung bestimmter Gewinnbestandteile des Handelsbestands in einen Sonderposten vorgeschrieben, der auch als Puffer bei Rückgängen der Zeitwerte fungiert.
- **Nicht** aus IAS 39 wurden dagegen folgende Kategorien – auch nicht für Kreditinstitute – übernommen:
  - **Veräußerungsfähige Finanzinstrumente** (Available for Sale)
    Diese werden nach IAS 39 auf einen höheren oder niedrigeren Marktpreis am Bilanzstichtag grundsätzlich erfolgsneutral, d.h. direkt über die Neubewertungsrücklage, auf- und abgewertet. Lediglich bei einer dauerhaften Wertminderung ist aufwandswirksam zu buchen.
  - **Erfolgswirksame Finanzinstrumente zu Verkehrswerten** (At Fair Value through Profit or Loss)
    IAS 39 ermöglicht die Einordnung aller Finanzinstrumente in diese Kategorie unabhängig vom vorgesehenen Verwendungszweck. Die Bewertung erfolgt dann wie bei Trading Papieren (= sog. **Fair Value Option**).

3.1.3 Pensionsrückstellungen
3.1.3.1 Grundsätzliche Regelungen

Pensionsrückstellungen sind ungewisse Verbindlichkeiten eines Unternehmens aufgrund von Zusagen gegenüber den Mitarbeitern auf spätere betriebliche Rentenzahlungen oder vergleichbare Leistungen.

Die Regelungen zur Berechnung der Pensionsrückstellungen werden im Rahmen des BilMoG zum Teil beibehalten, zum größten Teil aber gravierend geändert.

- **Unveränderte Regelungen**
  - Ansparverfahren
  - Bilanzierung von sog. „Altzusagen" und sog. „mittelbaren Verpflichtungen"
- **Neue Regelungen**
  - Abzinsungssatz
  - Berücksichtigung von Lohn- und Gehalts- sowie Rententrends
  - Saldierung
  - Anhangangaben
  - Übergangsregelungen

Auf die einzelnen Regelungen wird nachstehend eingegangen.

3.1.3.2 Ansparverfahren
Die **Rückstellungsbildung** kann nach verschiedenen finanzmathematischen Verfahren erfolgen.

- **Unveränderte Rechtslage:**
  Zulässig sind wie bisher alle versicherungsmathematischen Verfahren, die gem. § 264 Abs. 2 S. 1 HGB zu einer Darstellung der tatsächlichen Vermögens-, Finanz- und Ertragslage führen.

3.1 Gravierende Änderungen

> **Relevante Verfahren in der Praxis:**
> - **Anwartschaftsdeckungsverfahren**, welches dem für die Steuerbilanz gem. § 6a EStG vorgeschriebenen Teilwertverfahren, entspricht, und das
> - **Anwartschaftsbarwertverfahren**, welches explizit nach IFRS (IAS 19) vorgeschrieben ist.
>
> Das **Anwartschaftsdeckungsverfahren** führt grundsätzlich bei gleichen Prämissen zu einer schnelleren Ansparung der Pensionsrückstellungen, es wird daher auch als Gleichverteilungsverfahren bezeichnet.

Die nachstehende Abbildung zeigt den typischen Verlauf des Rückstellungsstands der Pensionsrückstellung nach dem Anwartschaftsbarwert- und Anwartschaftsdeckungsverfahren bei gleichen Parametern auf:

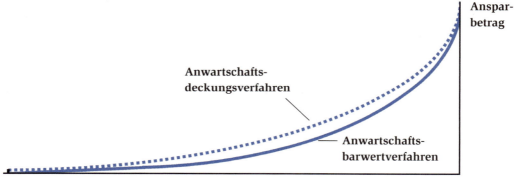

Die empirische Untersuchung von Gassen u.a., 2011, S. 1064, zu vorgezogenen BilMoG-Abschlüssen ergab, dass rund 80 % der Unternehmen im Rahmen des Übergangs auf das BilMoG vom Anwartschaftsdeckungsverfahren auf das Anwartschaftsbarwertverfahren gewechselt haben. Der Grund hierfür dürfte in dem dadurch induzierten geringeren Rückstellungsstand liegen, welcher den Anstieg der Rückstellungen infolge der Änderung der versicherungsmathematischen Parameter (Zinssatz und Lohn-/Gehalts- sowie Rententrend) zum Teil kompensiert hat, vgl. hierzu auch die folgenden Ausführungen.

3.1.3.3 Altzusagen und mittelbare Verpflichtungen

Im Rahmen des BilMoG wurden zwar die meisten **Bilanzierungswahlrechte** abgeschafft, dies gilt jedoch nicht für die bestehenden Passivierungswahlrechte im Rahmen der Pensionsverpflichtungen. Für folgende zwei Sachverhalte gilt weiterhin ein **Passivierungswahlrecht**, da der bisherige Art. 28 Abs. 1 EGHGB unverändert bleibt:

> - **Altzusagen**, d.h. Pensionszusagen, die vor dem 01.01.1987 gewährt wurden. Dies gilt auch für zwischenzeitliche Zusagenerhöhungen.
> - **Unterdeckungen** bei mittelbaren Verpflichtungen. Hiervon betroffen sind in der Praxis insbesondere Unterdeckungen bei Unterstützungskassen.

Die Verpflichtung zur Angabe des sog. Fehlbetrags, d.h. des nicht in der Bilanz passivierten Betrags, im Anhang besteht ebenfalls unverändert fort.

Der Referentenentwurf hatte noch die Aufhebung des **Passivierungswahlrechts bei mittelbaren Verpflichtungen** vorgesehen. Im weiteren Gesetzgebungsverfahren wurde dem jedoch nicht gefolgt.

Die nachstehende Abbildung stellt zusammenfassend **dem Grunde nach** die unveränderten Regelungen zum Ansatz von Pensionsverpflichtungen dar.

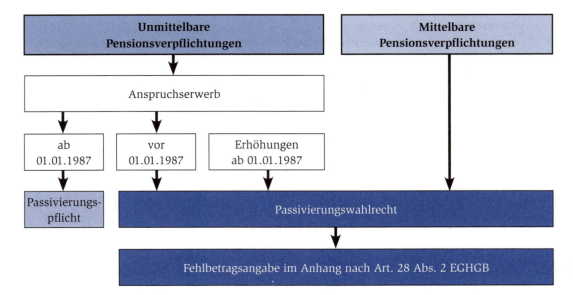

3.1.3.4 Abzinsungssatz

Allgemein gilt folgender **Zusammenhang**: Je höher der Zinssatz ist, umso niedriger fällt der Rückstellungsstand aus und umso geringer sind die Zuführungen in der Anfangsphase, während sich zum Ende des Ansparzeitraums höhere Zuführungsbeträge ergeben. Insoweit ist der Zinssatz für die Abzinsung von erheblicher Bedeutung für den Aufwand wie auch für den Rückstellungsstand. Änderungen im Zinssatz von einem Prozent bewirken Änderungen in der Höhe der Rückstellung von ca. 10 bis 20 % – je nach Ansparzeitraum/Altersstruktur der Mitarbeiter.

Bisher:
- Zinssätze zwischen 3 % und 6 % galten als zulässig (vgl. IDW HFA 2/1988 sowie A/D/S 2000, Rn. 310 zu § 253 HGB).
- Keine Orientierung am Kapitalmarktzinsniveau erforderlich.
- Änderungen des Zinssatzes waren zulässig, wenn diese – entsprechend einer Methodenänderung – begründet werden konnten.

Nach dem BilMoG neu:
- Wortlaut der Neuregelung in § 253 Abs. 2 HGB n.F.
  „*Rückstellungen mit einer Restlaufzeit von mehr als einem Jahr sind mit dem ihrer Restlaufzeit entsprechenden durchschnittlichen Marktzinssatz der vergangenen sieben Geschäftsjahre abzuzinsen. Abweichend von Satz 1 dürfen Rückstellungen für Altersversorgungsverpflichtungen oder vergleichbare langfristig fällige Verpflichtungen pauschal mit dem durchschnittlichen Marktzinssatz abgezinst werden, der sich bei einer angenommenen Restlaufzeit von 15 Jahren ergibt. ... Der nach den Sätzen 1 und 2 anzuwendende Abzinsungszinssatz wird von der Deutschen Bundesbank nach Maßgabe einer Rechtsverordnung ermittelt und monatlich bekannt gegeben.*"
- Marktzins:
  Relevant ist zukünftig weder eine unternehmensindividuelle Verzinsung noch ein fester Zinssatz wie in der Steuerbilanz, sondern ein variabler Marktzinssatz.

3.1 Gravierende Änderungen

➤ **Durchschnittszins:**
Durch die Verwendung eines durchschnittlichen Marktzinssatzes der vergangenen sieben Jahre statt eines Stichtagszinssatzes sollen „Zufallselemente in der Zinsentwicklung", d.h. hohe Einmaleffekte im Jahresergebnis infolge von Zinsschwankungen, vermieden werden. Anders als nach IAS 19 sieht das neue HGB also weder
- die sog. Korridor-Methode gem. IAS 19,92 noch
- die sog. OCI-Methode gem. IAS 19,93A ff (OCI = Other Comprehensive Income)

zur Ergebnisglättung vor. Die Korridor-Methode ist sehr aufwendig und daher für mittelständische Unternehmen nicht zumutbar. Die OCI-Methode beinhaltet eine erfolgsneutrale Erfassung an der GuV vorbei, direkt im Eigenkapital (Gewinnrücklagen). Dies entspricht nicht den deutschen Grundsätzen ordnungsmäßiger Bilanzierung, insbesondere liegt ein Verstoß gegen das sog. Kongruenzprinzip vor.

➤ **Ermittlung der Abzinsungssätze durch die Deutsche Bundesbank:**
- Die Ermittlung und (monatliche) Bekanntgabe der Abzinsungssätze obliegt der Deutschen Bundesbank ⇒ Normierung der Zinssätze.
- Ausgangspunkt soll laut Gesetzesbegründung eine Null-Koupon-Zinsswapkurve sein. In der sog. Rückstellungsabzinsungsverordnung (RückAbzinsV) vom 18.11.2009 wurde vom Bundesministerium der Justiz im Einvernehmen mit der Deutschen Bundesbank die Ermittlungsmethodik und die Veröffentlichungsmodalitäten im Einzelnen geregelt. So werden die Zinssätze gem. § 1 Satz 2 RückAbzinsV aus einer um einen Aufschlag erhöhten Null-Kupon-Euro-Zinsswapkurve ermittelt.
- Der von der Deutschen Bundesbank veröffentlichte Sieben-Jahresdurchschnittszins bei unterstellter 15-jähriger Laufzeit lag z.B. zum 31.12.2009 bei 5,25 %. Die von der deutschen Bundesbank monatlich veröffentlichten Zinssätze erstrecken sich auf Laufzeiten von einem Jahr bis zu 50 Jahren
(vgl. http://www.bundesbank.de/download/statistik/abzinsungszinssaetze.pdf).

➤ **Laufzeit:**
Abzustellen ist explizit auf die Restlaufzeit. Zur Vereinfachung kann bei Pensionsverpflichtungen anstelle einer individuellen Restlaufzeit (Kapitalbindung), je nach Alter des Mitarbeiters oder einer durchschnittlichen Restlaufzeit über alle Mitarbeiter oder Mitarbeitergruppen hinweg (wie in der Praxis bislang üblich), auch **pauschal** eine Restlaufzeit von 15 Jahren unterstellt werden.

Die Bilanzierungspraxis der ersten BilMoG-Abschlüsse zeigt, dass i.d.R. von den 15 Jahren ausgegangen wird, selbst wenn im Rahmen des IFRS-Konzernabschlusses des Unternehmens eine abweichende (häufig längere) unternehmensindividuelle durchschnittliche Restlaufzeit unterstellt wird. Die empirische Erhebung von Philipps zu BilMoG-Abschlüssen 2009 ergab, dass die „Stichprobenunternehmen" ausnahmslos von den 15 Jahren bei der Bestimmung des Abzinsungssatzes ausgegangen sind, vgl. Philipps, 2011, S. 208. Nach der empirischen Untersuchung von Gassen u.a. haben rund 82 % der Unternehmen die Vereinfachungsregel in Anspruch genommen, vgl. Gassen u.a., 2011, S. 1062.

Die Gesetzesbegründung weist aber darauf hin, dass diese Pauschalierung bei extrem anderen Laufzeiten nicht gilt. Dies könnte z.B. der Fall sein bei einem ausschließlichen „Rentnerbestand".

➤ **GuV-Ausweis:**
Die Zinsaufwendungen bzw. -erträge der Pensionsrückstellungen sind in der GuV gem. § 277 Abs. 5 S. 1 HGB n.F. im **Finanzergebnis** innerhalb der Posten „Zinsen und ähnliche Aufwendungen" bzw. „Sonstige Zinsen und ähnliche Erträge" jeweils gesondert auszuweisen. Damit

wird letztlich unterstellt, dass die Pensionsrückstellungen Fremdkapitalcharakter haben und daher der (kalkulatorische) Zinsaufwand/-ertrag für dieses Kapital im Finanzergebnis zu zeigen ist. Durch diese neue Ausweisvorschrift, die bisher in der Praxis nicht üblich war, verbessert sich bei vielen Unternehmen das betriebliche Ergebnis zu Lasten des Finanzergebnisses. Das erste deutsche Unternehmen, das von dieser bisher nur als Wahlrecht bestehenden Option Gebrach gemacht hat, war die Siemens AG in den 80er Jahren.

➢ **Steuerbilanz:**
Die Bewertung der Pensionsverpflichtungen für die Steuerbilanz bleibt aufgrund der lex specialis Regelung in § 6a EStG, wonach der Zinssatz 6 % beträgt, unberührt.

➢ **Übergangsregelung:**
Vgl. dazu die Darstellung in Kapitel 3.1.3.6.

3.1.3.5 Berücksichtigung von erwarteten Lohn- und Gehaltssteigerungen sowie Rentenerhöhungen

Die bisher bestehenden Wahlrechte werden auch in diesem Punkt deutlich eingeschränkt.

Bisher:
Künftige wahrscheinliche Erhöhungen von Renten infolge von höherem Lohn- bzw. Gehaltsniveau mussten bisher nicht zwingend bei der Bewertung der Pensionsrückstellungen berücksichtigt werden. Häufig erfolgte in der HGB-Handelsbilanz **keine** Berücksichtigung, da die Berücksichtigung dieser sog. Dynamisierung steuerlich nicht anerkannt ist.

Nach dem BilMoG neu:

➢ Die Berücksichtigung von **künftigen Preis- und Kostensteigerungen** bei der Bewertung von Rückstellungen ist gem. § 253 Abs. 1 S. 2 HGB n.F. zwingend vorgeschrieben.
Wortlaut:
„Verbindlichkeiten sind zu ihrem Erfüllungsbetrag und Rückstellungen in Höhe des nach vernünftiger kaufmännischer Beurteilung notwendigen Erfüllungsbetrages anzusetzen."
➢ Dies bedeutet, dass ein **Lohn-** bzw. **Gehaltstrend** sowie ein **Rententrend** berücksichtigt werden müssen. Voraussetzung ist natürlich, dass die Pensionszusagen „dynamisch" sind, d.h. bei Lohn- und Gehaltssteigerungen angepasst werden müssen.
➢ In der **Steuerbilanz** sind gem. § 6a Abs. 3 Nr. 1 S. 2 HS 2 EStG weiterhin die **Wertverhältnisse am Bilanzstichtag** maßgeblich. Dies wird auch durch § 6 Abs. 1 Nr. 3a Buchstabe f EStG n.F. klargestellt, wonach explizit gilt: *„Bei der Bewertung sind die Wertverhältnisse am Bilanzstichtag maßgebend; künftige Preis- und Kostensteigerungen dürfen nicht berücksichtigt werden."* Damit gehen Handels- und Steuerbilanz weiter auseinander.
➢ **Übergangsregelung:** Vgl. dazu Kapitel 3.1.3.6.

Beispiel zum Anstieg der Rückstellung:
Beträgt beispielsweise das derzeitige Jahresgehalt eines 30-jährigen Mitarbeiters 100.000 € und ist seine betriebliche Rentenzusage so ausgestaltet, dass er sich jährlich während seiner Unternehmenszugehörigkeit 1%-Punkt betriebliche Jahresrente auf sein Gehalt im Zeitpunkt der Pensionierung erdient, dann hat er – wenn man von Fluktuationsabschlägen absieht – mit 65 Jahren, wenn er in Ruhestand geht, einen Rentenanspruch von 35 % auf sein Gehalt im Zeitpunkt der Pensionierung. Unterstellt man einen Gehaltstrend von 4 %, dann bedeutet dies, dass von einem erwarteten Gehalt im Zeitpunkt der Pensionierung von 100.000 € x $1{,}04^{35}$ = rund 400.000 €

3.1 Gravierende Änderungen

> auszugehen ist. Dies hat zur Folge, dass sich eine erwartete Rentenzahlung von jährlich 35 % von 400.000 € = 140.000 € ergibt. Geht man dagegen vom derzeitigen Gehalt, also 100.000 €, aus, dann würde sich nur eine Rente in Höhe von 35 % von 100.000 € = 35.000 € ergeben. Die voraussichtliche Rentenhöhe ist also viermal so hoch, wenn von einem hochgerechneten statt von dem heutigen Gehalt ausgegangen wird.
>
> Nach der Neuregelung im BilMoG gilt als Erfüllungsbetrag die jährliche Rentenhöhe von 140.000 € und nicht von 35.000 €. Entsprechend fallen die Zuführungen zur Pensionsrückstellung in den ersten Jahren nach der Zusage deutlich höher aus. Gegen Ende der Zuführung kehrt sich der Effekt wieder um, da dann, sofern das Gehalt des Mitarbeiters tatsächlich entsprechend der prognostizierten Entwicklung ansteigt, höhere Zuführungen in Form von Nachholungen erforderlich sind, damit der Rückstellungsstand die erforderliche Höhe erreicht, um daraus die höheren Rentenzahlungen infolge des tatsächlich gestiegenen Gehalts zahlen zu können.

Die nachstehende Abbildung verdeutlicht schematisch den Verlauf des Rückstellungsstands der Pensionsrückstellungen **mit** und **ohne** Berücksichtigung von erwarteten Lohn- und Gehaltssteigerungen.

Der **Rückstellungsverlauf** zeigt eine vorgezogene Ansparphase, wenn erwartete Lohn- und Gehaltssteigerungen einbezogen werden.

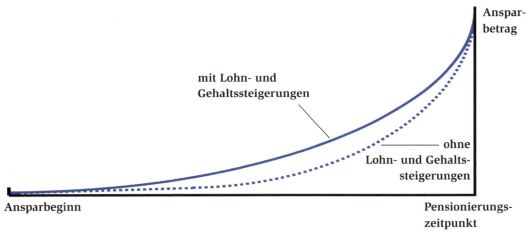

Für den Fall, dass sog. **wertpapiergebundene Zusagen** vorliegen, bei denen sich die Höhe von Altersversorgungsverpflichtungen ausschließlich nach dem beizulegenden Zeitwert von Wertpapieren des Anlagevermögens richtet, gilt nach § 253 Abs. 1 S. 3 HGB n.F. der beizulegende Zeitwert dieser Wertpapiere als Erfüllungsbetrag, soweit er eine eventuell garantierte Mindestverpflichtung überschreitet. Die Erstellung eines versicherungsmathematischen Gutachtens ist damit bei wertpapiergebundenen Zusagen nicht erforderlich. Vgl. weiterführend insbesondere IDW RS HFA 30, Ziff. 71 ff.

3.1.3.6 Übergangsregelungen für Pensionsverpflichtungen

Die **Übergangsregelungen** im EGHGB n.F. unterscheiden sich, je nachdem, ob sich ein Erhöhungs- oder Auflösungsbetrag ergibt.

> ➤ **Erhöhungsbetrag:**
> Soweit aufgrund der geänderten Rückstellungsbewertung eine Zuführung erforderlich ist, ist gem. Art. 67 Abs. 1 S. 1 EGHGB n.F. der Betrag, der sich aufgrund der erstmaligen verpflichtenden Anwendung der neuen Vorschriften ergibt, entweder:

- sofort aufwandswirksam zu erfassen oder
- spätestens bis zum 31.12.2024 in jedem Geschäftsjahr zu mindestens $1/15$ in Jahresraten anzusammeln.

Mit dieser Vorschrift können die Unternehmen – je nach Ertragslage – jährlich unterschiedlich hohe Beträge nachholen, solange sie mindestens $1/15$ des nachzuholenden Erhöhungsbetrags betragen.

Der in der Bilanz (noch) nicht ausgewiesene Rückstellungsbetrag ist gem. Art. 67 Abs. 2 EGHGB n.F. im Anhang des Einzel- und Konzernabschlusses anzugeben.

Die empirische Untersuchung von Gassen u.a. ergab in den meisten Fällen einen Anstieg der Pensionsrückstellungen; im Durchschnitt hat er rund 28 % betragen, vgl. Gassen u.a., 2011, S. 1063–1067.

Der Gesetzeswortlaut erlaubt auch eine Aufteilung des Erhöhungsbetrags dahin gehend, dass ein Teilbetrag im Umstellungszeitpunkt nachgeholt wird und der danach verbleibende Betrag nach der „1/15-Regelung" behandelt wird. Von dieser Option haben durchaus auch große Unternehmen, wie z.B. die VW AG, Gebrauch gemacht.

Die VW AG führt hierzu im Anhang aus:

„Da sich die Pensionsrückstellung aufgrund der Erstbewertung des BilMoG erhöht, besteht nach § 67 Abs. 1 EGHGB die Möglichkeit, den Übergangsbetrag spätestens bis zum 31. Dezember 2024 in jedem Geschäftsjahr zu mindestens einem Fünfzehntel anzusammeln. Bis zum Bilanzstichtag wurden aufgrund dieser Regelung insgesamt 1.095 Mio € noch nicht der Rückstellung zugeführt. Die Übergangsbeträge werden, soweit zugeführt, im außerordentlichen Ergebnis erfasst."

Im Rahmen der Erläuterungen des außerordentlichen Ergebnisses wird weiter ausgeführt, dass im außerordentlichen Ergebnis ein Nachholbetrag von 1.907 Mio. € erfasst wurde. Damit ergibt sich insgesamt bei der VW AG ein Nachholbetrag von über 3 Mrd. €. Dies entspricht – bei einem Rückstellungsstand der Pensionsrückstellungen von rund 9,3 Mrd. € vor dem Übergang auf das BilMoG – einem Anstieg von über 30 % infolge der Umstellung. D.h., die Bilanzierung von VW im Rahmen des bisherigen HGB war bezüglich der Pensionsrückstellungen weniger vorsichtig als nach neuem Recht.

Die empirische Erhebung von Philipps zu BilMoG-Abschlüssen 2009 ergab, dass $2/3$ der betrachteten Unternehmen die sofortige Nachholung des Unterschiedsbetrags vorgenommen haben. Die übrigen wählten grundsätzlich eine gleichmäßige Verteilung über 15 Jahre, vgl. Philipps, 2011, S. 208. Die empirische Untersuchung von Gassen u.a. führte zu einem ähnlichen Ergebnis, sie ergab jedoch auch, dass vornehmlich Unternehmen mit einer geringen Eigenkapitalausstattung sowie verhältnismäßig hohen Pensionsrückstellungen die Verteilungsregel in Anspruch genommen haben, vgl. Gassen u.a., 2011, S. 1065.

➢ **Auflösungsbetrag:**
Soweit sich aufgrund der geänderten Rückstellungsbewertung ein Auflösungsbetrag ergibt, kann gem. Art. 67 Abs. 1 S. 2-3 EGHGB n.F. dieser Betrag entweder:
- beibehalten werden, soweit der aufgelöste Betrag bis spätestens zum 31.12.2024 wieder zugeführt werden müsste oder
- sofort erfolgsneutral durch Einstellung in die Gewinnrücklagen aufgelöst werden.

Zur Behandlung des Auflösungsbetrags, der erst nach dem 31.12.2024 wieder zugeführt werden müsste, vgl. die Ausführungen in Kapitel 3.1.4.3.

Die Daimler AG weist beim Übergang auf BilMoG – im Gegensatz zu der VW AG – einen Ertragssaldo von 1.171 Mio. € aus. Dieser wurde in die Gewinnrücklagen eingestellt. Allein daraus ergab sich bei der Daimler AG ein Anstieg der Eigenkapitalquote um rund 1,5 %.

> Wird die Rückstellung beibehalten, ist der jeweils noch vorhandene Betrag der Überdeckung gem. Art. 67 Abs. 1 S. 4 EGHGB n.F. im Anhang des Einzel- und Konzernabschlusses anzugeben.

3.1.3.7 Saldierung

Soweit eine **Saldierung von Aktiva und Passiva** erfolgt, ergeben sich Verkürzungen in den verrechneten Positionen und damit eine Kürzung der Bilanzsumme und ein Anstieg der Eigenkapitalquote. Dagegen ergeben sich keine Auswirkungen auf das Ergebnis in der GuV.

Bisher:
Saldierungsverbot von Vermögensgegenständen und Schulden im Zusammenhang mit der betrieblichen Altersversorgung.

Nach dem BilMoG neu:

- Unter bestimmten Voraussetzungen besteht eine **Saldierungspflicht**.
- **Wortlaut der Neuregelung in § 246 Abs. 2 HGB n.F.:**
  „*Vermögensgegenstände, die dem Zugriff aller übrigen Gläubiger entzogen sind und ausschließlich der Erfüllung von Schulden aus Altersversorgungsverpflichtungen oder vergleichbaren langfristig fälligen Verpflichtungen dienen, sind mit diesen Schulden zu verrechnen; entsprechend ist mit den zugehörigen Aufwendungen und Erträgen aus der Abzinsung und aus dem zu verrechnenden Vermögen zu verfahren. Übersteigt der beizulegende Zeitwert der Vermögensgegenstände den Betrag der Schulden, ist der übersteigende Betrag unter einem gesonderten Posten zu aktivieren.*"
- Die **Durchbrechung des Saldierungsverbots** wird in der Gesetzesbegründung mit der Verbesserung des Einblicks in die tatsächlichen Verhältnisse begründet. Die Verrechnung führt zu einer Bilanzverkürzung und damit einer Verbesserung der **Eigenkapitalquote** der Unternehmen.
- Keine Auswirkung auf die **Steuerbilanz**, da explizit durch die Neufassung in § 5 Abs. 1a EStG n.F. die **Saldierung ausgeschlossen** wird:
  „*Posten der Aktivseite dürfen nicht mit Posten der Passivseite verrechnet werden*".
- **Anforderungen an die Vermögensgegenstände:**
  - Die Regelung entspricht weitgehend den Anforderungen, die an sog. „Plan Assets" nach IFRS (IAS 19) gestellt werden.
  - Laut der Gesetzesbegründung muss die vertragliche Ausgestaltung so sein, dass die übrigen Gläubiger des Unternehmens (ausgenommen der Gläubiger aus Altersversorgungsverpflichtungen) weder im Wege der Einzelvollstreckung noch im Wege der Insolvenz Zugriff auf die „Pensions-Aktiva" haben. Die Begründung zur Beschlussempfehlung des Rechtsausschusses konkretisiert weiter, dass immer dann, wenn die Voraussetzungen im Sinne des § 7e Abs. 2 des Vierten Buches des Sozialgesetzbuchs vorliegen, davon ausgegangen werden kann, dass auch im Sinne von § 246 Abs. 2 S. 2 HGB n.F. die Vermögensgegenstände dem Zugriff der übrigen Gläubiger entzogen sind.
  Beispiele:
  - Zugunsten der Mitarbeiter verpfändete oder abgetretene Rückdeckungsversicherungen.
  - Das Vermögen von Unterstützungskassen, Pensionsfonds und Pensionskassen dürfte i.d.R. die Kriterien erfüllen.

Nach IDW RS HFA 30, Ziff. 25 müssen aufgrund der „Zweckexklusivität" des Deckungsvermögens auch etwaige laufende Erträge (z.B. Zinsen oder Dividenden) sowie Erträge aus der Realisierung stiller Reserven der betreffenden Vermögensgegenstände an den Versorgungsberechtigten verpfändet werden, sofern sie für die Erfüllung der Pensionsverpflichtung benötigt werden.

Inwieweit die „Insolvenzsicherheit" bei sog. Contractual Trust Arrangements (CTA) gegeben ist, wird in Expertenkreisen unterschiedlich beurteilt. Zu verweisen ist vor allem auf die Begründung zur Beschlussempfehlung des Rechtsausschusses, wonach nur solche Vermögensgegenstände berücksichtigt werden dürfen, die jederzeit zur Erfüllung der Altersversorgungsverpflichtungen verwertetet werden können. Dies sei beispielsweise dann nicht gegeben, wenn es sich um Anlagevermögen handelt, welches zum Betrieb des Unternehmens notwendig ist. Gerade bei den CTA-Modellen verbleibt das wirtschaftliche Eigentum bei den Unternehmen, so dass diese die Vermögensgegenstände weiterhin nutzen können, lediglich das rechtliche Eigentum wird ausgelagert.

➢ **Bewertung der Vermögensgegenstände:**
- Für die zu verrechnenden Vermögensgegenstände ist gem. § 253 Abs. 1 S. 4 HGB n.F. eine Bewertung mit dem beizulegenden Zeitwert vorgeschrieben. Die Bestimmung des Zeitwertes einer Rückdeckungsversicherung ist im Schrifttum nicht eindeutig geregelt (vgl. u.a. Thierer, 2011). Liegen die notwendigen Informationen zur Bestimmung des Zeitwerts nicht bzw. nicht verlässlich vor, ist die verpfändete Rückdeckungsversicherung wie eine nicht verpfändete Rückdeckungsversicherung zu fortgeführten Anschaffungskosten, d.h. dem sog. geschäftsplanmäßigen Deckungskapital zuzüglich unwiderruflich zugeteilter Überschussbeteiligungen zu bewerten. Dieser Wert entspricht dann dem für die Steuerbilanz relevanten Aktivwert (vgl. IDW RS HFA 30 Ziff. 68).
- Eine **Begrenzung** des Zeitwertes auf die Höhe des Erfüllungsbetrags, wie noch im Regierungsentwurf vorgesehen, besteht **nicht**.

➢ **Ausweis eines Überhangs in der Bilanz:**
- Übersteigt der beizulegende Zeitwert die Höhe des Erfüllungsbetrags, muss ein übersteigender Betrag unter einem **gesonderten Bilanzposten** aktiviert werden. Dieser Verrechnungsposten erfüllt nicht die Kriterien eines Vermögensgegenstands.
- Der Verrechnungsposten ist gem. § 266 Abs. 2 E. HGB n.F. separat als sog. „Aktiver Unterschiedsbetrag aus der Vermögensverrechnung" auszuweisen.

➢ **Ausweis in der GuV:**
Die Zinsaufwendungen (-erträge) im Zusammenhang mit der Rückstellung sind mit den Erträgen (Aufwendungen) des zu verrechnenden Vermögens gem. § 246 Abs. 2 HGB n.F. zu **saldieren** und gem. § 277 Abs. 5 HGB n.F. im Finanzergebnis auszuweisen.

➢ **Ausschüttungssperre/Ergebnisabführungssperre:**
Soweit die beizulegenden Zeitwerte gem. § 253 Abs. 1 S. 4 HGB n.F. die Anschaffungskosten übersteigen, unterliegt die Differenz abzüglich der hierfür gebildeten passiven latenten Steuern Ausschüttungssperre gem. § 268 Abs. 8 HGB n.F. (bzw. Abführungssperre gem. § 301 S. 1 AktG i.V.m. § 268 Abs. 8 HGB). Das bedeutet, dass Gewinne nur dann ausgeschüttet bzw. abgeführt werden dürfen, wenn die nach der Ausschüttung verbleibenden frei verfügbaren Rücklagen (zuzüglich eines Gewinnvortrags und abzüglich eines Verlustvortrags) mindestens den in der Bilanz insgesamt angesetzten ausschüttungs-/abführungsgesperrten Beträgen abzüglich der hierauf gebildeten passiven latenten Steuern entsprechen. Zu weiteren Ausschüttungssperren und zur Ergebnisabführungssperre vgl. Kapitel 3.1.1.3.6 sowie Kapitel 3.1.5.9 und zu den entsprechenden Anhangangaben vgl. Kapitel 3.2.11.3.2.

3.1 Gravierende Änderungen

> **Anwendungsbereich der Saldierungsvorschrift:**
> Der Wortlaut ist laut Gesetzesbegründung explizit nicht auf die Pensionsrückstellung begrenzt, sondern ganz bewusst weiter gefasst und umfasst daher z.B. auch Altersteilzeitvereinbarungen.
>
> **Spezifische Anhangangaben:**
> Im Falle der Verrechnung sind gem. § 285 Nr. 25 bzw. § 314 Abs. 1 Nr. 17 HGB n.F. im Anhang anzugeben:
> - Die Anschaffungskosten und der beizulegende Zeitwert der verrechneten Vermögensgegenstände.
> - Der Erfüllungsbetrag der verrechneten Schulden.
> - Die verrechneten Aufwendungen und Erträge.
>
> Ferner sind gem. § 285 Nr. 20a bzw. § 314 Abs. 1 Nr. 12a HGB n.F. die grundlegenden Annahmen, die der Bestimmung des beizulegenden Zeitwertes zugrunde gelegt wurden, anzugeben.

3.1.3.8 Generelle Anhangangaben

Neben den spezifischen Anhangangaben im Falle der Saldierung von Vermögensgegenständen und Schulden nach § 246 Abs. 2 S. 2 HGB n.F. werden gegenüber dem bisherigen Stand auch die generellen **Anhangangaben zu den Pensionsverpflichtungen** deutlich konkreter geregelt.

Bisher:
Keine separaten Anhangangaben für Pensionsverpflichtungen, relevant war insbesondere nur die allgemeine Vorschrift in § 284 Abs. 2 Nr. 1 bzw. § 313 S. 2 Nr. 1 HGB zur Erläuterung der Bilanzierungs- und Bewertungsmethoden.

Nach dem BilMoG neu:

> **Umfassendere Anhangangaben:**
> Nach § 285 Nr. 24 bzw. § 314 Abs. 1 Nr. 16 HGB n.F. sind anzugeben:
> - das angewandte versicherungsmathematische Berechnungsverfahren,
> - die grundlegenden Annahmen der Berechnung, wie Zinssatz, erwartete Lohn- und Gehaltssteigerungen und die zugrunde gelegten Sterbetafeln.
>
> Beispielsweise gibt die Daimler AG im Jahresabschluss 2010 nach BilMoG an:
> *„Die Rückstellung für Pensionen und ähnliche Verpflichtungen nach Verrechnung mit dem dafür reservierten Planvermögen betrug im Berichtsjahr 4.027 Mio. € (1. Januar 2010: 3.961 Mio. €). Der Erfüllungsbetrag in Höhe von 12.256 Mio. € (1. Januar 2010: 11.810 Mio. €) wurde auf Basis des Anwartschaftsbarwertverfahrens ermittelt. Der Bewertung lagen neben den Heubeck-Richttafeln (2005 G), der von der Bundesbank veröffentlichte Marktzins von 5,16 % (1. Januar 2010: 5,25 %), jährliche Lebens-Haltungskostensteigerungen bzw. jährliche Anwartschaftssteigerungen von 1,70 % (1. Januar 2010: 1,80 %) sowie jährliche erwartete Lohn- und Gehaltssteigerungen von 3,50 % (1. Januar 2010: zwischen 1,88 % und 2,50 %) zu Grunde.*
> *Die Verpflichtungen aus Altersversorgung sind mit Vermögensgegenständen verrechnet, die ausschließlich der Erfüllung von Schulden aus Altersversorgungsverpflichtungen dienen. Die Vermögensgegenstände haben zum 31. Dezember 2010 einen Marktwert von 8.229 Mio. € und Anschaffungskosten von 9.646 Mio. €. Zusätzlich erfolgte im Zinsergebnis eine Verrechnung von Aufwendungen und Erträgen in Höhe von 277 Mio. €."*

> Die Gesetzesbegründung empfiehlt überdies – entsprechend IFRS – die Offenlegung der Zusammensetzung des Altersversorgungsaufwands im **Anhang**, d.h. insbesondere die Angabe der sog. Zinsaufwendungen und der sog. Prämie bzw. des Dienstzeitaufwands. Die bisherige HGB-Bilanzierungspraxis zeigt jedoch, dass diese freiwillige Angabe i.d.R. nicht gemacht wird.
> ➤ Damit entsteht zwar eine Ausweitung der bestehenden Angabepflichten, aber die neuen Anhangangaben sind bei weitem nicht so umfangreich und so stark normiert wie bei den IFRS (IAS 19).

3.1.3.9 Pensionsrückstellungen: Zusammenfassung

In der nachstehenden Zusammenfassung sind nochmals die Veränderungen synoptisch aufgezeigt.

Gegenstand	HGB alt	HGB neu (BilMoG)	IFRS	Steuerbilanz
Ansparverfahren	Anwartschaftsdeckungsverfahren oder Anwartschaftsbarwertverfahren	Anwartschaftsdeckungsverfahren oder Anwartschaftsbarwertverfahren	Anwartschaftsbarwertverfahren	Anwartschaftsdeckungsverfahren (Teilwertverfahren)
Abzinsungssatz	Zinssatz gesetzlich nicht geregelt. Laut IDW: 3 % bis 6 %	Durchschnittlicher Marktzinssatz der vergangenen sieben Jahre entsprechend der Restlaufzeit der Rückstellung. Vereinfachend kann eine Restlaufzeit von 15 Jahren unterstellt werden. Zinssätze werden von der Deutschen Bundesbank, abgeleitet aus einer Null-Koupon-Zinsswapkurve, vorgegeben	Stichtagsbezogener Marktzinssatz einer hochklassigen fristenkongruenten Anleihe	Zinssatz gesetzlich mit 6 % festgelegt
Lohn- bzw. Gehalts- und Rententrend	Wahlrecht	Pflicht	Pflicht	Verbot
Saldierung mit „Pensions-Aktiva"	Saldierungsverbot	Saldierungsgebot	Saldierungsgebot	Saldierungsverbot
Anhangangaben	Wenige Angabepflichten	Separate Angabepflichten	Sehr detaillierte Anhangangaben	Nicht relevant

3.1.4 Sonstige Rückstellungen
3.1.4.1 Zulässige Rückstellungen
3.1.4.1.1 Übersicht

Im Rahmen der **Sonstigen Rückstellungen** ist, je nachdem ob eine Verpflichtung gegenüber Dritten oder nur eine sog. Selbst- bzw. Innenverpflichtung besteht, in **Schuld- und Aufwandsrückstellungen** zu unterscheiden. Diese Unterscheidung bleibt auch im Rahmen des BilMoG erhalten, allerdings werden bestimmte Aufwandsrückstellungen gestrichen, wie dies die nachstehende Abbildung im Überblick zeigt. Entspechend bedeutsam sind hier die gesetzlichen Änderungen.

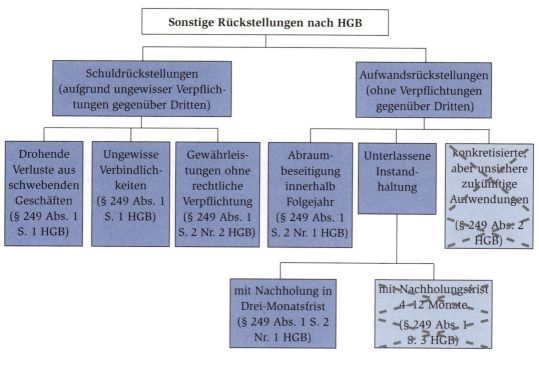

 Ansatzpflicht Diese beiden Aufwandsrückstellungen, für die bisher ein Ansatzwahlrecht bestand, werden im Rahmen des BilMoG gestrichen

3.1.4.1.2 Abschaffung von Aufwandsrückstellungen

Die **Zulässigkeit von Aufwandsrückstellungen** wird im Rahmen des BilMoG deutlich begrenzt.

> **Bisher:**
> - **Passivierungs*wahlrecht*** für:
>   - Aufwandsrückstellungen gem. § 249 Abs. 2 HGB, wenn die zukünftigen Aufwendungen konkretisiert und wahrscheinlich oder sicher, aber hinsichtlich ihrer Höhe oder des Zeitpunkts ihres Eintritts unbestimmt, sind. In der Praxis werden solche Rückstellungen z.B. gebildet für die Kosten von Großreparaturen, Umbauten, Umzug, Abbruch sowie Instandhaltungen, die erst nach Ablauf des folgenden Geschäftsjahres nachgeholt werden. Ausgaben für zukünftige Investitionen dürfen aber nicht zurückgestellt werden.

- Instandhaltungsrückstellungen gem. § 249 Abs. 1 S. 3 HGB, für Maßnahmen, die innerhalb von vier bis zwölf Monaten des folgenden Geschäftsjahrs nachgeholt werden.

Nach dem BilMoG neu:

➤ **Passivierungsverbot** für die vorstehend genannten zwei Aufwandsrückstellungen, d.h., die bisherigen Wahlrechte werden gestrichen.
➤ Diese Rückstellungen waren bereits bisher nach IFRS (IAS 37) und EStG nicht zulässig. Insoweit erfolgt also eine Annäherung.
➤ Die **Instandhaltungsrückstellung für Nachholungen** innerhalb von drei Monaten des folgenden Geschäftsjahres und die Rückstellung für Abraumbeseitigung innerhalb des folgenden Geschäftsjahrs sind im HGB-Abschluss – und infolge der Maßgeblichkeit – auch in der Steuerbilanz weiterhin vorgeschrieben. Nach IAS 37 besteht dagegen auch für sie ein Ansatzverbot, da es sich um Aufwandsrückstellungen handelt.
➤ Sonderregelung für **Genossenschaften:**
Der Wegfall der Aufwandsrückstellungen nach § 249 Abs. 2 HGB wurde insbesondere von den Verbänden der Wohnungsbaugenossenschaften kritisiert. Im Rahmen des Gesetzgebungsverfahrens wurde daher im Zuge der Beratungen im Rechtsausschuss des Deutschen Bundestags quasi als Kompensation für den Wegfall der Rückstellungen in § 20 GenG n.F. eine Änderung eingefügt, die es nunmehr auch dem Vorstand einer **Genossenschaft** ermöglicht, einen Teil des Jahresüberschusses, höchstens jedoch die Hälfte, in die Ergebnisrücklagen einzustellen. Diese neue Gewinnverwendungsregelung führt zu einer weiteren Annäherung der Gewinnverwendungsvorschriften der Genossenschaften an die Aktiengesellschaften.
➤ **Übergangsregelung:**
Für die bisher gebildeten Aufwandsrückstellungen nach § 249 Abs. 1 S. 3 und Abs. 2 HGB besteht gem. Art. 67 Abs. 3 S. 1 EGHGB n.F. ein **Wahlrecht** zwischen:
  - Beibehaltung und Fortführung der Rückstellungen (= prospektiver Übergang) oder
  - Auflösung und erfolgsneutrale Einstellung direkt in die Gewinnrücklagen (= retrospektiver Übergang).

Zulässig ist nach Art. 67 Abs. 3 S. 1 EGHGB n.F. auch ein **„Splitting"**, d.h., die Rückstellungen können teilweise beibehalten und teilweise aufgelöst werden.
Allerdings dürfen nach Art. 67 Abs. 3 S. 2 EGHGB n.F. Beträge, die im letzten vor dem 01.01.2010 beginnenden Geschäftsjahr in die Aufwandsrückstellungen nach § 249 Abs. 1 S. 3 und Abs. 2 HGB eingestellt wurden, **nicht** in die Gewinnrücklagen eingestellt werden. Falls sie nicht beibehalten werden, sind sie ergebniswirksam aufzulösen.
➤ **Bilanzpolitik:**
Die Ausübung des Übergangswahlrechts ist sorgfältig abzuwägen. Soweit die Rückstellungen beim Übergang ergebnisneutral aufgelöst werden, bedeutet dies eine Umwandlung von **stillen** in **offene** Rücklagen, d.h. eine **Eigenkapitalerhöhung**, die einen Beschluss der Gesellschafter nicht erforderlich macht. Soweit jedoch in künftigen Geschäftsjahren entsprechende Ausgaben anfallen, werden diese „doppelt" aufwandswirksam (einmal im Jahr der Rückstellungsbildung und ein weiteres Mal im Jahre des Ausgabenanfalls). Werden hingegen die Rückstellungen beibehalten, resultiert daraus eine Aufwandsentlastung in den Folgejahren. Sollte sich später herausstellen, dass die Gründe für die Rückstellung weggefallen sind, erfolgt die Auflösung der Rückstellung **ergebniswirksam**. Unter dem Aspekt der Risikovorsorge ist bei entsprechender Ertragslage eine letztmalige Ausschöpfung des Ansatzwahlrechts in den noch auf Basis des bisherigen HGB zu erstellenden Abschlüssen überlegenswert. Die Möglichkeit

einer ergebnisneutralen Auflösung über die Gewinnrücklagen wäre jedoch aufgrund der o.g. Übergangsregelung in Art. 67 Abs. 3 Satz 2 EGHGB n.F. nicht möglich für die Zuführungen im letzten vor dem 01.01.2010 beginnenden Geschäftsjahr.

3.1.4.2 Berücksichtigung künftiger Preis- und Kostensteigerungen

Bei **langfristigen Rückstellungen** hängt die Höhe der Rückstellung häufig ganz entscheidend davon ab, ob bei der Bemessung des Ansparbetrags zukünftige Preis- und Kostensteigerungen berücksichtigt werden.

Bisher:
- Grundsätzlich **Stichtagsprinzip** gem. § 252 Abs. 1 Nr. 3 HGB.
- Die BFH-Rechtsprechung hat hieran anknüpfend in der Steuerbilanz die Berücksichtigung künftiger **Preis- und Kostensteigerungen** mehrfach abgelehnt.
- In der HGB-Bilanzierungspraxis erfolgt im Rahmen der Rechtsfortentwicklung aber teilweise bereits eine Berücksichtigung künftiger Preis- und Kostensteigerungen, wie z.B. im Rahmen der Rückstellungen für drohende Verluste aus schwebenden Geschäften.

Nach dem BilMoG neu:
- Nach § 253 Abs. 1 S. 2 HGB n.F. sind Rückstellungen in Höhe des „nach vernünftiger kaufmännischer Beurteilung notwendigen Erfüllungsbetrages anzusetzen", d.h. künftige **Preis- und Kostensteigerungen sind** zu berücksichtigen.
- Damit findet laut der Gesetzesbegründung eine Klarstellung der bisherigen Rechtsfortentwicklung der GoB statt.
- Die Gesetzesbegründung weist darauf hin, dass objektive Hinweise auf den Eintritt künftiger Preis- und Kostensteigerungen vorliegen müssen.
- Regelung führt zur Annäherung an IFRS (IAS 37).
- Auswirkung auf die Steuerbilanz:
  Durch die Änderung in § 6 Abs. 1 Nr. 3a Buchstabe f EStG n.F. wird klargestellt, dass in der Steuerbilanz weiterhin das **Stichtagsprinzip** gilt.
  „Bei der Bewertung sind die Wertverhältnisse am Bilanzstichtag maßgebend; künftige Preis- und Kostensteigerungen dürfen nicht berücksichtigt werden."
- **Handels- und Steuerbilanz** fallen also zukünftig auch bei diesem Sachverhalt weiter auseinander. Damit nimmt der Umfang der latenten Steuern zu.
- **Übergangsregelung:**
  - Keine spezifische Übergangsregelung im EGHGB n.F.
  - Damit müsste grundsätzlich – wie bei normalen Methodenänderungen – der **Erhöhungsbetrag** aufwandswirksam im Zeitpunkt der Umstellung nachgeholt werden.
  - Ggf. ergeben sich gegenläufige Effekte aus der Abzinsung (vgl. Kapitel 3.1.4.3).
- **Anhangangabe:**
  Die unterstellte Kosten- bzw. Preissteigerungsrate muss – abweichend von den Angaben zu den Pensionsrückstellungen – nicht im Anhang angegeben werden.

Beispiel aus der Pressemitteilung des BMJ vom 26.03.2009:
„Der Grund und Boden eines Unternehmens ist mit Chemikalien verseucht. Die Behörden geben dem Unternehmen auf, die Altlast zu beseitigen, sobald das Unternehmen seinen Geschäftsbetrieb einstellt. Damit ist in fünf Jahren zu rechnen. Zum Bilanzstichtag betragen die Kosten für

den einzusetzenden Bagger 100 €/Std. Es ist davon auszugehen, dass die Baggerstunde in fünf Jahren 120 € kostet."

Lösung:
„Nach der bisherigen Rechtslage ist für die Bemessung der Rückstellung – dem Stichtagsprinzip folgend – von 100 €/Std. auszugehen, künftig hingegen von 120 €, weil die künftigen Entwicklungen zu berücksichtigen sind."

3.1.4.3 Abzinsung langfristiger Rückstellungen

Zwischen der **Höhe einer Rückstellung** und dem **Abzinsungssatz** besteht folgender Zusammenhang: Je kleiner der Zinssatz, desto höher ist der Rückstellungsstand.

Bisher:
- Grundsätzlich keine Abzinsung langfristiger Rückstellungen.
- Ausnahme: Wahlrecht nach § 253 Abs. 1 S. 2 HGB, wenn die zugrunde liegende Verbindlichkeit einen Zinsanteil enthält (Geldleistungsverpflichtung).

Nach dem BilMoG neu:
- Wortlaut der Neuregelung in § 253 Abs. 2 HGB n.F.:
  „Rückstellungen mit einer Restlaufzeit von mehr als einem Jahr sind mit dem ihrer Restlaufzeit entsprechenden durchschnittlichen Marktzinssatz der vergangenen sieben Geschäftsjahre abzuzinsen."
- Es besteht also eine Abzinsungspflicht für **alle** Rückstellungen mit einer Restlaufzeit von mehr als einem Jahr, unabhängig davon, ob es sich um eine Geld- oder Sachleistungsverpflichtung handelt.
- **Abzinsungssatz:** Durchschnittlicher Marktzinssatz der vergangenen sieben Geschäftsjahre entsprechend der Restlaufzeit der Rückstellung.
- Durch die Verwendung des durchschnittlichen Marktzinssatzes sollen Zufallselemente in der Zinsentwicklung eliminiert werden.
- Die Ermittlung und (monatliche) Bekanntgabe der Abzinsungssätze obliegt gem. § 253 Abs. 2 S. 42 HGB n.F. der Deutschen Bundesbank auf Basis einer Rückstellungsabzinsungsverordnung. Daraus ergeben sich eine Normierung der Zinssätze und eine Verbesserung des zwischenbetrieblichen Vergleichs.
  Die Zinssätze werden von der Deutschen Bundesbank monatlich ermittelt und veröffentlicht. Vgl. hierzu auch Kapitel 3.1.3.4.
- Für **Rückstellungen mit einer Restlaufzeit von bis zu einem Jahr** besteht nach IDW RS HFA 4 Ziff. 42 ein Abzinsungswahlrecht.
- Bei der Abzinsung langfristiger Rückstellungen mit unterjähriger Restlaufzeit, also z.B. zwei Jahre und sieben Monate, kann unter dem Aspekt der Wesentlichkeit grundsätzlich vereinfachend auf die zum Bilanzstichtag verbleibenden vollen Jahre abgestellt werden (vgl. hierzu etwa Theile u.a., 2011, S. 326).
- Die Zinsaufwendungen bzw. -erträge sind in der GuV gem. § 277 Abs. 5 S. 1 HGB n.F. im **Finanzergebnis** gesondert unter dem Posten „Zinsen und ähnliche Aufwendungen" bzw. „Sonstige Zinsen und ähnliche Erträge" auszuweisen.
  In der BilMoG-Bilanzierungspraxis wird dieser Ausweis i.d.R. im Anhang vorgenommen, dabei findet sich sowohl der Ausweis als Davonvermerk von den „Zinsen und ähnliche Auf-

wendungen" bzw. von den „Sonstige Zinsen und ähnliche Erträge" als auch der losgelöste Ausweis unter den jeweiligen Posten, wie dies z.B. das nachstehende Beispiel aus dem Anhang des Jahresabschlusses 2009 der SAP AG – welche bereits 2009 auf BilMoG umgestellt hatte – zeigt.

„Erträge und Aufwendungen aus der Abzinsung von Rückstellungen werden jeweils gesondert unter dem Posten „Sonstige Zinsen und ähnliche Erträge" sowie „Zinsen und ähnliche Aufwendungen" ausgewiesen."

Erläuterung des Zinsergebnisses der SAP AG

Tausend €	2009	2008
Sonstige Zinsen und ähnliche Erträge	31.817	43.463
Ertrag aus der Abzinsung von Rückstellungen	310	0
Zinsen und ähnliche Aufwendungen	./. 113.221	./. 246.634
Aufwand aus der Aufzinsung von Rückstellungen	./. 1.454	0
Gesamt	./. 82.548	./. 203.171

➢ Die Neuregelung führt zu:
- Abweichungen zur Steuerbilanz: Hier gilt grundsätzlich für Rückstellungen mit einer Restlaufzeit von einem Jahr oder mehr ein Zinssatz von 5,5 % gem. § 6 Abs. 1 Nr. 3a Buchstabe e EStG (vgl. im Detail BMF-Schreiben vom 26.05.2005 (IV B 2 – S 2175 – 7/05)). Ausgenommen von der Abzinsungspflicht sind aber **Rückstellungen für Steuerschulden**, die nach § 233a AO verzinst werden sowie **Pauschalrückstellungen für Garantie- und Gewährleistungsverpflichtungen** (vgl. BMF vom 26.05.2005, BStBl I 2005, S. 699, RdNr. 33 bzw. 27) sowie die Rückstellung für die Aufbewahrung von Geschäftsunterlagen (vgl. OFD Magdeburg, Verfügung vom 21.09.2006, S 2137 – 41 – St 211).
- Abweichungen zu IFRS: Gem. IAS 37 ist ein risikoäquivalenter Zinssatz zu verwenden.

➢ **Übergangsregelung:**
- Im Zeitpunkt der Umstellung kann sich einerseits ein Aufwand aus der Berücksichtigung von Preissteigerungen und andererseits ein Ertrag aus der Abzinsung ergeben. Dabei ist aber eine **Gesamtbetrachtung** beider Umstellungseffekte für jede **einzelne** Rückstellung erforderlich.
- Ergibt sich in der Summe ein **Aufwandssaldo**, da der Erhöhungsbetrag den Auflösungsbetrag übersteigt, ist dieser als außerordentlicher Aufwand zu erfassen. Das EGHGB enthält für diesen Fall keine spezifische Übergangsregelung.
- Ergibt sich in der Summe aber ein **Ertragssaldo**, da der Erhöhungsbetrag den Auflösungsbetrag nicht übersteigt, enthält das EGHGB eine spezifische Übergangsregelung. Dieser Fall wird vor allem dann eintreten, wenn die Unternehmen bereits nach bisherigem Recht mit Preissteigerungsraten die Rückstellungen berechnet haben oder wenn der erstmals unterstellte Preissteigerungssatz im Vergleich zu dem Abzinsungssatz relativ gering ausfällt.
- Nach der Übergangsregelung in Art. 67 Abs. 1 S. 2–3 EGHGB n.F. darf im Falle eines Ertragssaldos dieser, sofern er bis zum 31.12.2024 wieder zugeführt werden müsste, **nicht** Gewinn erhöhend über die GuV gebucht werden. Dabei sind in die hypothetischen Rückstellungszuführungen bei sog. Ansammlungsrückstellungen (z.B. solche für Rekultivierungsverpflichtungen) nach IDW RS HFA 28, Ziff. 36 neben Aufzinsungseffekten auch Effekte aus der regulären Ansammlung der Rückstellung einzubeziehen. Diese Rückstel-

lungsüberdotierung ist vielmehr entweder unmittelbar in die Gewinnrücklagen einzustellen oder aber die zum Umstellungszeitpunkt bestehende Rückstellungsbewertung ist insoweit beizubehalten. Im Falle der Beibehaltung ist der Betrag der Überdeckung jeweils im Anhang zum Einzel- und Konzernabschluss anzugeben. Der Teil des Ertragssaldos jedoch, der erst **nach** dem 31.12.2024 wieder zugeführt werden müsste, ist grundsätzlich erfolgswirksam aufzulösen. Der IDW RS HFA 28, Ziff. 36–39 interpretiert die Übergangsregel aber dahin gehend, dass auch eine erfolgsneutrale Auflösung zulässig ist, wenn der Betrag, der bis zum 31.12.2024 wieder zugeführt werden müsste erfolgsneutral aufgelöst wurde.

- Damit ergeben sich für einen Ertragssaldo einer Rückstellung im Umstellungszeitpunkt folgende Bilanzierungsmöglichkeiten:

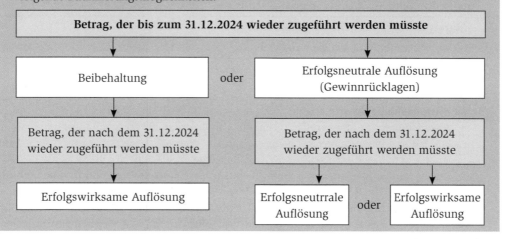

Beispiel zur Diskontierung und zum GuV-Ausweis:
Ein Unternehmen muss aufgrund einer vertraglichen Verpflichtung eine Altanlage zu Beginn des vierten folgenden Geschäftsjahrs entsorgen. Der geschätzte Erfüllungsbetrag beträgt 270.000 €. Der Zinssatz soll 5,0 % p.a. betragen und sich – vereinfachend – während der Laufzeit nicht ändern. Die nachstehende Tabelle zeigt den Rückstellungsstand und die Zuführung ohne Abzinsung nach bisherigem Recht und mit Abzinsung nach neuem Recht.

– in € –	HGB bisher		HGB neu	
Ende	Rückstellungsstand	Zuführung	Rückstellungsstand (Barwert)	Zuführung
1. Jahr	90.000	90.000	90.000 : $1{,}05^2$ = 81.633	81.633
2. Jahr	180.000	90.000	180.000 : 1,05 = 171.429	89.796
3. Jahr	270.000	90.000	270.000	98.571
Gesamt	**270.000**	**270.000**	**270.000**	**270.000**

Der Ausweis der berechneten Zinsaufwendungen/-erträge kann grundsätzlich nach der **Netto- oder der Bruttomethode** ermittelt werden. Der Wortlaut in § 277 Abs. 5 S. 1 HGB n.F. ist diesbezüglich nicht eindeutig. Nach der sog. Nettomethode, welche in IFRS-Abschlüssen gem. IAS 37, Ziff. 60 verwendet wird, werden im betrieblichen Ergebnis pro Jahr die Barwerte der jährlichen

3.1 Gravierende Änderungen

nominellen Zuführungen erfasst und als Zinsaufwendungen die Aufzinsung der Rückstellung. Diese berechnet sich als Verzinsung des Vorjahresrückstellungsstandes. Bei sich im Zeitablauf ändernden Zinssätzen lassen sich die Zinsaufwendungen zweckmäßigerweise nach einer Differenzenmethode bestimmen. D.h., zunächst wird in einem ersten Schritt die gesamte Zuführung aus der Differenz zwischen dem auf Basis des aktuellen Zinssatzes bestimmten Rückstellungsstand und dem Vorjahreswert bestimmt. Die darin enthaltenen Zinsaufwendungen ergeben sich dann aus der Differenz zwischen der gesamten Zuführung und dem Barwert der jährlichen Rückstellungszuführung. Nach der **Bruttomethode** werden dagegen im betrieblichen Ergebnis die nominellen Zuführungsbeträge undiskontiert erfasst und in den Zinserträgen die gegenläufigen Abzinsungseffekte, sodass sich in Höhe des Zinsertrages aus der Abzinsung ein „Zugangsgewinn" ergibt; die Zinsaufwendungen bleiben unverändert. Das Ergebnis vor Zinsen und Steuern, das sog. **EBIT** (earnings before interest and taxes), ist demnach bei der Nettomethode höher als das EBIT nach der Bruttomethode, bei welcher der undiskontierte Rückstellungszuführungsbetrag das EBIT mindert. Die Tabelle auf der folgenden Seite zeigt beide Methoden. Insbesondere die mit der Abzinsungsvorschrift intendierte Annäherung an die IFRS-Vorschriften sowie die Erstbewertung unmittelbar mit dem zutreffenden (Bar)Wert ohne Ausweis eines „Zugangsgewinnes" sprechen für die Anwendung der Nettomethode (vgl. hierzu ausführlich Theile u.a., 2011, S. 326 f.).

– in € –	Nettomethode		
Ende	Betrieblicher Aufwand = Barwert der 90.000	Zinsaufwendungen	Zuführung gesamt
1. Jahr	90.000 : 1,05² = 81.633	0	81.633
2. Jahr	90.000 : 1,05 = 85.714	81.633 x 0,05 = 4.082	89.796
3. Jahr	90.000	171.429 x 0,05 = 8.571	98.571
Gesamt	257.347	12.653	270.000

– in € –	Bruttomethode			
Ende	Betrieblicher Aufwand = Nominalwert der 90.000	Zinserträge = Nominalwert ./. Barwert der 90.000	Zinsaufwendungen	Zuführung gesamt
1. Jahr	90.000	+ 8.367	0	81.633
2. Jahr	90.000	+ 4.286	81.633 x 0,05 = 4.082	89.796
3. Jahr	90.000	0	171.429 x 0,05 = 8.571	98.571
Gesamt	270.000	+ 12.653	12.653	270.000

Die Nettomethode führt über die drei Perioden hinweg zu einer Aufwandsbelastung des betrieblichen Ergebnisses von 257.347 € und des Finanzergebnisses von 12.653 €. Dagegen wird bei der Bruttomethode das betriebliche Ergebnis mit 270.000 € belastet, d.h. letztlich so, als wäre keine Abzinsung vorgenommen worden. Gegenläufig wird das Finanzergebnis infolge der Abzinsung um Zinserträge in Höhe von 12.653 € erhöht. Diese Erträge aus der Abzinsung kompensieren damit im Gesamtergebnis die gegenüber der Nettomethode erhöhte Zuführung des (nominalen) Erfüllungsbetrages zu Lasten des betrieblichen Ergebnisses. Die Zinsaufwendungen infolge der jährlichen Aufzinsung der Rückstellung (= Zinsanteil der Zuführung) werden sowohl bei der Brutto- als auch der Nettomethode zu Lasten des Finanzergebnisses erfasst.

Gemäß dem Wortlaut des § 277 Abs. 5 S. 1 HGB n.F. sind die Erträge aus der Abzinsung in der GuV unter dem Posten „Sonstige Zinsen und ähnliche Erträge" auszuweisen. Bei einer engen Interpretation des Wortlauts wäre nur die Bruttomethode zulässig. Zinserträge können sich jedoch in bestimmten Fällen auch bei Anwendung der Nettomethode ergeben, z.B. aus einer neu geschätzten längeren Restlaufzeit einer Rückstellung und – regelmäßig damit einhergehend – einer Erhöhung des anzuwendenden durchschnittlichen Marktzinssatzes. Mit dieser Argumentation findet sich im Schrifttum die Auffassung, dass auch die Nettomethode unter den Wortlaut von § 277 Abs. 5 S. 1 HGB n.F. fällt. Vgl. zur Zulässigkeit beider Methoden z.B. Weigl u.a., 2009, S. 1064.

Bilanzanalytischer Aspekt:
Im Rahmen der Bilanzanalyse ist insbesondere beim zwischenbetrieblichen Vergleich zu beachten, dass die Erfolgsaufteilung zwischen betrieblichem Ergebnis und Finanzergebnis – je nachdem, ob die Netto- oder Bruttomethode zur Anwendung kommt – unterschiedlich ist, wie dies die nachstehende Übersicht zusammenfassend zeigt:

	Nettomethode	**Bruttomethode**
Betriebliches Ergebnis (EBIT)	besser	schlechter
Finanzergebnis	schlechter	besser

3.1.4.4 Zusammenfassender Vergleich der Sonstigen Rückstellungen mit IFRS

Auch bei den sonstigen Rückstellungen vermindert sich durch die Neuregelungen der Abstand zu IFRS.

> - **Angleichung der Regelungen im BilMoG an IAS 37** im Hinblick auf:
>   - Verbot von Aufwandsrückstellungen, wenngleich nicht alle Aufwandrückstellungen wie nach IAS 37 verboten sind.
>   - Berücksichtigung künftiger Preis- und Kostenentwicklungen.
>   - Abzinsungspflicht, wenngleich der Abzinsungssatz unterschiedlich ist.
> - **Anhangangaben**
>   - IAS 37 verlangt die Veröffentlichung eines Rückstellungsspiegels, nicht jedoch der Wortlaut des BilMoG.
>   - Allerdings empfiehlt die Gesetzesbegründung die Erstellung und Offenlegung eines Rückstellungsspiegels, in dem auch die Zinseffekte der Zuführung bzw. Auflösung separat gezeigt werden.
> - **Keine Annäherung im BilMoG an IFRS** im Hinblick auf:
>   - Die Höhe der Eintrittswahrscheinlichkeit eines Risikos, ab wann **dem Grunde nach** eine Rückstellung zu bilden ist. Nach IAS 37 ist dies erst ab einer Eintrittswahrscheinlichkeit von mehr als 50 % geboten.
>   - Die **Höhe** des Wertansatzes bei einer Bandbreite möglicher Werte. Nach IAS 37 ist grundsätzlich der Erwartungswert bzw. Mittelwert zurück zu stellen.
>
> Nach bisherigem und auch zukünftigem HGB-Verständnis ist nicht von dieser „mittleren" Sichtweise auszugehen, sondern dem Vorsichtsprinzip Rechnung zu tragen.
> D.h., dem Grunde nach setzt die Rückstellungsbilanzierung früher als nach IFRS ein und der Höhe nach sind Risikozuschläge zum Erwartungswert/Mittelwert geboten.

3.1 Gravierende Änderungen

- Im bisherigen HGB konnte gerade durch den Ansatz von Aufwandsrückstellungen gem. § 249 Abs. 2 HGB eine gleichmäßige Aufwandsbelastung von zukünftigen Ausgaben erreicht werden. IFRS kennt zwar keine Aufwandsrückstellungen als Instrumentarium zur Aufwandsverteilung, aber den sog. **Komponentenansatz** in IAS 16. Mit diesem Ansatz verbunden ist die separate Aktivierungspflicht der Ausgaben für Generalüberholungen/Großreparaturen. Die aktivierten Beträge werden planmäßig bis zur Durchführung der nächsten Generalüberholung abgeschrieben. Dadurch ergibt sich eine vergleichsweise **gleichmäßige Aufwandsbelastung** in den einzelnen Geschäftsjahren. Im Rahmen des BilMoG wurde aber der Komponentenansatz nicht ins HGB übernommen. Nach IDW RH HFA 1.016, Ziff. 2 ist der Ansatz auch in HGB-Abschlüssen in den Fällen zulässig (Wahlrecht), in denen physisch separierbare Komponenten bestehen. Dies gilt jedoch nicht für die Ausgaben für Generalüberholungen/Großreparaturen, da diese nicht die Kriterien eines Vermögensgegenstandes erfüllen.

3.1.4.5 Sonstige Rückstellungen: Zusammenfassung

In der nachstehenden Zusammenfassung sind noch einmal die Veränderungen synoptisch aufgezeigt.

	HGB alt	HGB neu (BilMoG)	IFRS	Steuerbilanz
Aufwandsrückstellungen gem. § 249 Abs. 2 HGB und Instandhaltungsrückstellungen (4–12 Monate) gem. § 249 Abs. 1 S. 3 HGB	Passivierungswahlrecht	Passivierungsverbot	Passivierungsverbot	Passivierungsverbot
Künftige Preis- und Kostensteigerungen	Grundsätzlich Stichtagsprinzip	Erfüllungsbetrag	Erfüllungsbetrag	Stichtagsprinzip
Abzinsung	Grundsätzlich Abzinsungsverbot. Ausnahme: Geldleistungsverpflichtungen.	Abzinsungspflicht, bei Restlaufzeit größer 1 Jahr. Durchschnittlicher Marktzinssatz der vergangenen sieben Jahre entsprechend der Restlaufzeit der Rückstellung. Zinssätze werden von der Deutschen Bundesbank vorgegeben, basierend auf einer Null-Koupon-Zinsswapkurve.	Abzinsungspflicht, wenn Effekt wesentlich ist. Unternehmensindividueller stichtagsbezogener risikoäquivalenter Zinssatz.	Abzinsungspflicht, bei Restlaufzeit 1 Jahr oder mehr. Zinssatz gesetzlich im EStG mit 5,5 % festgelegt.

3.1.5 Latente Steuern

Latente Steuern stellen zukünftige steuerliche Be- und Entlastungen dar, die aufgrund der unterschiedlichen Bilanzierung in der Handels- und Steuerbilanz entstehen.

3.1.5.1 Gegenüberstellung des Wortlauts des bisherigen und neuen § 274 HGB

Die rechtliche Veränderung verdeutlicht der auf der folgenden Seite stehende Textauszug aus dem HGB im Vorher-Nachher-Vergleich:

Bisheriger Wortlaut § 274 HGB „Steuerabgrenzung"	Neuer Wortlaut § 274 HGB „Latente Steuern"
(1) Ist der dem Geschäftsjahr und früheren Geschäftsjahren zuzurechnende Steueraufwand zu niedrig, weil der nach den steuerrechtlichen Vorschriften zu versteuernde Gewinn niedriger als das handelsrechtliche Ergebnis ist, und gleicht sich der zu niedrige Steueraufwand des Geschäftsjahrs und früherer Geschäftsjahre in späteren Geschäftsjahren voraussichtlich aus, so ist in Höhe der voraussichtlichen Steuerbelastung nachfolgender Geschäftsjahre eine Rückstellung nach § 249 Abs. 1 Satz 1 zu bilden und in der Bilanz oder im Anhang gesondert anzugeben. Die Rückstellung ist aufzulösen, sobald die höhere Steuerbelastung eintritt oder mit ihr voraussichtlich nicht mehr zu rechnen ist.	(1) Bestehen zwischen den handelsrechtlichen Wertansätzen von Vermögensgegenständen, Schulden und Rechnungsabgrenzungsposten und ihren steuerlichen Wertansätzen Differenzen, die sich in späteren Geschäftsjahren voraussichtlich abbauen, so ist eine sich daraus insgesamt ergebende Steuerbelastung als passive latente Steuern (§ 266 Abs. 3 E) in der Bilanz anzusetzen. Eine sich daraus insgesamt ergebende Steuerentlastung kann als aktive latente Steuern (§ 266 Abs. 2 D) in der Bilanz angesetzt werden. Die sich ergebende Steuerbe- und die sich ergebende Steuerentlastung können auch unverrechnet angesetzt werden. Steuerliche Verlustvorträge sind bei der Berechnung aktiver latenter Steuern in Höhe der innerhalb der nächsten fünf Jahre zu erwartenden Verlustverrechnung zu berücksichtigen.
(2) Ist der dem Geschäftsjahr und früheren Geschäftsjahren zuzurechnende Steueraufwand zu hoch, weil der nach den steuerrechtlichen Vorschriften zu versteuernde Gewinn höher als das handelsrechtliche Ergebnis ist, und gleicht sich der zu hohe Steueraufwand des Geschäftsjahrs und früherer Geschäftsjahre in späteren Geschäftsjahren voraussichtlich aus, so darf in Höhe der voraussichtlichen Steuerentlastung nachfolgender Geschäftsjahre ein Abgrenzungsposten als Bilanzierungshilfe auf der Aktivseite der Bilanz gebildet werden. Dieser Posten ist unter entsprechender Bezeichnung gesondert auszuweisen und im Anhang zu erläutern.	(2) Die Beträge der sich ergebenden Steuerbe- und -entlastung sind mit den unternehmensindividuellen Steuersätzen im Zeitpunkt des Abbaus der Differenzen zu bewerten und nicht abzuzinsen. Die ausgewiesenen Posten sind aufzulösen, sobald die Steuerbe- oder -entlastung eintritt oder mit ihr nicht mehr zu rechnen ist. Der Aufwand oder Ertrag aus der Veränderung bilanzierter latenter Steuern ist in der Gewinn- und Verlustrechnung gesondert unter dem Posten „Steuern vom Einkommen und vom Ertrag" auszuweisen.

3.1.5.2 Beispielhafte Verdeutlichung der Wirkungsweise latenter Steuern

Bevor im Folgenden die konzeptionellen und methodischen Fragen der latenten Steuern sowie die gesetzlichen Regelungen zur Aktivierung und Passivierung im Detail aufgezeigt werden, soll zunächst anhand des nachstehenden Beispiels die Wirkungsweise latenter Steuern verdeutlicht werden.

> **Beispiel:**
> Ein Unternehmen bildet im Jahr 2009 in der Handelsbilanz eine Rückstellung für drohende Verluste aus schwebenden Geschäften in Höhe von 30.000 GE. Diese Rückstellung ist nach § 5 Abs. 4a EStG steuerlich nicht anerkannt. Der effektive Eintritt des Verlustes wird im Jahr 2011 erwartet, in dem er auch im Rahmen der steuerlichen Einkommensermittlung abzugsfähig wird. Die Umsatzerlöse und alle übrigen Aufwendungen sollen in der Handels- und Steuerbilanz in gleicher Höhe mit den in nachstehender Tabelle genannten Beträgen in 2009 und 2011 anfallen. Der Ertragsteuersatz soll für beide Jahre 30 % betragen.

Lösung des Sachverhalts ohne Berücksichtigung latenter Steuern:
Ohne die Berücksichtigung latenter Steuern ergäbe sich damit folgende GuV:

	2009		2011	
	Handelsbilanz	Steuerbilanz	Handelsbilanz	Steuerbilanz
Umsatzerlöse	200.000	200.000	200.000	200.000
Aufwendungen in HB = StB	– 70.000	– 70.000	– 70.000	– 70.000
Zuführung zur Rückstellung für drohende Verluste aus schwebenden Geschäften	– 30.000	–	–	–
Effektiver Anfall der Aufwendungen (Eintritt des Verlustes) in 2011	–	–	–	– 30.000
Ergebnis vor Steuern	100.000	130.000	130.000	100.000
Laufender Ertragsteueraufwand	– 39.000	– 39.000	– 30.000	– 30.000
Ergebnis nach Steuern	61.000	91.000	100.000	70.000
handelsrechtliche Ertragsteuerquote	– 39,00 %		– 23,08 %	

Auffällig ist, dass der als Steueraufwand ausgewiesene laufende Ertragsteueraufwand bei einem Steuersatz von 30 % betragsmäßig nicht zu dem Ergebnis vor Steuern in der Handelsbilanz passt, da er auf Basis einer anderen – nicht veröffentlichten – Bemessungsgrundlage, dem steuerlichen Ergebnis (Einkommen), bestimmt wird.

Lösung des Sachverhalts unter Berücksichtigung latenter Steuern:
Die Berücksichtigung latenter Steuern führt zu der in nachstehender Tabelle hervorgehoben Korrektur des Steueraufwands:

	2009		2011	
	Handels-bilanz	Steuer-bilanz	Handels-bilanz	Steuer-bilanz
Umsatzerlöse	200.000	200.000	200.000	200.000
Aufwendungen in HB = StB	− 70.000	− 70.000	− 70.000	− 70.000
Zuführung zur Rückstellung für drohende Verluste aus schwebenden Geschäften	− 30.000	−	−	−
Effektiver Anfall der Aufwendungen (Eintritt des Verlustes) in 2011	−	−	−	− 30.000
Ergebnis vor Steuern	100.000	130.000	130.000	100.000
Laufender Ertragsteueraufwand	− 39.000	− 39.000	− 30.000	− 30.000
Latenter Steuerertrag/-aufwand				
Gesamter Ertragsteueraufwand laut GuV	**+ 9.000**	−	**− 9.000**	−
	− 30.000	− 39.000	− 39.000	− 30.000
Ergebnis nach Steuern	70.000	91.000	91.000	70.000
handelsrechtliche Ertragsteuerquote	− 30,00 %		− 30,00 %	

- Aus der erwarteten steuerlichen Abzugsfähigkeit der 30.000 GE in 2011 ergibt sich in 2011 eine Steuerminderung der laufenden Ertragsteuern. Diese erwartete Steuerminderung stellt bilanziell betrachtet einen Anspruch, eine sog. aktive Steuerlatenz dar und in der GuV einen latenten (erwarteten) Steuerertrag. Zum einen wird durch die Bilanzierung der aktiven latenten Steuern die Darstellung der **Vermögenslage** verbessert und zum anderen wird durch den Ausweis des entsprechenden latenten Steuerertrags in der handelsrechtlichen **Gewinn- und Verlustrechnung** beider Geschäftsjahre jeweils ein gesamter, sog. **effektiver Steueraufwand** (= laufender Steueraufwand + latente Steueraufwand/-ertrag) gezeigt, der in einer sachgerechten und nachvollziehbaren Relation zu dem ausgewiesenen Ergebnis vor Steuern steht. D.h. im Beispiel beläuft sich die Ertragsteuerquote auf genau 30 % des ausgewiesenen Ergebnisses vor Steuern.
- Im Jahr 2011, wenn der Verlust tatsächlich eintritt, entsteht die tatsächliche Steuerminderung in der Steuerbilanz. Würde der auf Basis der Steuerbilanz ermittelte Steueraufwand unverändert in die Handelsbilanz übernommen, wäre die Steuerminderung aus dem Sachverhalt zweimal in der Handelsbilanz erfasst worden, nämlich einmal im Jahr 2009 und ein zweites Mal im Jahr 2011. Daher ist in 2011 die aktive latente Steuer in der Handelsbilanz **aufzulösen**, hieraus entsteht ein latenter Steueraufwand. Damit „passt" wieder der gesamte Ertragsteueraufwand zu dem Ergebnis vor Steuern.
- Die Bilanzierung latenter Steuern dient also der zutreffenden Darstellung der Vermögens- und Ertragslage.

3.1.5.3 Systematisierung der Differenzen zwischen Handels- und Steuerbilanz

Der erste Schritt der **Steuerlatenzrechnung** ist immer die Erfassung der **permanenten** Differenzen. Sie entstehen entweder durch **steuerfreie Einnahmen** oder **steuerlich nicht abzugsfähige Ausga-**

3.1 Gravierende Änderungen

ben. Sie dürfen bei der Ermittlung latenter Steuern nicht berücksichtigt werden, da sich die Unterschiede in den folgenden Jahren nicht wieder umkehren.

Ausgangspunkt der Berechnung der latenten Steuern sind dagegen die Differenzen zwischen der Handels- und Steuerbilanz, die bei ihrer späteren Auflösung zu einer steuerlichen Be- oder Entlastung führen.

Im Hinblick auf die Erfassung der latenten Steuern ist zwischen dem **Timing-Konzept** und dem **Temporary-Konzept** zu unterscheiden und im Hinblick auf den Charakter der latenten Steuern zwischen der **Liability-Methode** (= **Verbindlichkeitsmethode**) und der **Deferral-Methode** (= **Abgrenzungsmethode**). Nachstehende Abbildung zeigt nochmals die Grundzusammenhänge auf (vgl. zur umfassenden Darstellung der latenten Steuern auch Hahn, 2007b.).

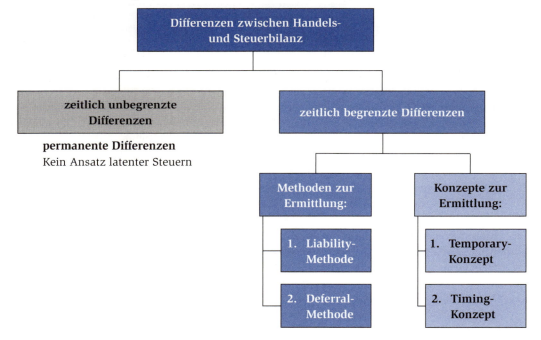

3.1.5.4 Konzept der Steuerabgrenzung
3.1.5.4.1 Timing-Konzept versus Temporary-Konzept

Die Abweichungen zwischen der Handels- und Steuerbilanz können entweder auf Basis von Ergebnisdifferenzen oder auf der Basis von Differenzen der Bilanzposten gemessen werden. Beim **Timing-Konzept** werden die Ergebnisdifferenzen zwischen der Handels- und Steuerbilanz erfasst, während beim **Temporary-Konzept** die Differenzen zwischen den Bilanzposten in der Handels- und Steuerbilanz Ausgangspunkt für die Berechnung der latenten Steuern sind.

Die nachstehende Tabelle stellt beide Konzepte zusammenfassend gegenüber:

Timing-Konzept	Temporary-Konzept
• GuV-orientiert	• Bilanzorientiert
• HB/StB-Ergebnisdifferenzen	• HB/StB-Bilanzstandsdifferenzen
• Entstehung und Umkehrung relevant	• Nur zukünftige Auflösung relevant
• Zeitpunkt der Umkehrung prognostizierbar	• Zeitpunkt der Umkehrung kann noch offen sein

Timing-Konzept	Temporary-Konzept
Aktive Steuerlatenz: Ergebnis HB < StB wegen: • Aufwand in HB, früher als in StB • Ertrag in HB, später als in StB	**Aktive** Steuerlatenz: Vermögen HB < StB Schulden HB > StB = steuerlich noch abzugsfähige Differenz
Passive Steuerlatenz: Ergebnis HB > StB wegen: • Aufwand in HB, später als in StB • Ertrag in HB, früher als in StB	**Passive** Steuerlatenz: Vermögen HB > StB Schulden HB < StB = noch zu versteuernde Differenz
	Falls die Differenz erfolgsneutral entstanden ist, wird auch die Steuerlatenz erfolgsneutral gebucht

➤ Übertragen auf das vorstehende Eingangsbeispiel bedeutet dies, dass nach dem Timing-Konzept in 2009 die aktive Steuerlatenz zu bilden wäre, da das **Ergebnis** in der handelsbilanziellen GuV in 2009 infolge des früheren Aufwandsanfalls um 30.000 GE kleiner ist als in der steuerlichen Einkommensermittlung. Nach dem Temporary-Konzept wäre in 2009 die aktive Steuerlatenz dagegen deshalb zu bilden, da der **Rückstellungsstand** in der Handelsbilanz um 30.000 GE höher ist als in der Steuerbilanz, in der keine Rückstellung angesetzt wird.

➤ Das Temporary-Konzept ist **umfassender** als das Timing-Konzept. Dies liegt vor allem darin begründet, dass es Differenzen zwischen den Bilanzposten geben kann, die nicht mit einer Ergebnisdifferenz zwischen der Handels- und Steuerbilanz einhergehen. Nach dem Temporary-Konzept gehen auch diese **erfolgsneutral** entstandenen Differenzen zwischen den Bilanzposten der Handels- und Steuerbilanz in die Berechnung der latenten Steuern ein. Allerdings erfolgt die Verbuchung in diesen Fällen nicht über das Konto Steueraufwand, sondern **erfolgsneutral** über das Eigenkapital.

➤ Zwar kennt das deutsche Bilanzrecht im Einzelabschluss bisher grundsätzlich keine Differenzen zwischen den Bilanzposten der Handels- und Steuerbilanz, die erfolgsneutral entstanden sind, doch ergeben sich solche Differenzen nunmehr im Rahmen der im EGHGB n.F. vorgesehenen **Übergangsregelungen**.

➤ Das Temporary-Konzept ist noch in einem weiteren Punkt umfassender als das Timing-Konzept. Nach dem Timing-Konzept sind nach h.M. keine latenten Steuern auf sog. **quasi permanente** Differenzen zwischen der Handels- und Steuerbilanz anzusetzen, d.h. wenn der Zeitpunkt der Umkehrung noch nicht bestimmt bzw. nicht absehbar ist. So wird z.B. im Rahmen des Timing-Konzepts argumentiert, dass keine latenten Steuern auf Unterschiede in der Bewertung von Grundstücken zwischen der Handels- und Steuerbilanz zu rechnen sind, wenn nicht davon auszugehen ist, dass das Grundstück verkauft wird. Nach dem Temporary-Konzept kommt es dagegen **nicht** auf den Zeitpunkt der Umkehrung an. Dieser kann auch erst im Zeitpunkt der Auflösung des Unternehmens liegen. Vielmehr sind grundsätzlich auf alle Differenzen zwischen den Bilanzansätzen in der Handels- und Steuerbilanz latente Steuern zu rechnen. Voraussetzung ist natürlich, dass diese Differenzen auf Basis des relevanten Steuerrechts zu versteuern sind bzw. steuerwirksam verwertet werden können.

3.1.5.4.2 Beispiel zum Unterschied zwischen Timing-Konzept und Temporary-Konzept

Im Rahmen des Übergangs auf das BilMoG hat ein Unternehmen von dem Wahlrecht nach Art. 67 Abs. 4 EGHGB n.F. Gebrauch gemacht und zum 01.01.2010 eine steuerliche Sonderabschreibung aus dem Geschäftsjahr 2008 in der Handelsbilanz aufgelöst und den Betrag in die Gewinnrücklagen eingestellt. Daraus ergab sich ein um 100 GE höherer Aktivposten in der Handels- im Vergleich zur Steuerbilanz.

Es stellt sich die Frage, ob eine **Steuerlatenzbuchung** zu erfolgen hat.

Die Lösung ist unterschiedlich, je nachdem, ob das Timing oder Temporary-Konzept herangezogen wird.

> **Timing-Konzept**
> Eine Steuerlatenzerfassung entfällt, da keine Ergebnisdifferenz zwischen Handels- und Steuerbilanz besteht.
> **Temporary-Konzept**
> Eine Steuerlatenzerfassung ist erforderlich, da eine temporäre Bilanzpostendifferenz zwischen Handels- und Steuerbilanz besteht. In den folgenden Geschäftsjahren baut sich dieses handelsrechtliche Mehrvermögen (sukzessive) ab – infolge höherer handelsrechtlicher Abschreibungen bzw. infolge eines höheren Buchwertabgangs im Falle des Ausscheidens des betreffenden Vermögensgegenstandes. Der Differenzenabbau geht einher mit entsprechend geringeren Periodenerfolgen in der handelsrechtlichen GuV gegenüber der steuerlichen Gewinnermittlung, sodass es im Zuge des Abbaus des handelsrechtlichen Mehrvermögens zu dessen Besteuerung kommt. Es liegt also zum Übergangszeitpunkt infolge der Auflösung der Sonderabschreibung eine zu versteuernde temporäre Bilanzpostendifferenz vor. Für die hieraus zukünftig zu erwartende Steuerbelastung sind passive latente Steuern zu bilanzieren (vgl. Kapitel 3.1.5.7.1).
> Unterstellt der Steuersatz beträgt 30 % dann wäre wie folgt zu buchen:
> Gewinnrücklagen an passive latente Steuern 30 GE.

Nur das **Temporary-Konzept** führt also zu einer sachgerechten Darstellung, da der höhere Wertansatz in der Handelsbilanz nur in Höhe von 70 % Eigenkapitalcharakter hat. In Höhe von 30 % weist er Steuerschuldcharakter auf.

3.1.5.4.3 Gesetzliche Regelungen zum Konzept

Im Rahmen des BilMoG erfolgt ein **Wechsel** vom Timing-Konzept zum Temporary-Konzept.

> **Bisher:**
> Aus dem Wortlaut von § 274 Abs. 1 und 2 HGB ergibt sich, dass bislang das Timing- Konzept gilt, da auf Ergebnisdifferenzen abgestellt wird.

> **Nach dem BilMoG neu:**
> Aus dem neuen Wortlaut in § 274 Abs. 1 HGB n.F. ergibt sich eindeutig, dass das Temporary-Konzept Gültigkeit hat, da Ausgangspunkt der Erfassung latenter Steuern die Differenzen in den Wertansätzen der Bilanzposten zwischen Handels- und Steuerbilanz sind.

> **Konsequenzen:**
> ➤ Grundsätzlich andere **Erfassungssystematik**, da anstelle der bisherigen Differenzen der Aufwands- und Ertragsposten auf Differenzen der Bilanzposten abzustellen ist. Die buchungstechnische Organisation zur Erfassung der Differenzen ist entsprechend umzustellen.
> ➤ **Umfangreicherer** Ansatz latenter Steuern, d.h. latente Steuern sind nunmehr auch anzusetzen auf:
>   • Erfolgsneutral entstandene Differenzen zwischen den Bilanzposten der Handels- und Steuerbilanz. Dies betrifft nach deutschem Bilanzrecht im Einzelabschluss vor allem die erfolgsneutralen Anpassungsbuchungen der Vermögenswerte und Schulden im Rahmen des Übergangs auf BilMoG. Ferner ergeben sich im Zusammenhang mit Umwandlungsvorgängen, wie Verschmelzungen, Spaltungen und Formwechseln, ergebnisneutrale Abweichungen zwischen der Handels- und Steuerbilanz, wenn z.B. in der Steuerbilanz eine Buchwertfortführung erfolgt, während in der Handelsbilanz stille Reserven aufgedeckt werden.
>   • Einbeziehung sog. quasi permanenter Differenzen in die Steuerlatenzrechnung.

3.1.5.5 Methode der Steuerabgrenzung
3.1.5.5.1 Liability-Methode versus Deferral-Methode

Für die **Latenzrechnung** stehen zwei verschiedene Methoden zur Verfügung. Diese beantworten letztlich die Frage, welcher Charakter der aktiven bzw. passiven latenten Steuer beigemessen wird. Daraus leitet sich eine unterschiedliche Behandlung bei Steuergesetzänderungen ab.

> 1. **Liability-Methode**
>   Die Liability-Methode (Verbindlichkeitsmethode) ist durch folgende Merkmale gekennzeichnet:
>   ❏ Ausgehend von der statischen Bilanztheorie steht die richtige Darstellung der Vermögenslage im Vordergrund.
>   ❏ Latente Steuern werden als Forderungen/Verbindlichkeiten betrachtet.
>   ❏ Die bestehenden Steuerabgrenzungen werden in jeder Periode an eingetretene Steuergesetzänderungen, z.B. neue Steuersätze, **angepasst**, um die Steuerlatenzen stets mit dem Steuersatz zu bewerten, welcher voraussichtlich zur Anwendung kommen wird, wenn sich die temporären Differenzen abbauen bzw. umkehren.
> 2. **Deferral-Methode**
>   Die Deferral-Methode (Abgrenzungsmethode) ist im Gegensatz dazu wie folgt zu umschreiben:
>   ❏ Ausgehend von der dynamischen Bilanztheorie, steht die periodengerechte Erfolgsermittlung im Vordergrund.
>   ❏ Die aus einer Steuerabgrenzung resultierenden Posten werden als Abgrenzungsposten interpretiert.
>   ❏ Für die Berechnung finden die Verhältnisse im Zeitpunkt der Entstehung der Differenz Anwendung, d.h. es werden in der Periode, in der eine Steuergesetzänderung beschlossen wird, **keine** Anpassungen der bestehenden Steuerabgrenzungen an geänderte Steuergesetze vorgenommen. Die Korrektur/Anpassung ergibt sich erst im Jahr der Umkehrung der Differenz.

> **Vor- und Nachteile:**
> ➤ Während bei der **Liability-Methode** der richtige Ausweis der latenten Steuerschulden und -forderungen im Vordergrund steht, steht bei der **Deferral-Methode** der Ausweis eines periodengerechten Gewinns im Vordergrund. Der Periodengewinn soll bei Anwendung der Deferral-Methode frei sein von einmaligen Anpassungen der latenten Steuern infolge von Steuergesetzesänderungen. Diese werden erst im Jahr der Umkehrung der temporären Differenzen insoweit erfasst, als dann die tatsächliche Steuerbe- bzw. -entlastung ggf. kleiner/höher ausfällt als die aufzulösende abgegrenzte Steuerlatenz.
> ➤ Die IFRS und US-GAAP bevorzugen letztendlich aus Gründen der **Praktikabilität** die **Liability-Methode**. Bei Anwendung der **Deferral-Methode** müsste im Zeitpunkt der Umkehrung der Differenz eine Zuordnung erfolgen, mit welchen Steuersätzen hierfür in Vorjahren latente Steuern eingebucht wurden. Dies wäre, insbesondere bei sich im Zeitablauf ändernden Steuersätzen, sehr aufwendig.

3.1.5.5.2 Beispiel zum Unterschied zwischen der Liability-Methode und Deferral-Methode anhand der Unternehmenssteuerreform 2008

Die Effekte im Hinblick auf das Jahresergebnis bei Anwendung der **Liability-Methode** können sehr gut anhand der Unternehmenssteuerreform 2008, welche Ende 2007 vom Gesetzgeber verabschiedet wurde, verdeutlicht werden. Da nach IFRS (IAS 12) die Liability-Methode anzuwenden ist, mussten die deutschen IFRS-Bilanzierer zum 31.12.2007 bei der Berechnung der latenten Steuern bereits die neuen Steuersätze berücksichtigen, die ab 2008 gemäß der Unternehmenssteuerreform gelten. Je nachdem, ob die Unternehmen per Saldo eine aktive oder passive Latenz ausgewiesen haben, ergab sich in der IFRS-Handelsbilanz zum 31.12.2007 ein Steueraufwand aus der Abwertung der aktiven latenten Steuern oder ein Steuerertrag aus der Verringerung der passiven latenten Steuern. Wie enorm die Effekte sein können, zeigt das Beispiel der Deutschen Telekom AG. Die FAZ vom 28.02.2008 titelte: „Telekom vermeldet Gewinneinbruch wegen Steuereffekten".

Aus dem Anhang des Telekom IFRS-Konzernabschluss 2007 ergibt sich folgende Erläuterung: „In der laufenden Periode waren die aktiven und passiven latenten Steuerpositionen an Tarifänderungen im Inland anzupassen (Absenkung der Gesamtsteuerbelastung inländischer Gewinne von ca. 39 % auf ca. 30 %). Hieraus resultierte ein negativer Ergebniseffekt in Höhe von 0,7 Mrd. €."

Die enorme Auswirkung dieses Einmaleffekts infolge der Anwendung der Liability-Methode wird deutlich, wenn man ihn in Relation zum Konzernjahresüberschuss setzt.

Die Deutsche Telekom weist für das Geschäftsjahr 2007 einen Konzernjahresüberschuss von 1,1 Mrd. € aus. Bereinigt man diesen um die einmalige Abwertung der aktiven latenten Steuern infolge der Anwendung der Liability-Methode, dann ergibt sich ein entsprechend höherer Jahresüberschuss, wie die folgende Analyse zeigt:

Ausgewiesener Konzernjahresüberschuss der Deutschen Telekom 2007	1,1 Mrd. €
darin Ergebnisbelastung wegen Abwertung der aktiven latenten Steuern in Folge Unternehmenssteuerreform 2008	0,7 Mrd. €
Bereinigter Konzernjahresüberschuss der Deutschen Telekom 2007	1,8 Mrd. €

3.1.5.5.3 Gesetzliche Regelungen zur Methode

Mit dem BilMoG wird die **Liability-Methode** in das deutsche Bilanzrecht verankert.

> **Bisher:**
> Die Methode war bislang nicht eindeutig in § 274 HGB bestimmt, da in Absatz 1 bezüglich der passiven latenten Steuern ein Rückstellungsausweis verlangt wird, was der Liability-Methode entspricht und in Absatz 2 bezüglich der aktiven latenten Steuern ein Ausweis als Bilanzierungshilfe in Form eines Abgrenzungsposten vorgeschrieben wird, was der Deferral-Methode entspricht.
>
> **Nach dem BilMoG neu:**
> Die Methode ist zwar weiterhin nicht explizit im Gesetzeswortlaut bestimmt. Anzuwenden ist aber wohl die Liability-Methode, da zum einen in § 274 Abs. 2 HGB n.F. explizit die Bewertung der Steuerlatenzen mit den unternehmensindividuellen Steuersätzen im Zeitpunkt der Umkehrung der temporären Differenzen vorgeschrieben ist und die **Liability-Methode** zum anderen mit dem nunmehr zwingend vorgeschriebenen bilanzorientierten **Temporary-Konzept** in einem sachlichen Zusammenhang steht. Außerdem erfolgt der Ausweis der aktiven latenten Steuern nicht mehr als Abgrenzungsposten, sondern als eigenständiger Bilanzposten (besonderer Art), vgl. die folgenden Ausführungen.

3.1.5.6 Stufen der Steuerlatenzermittlung

Im Rahmen der Ermittlung latenter Steuern sind grundsätzlich **drei** Stufen zu unterscheiden, auf denen es zu latenten Steuern kommen kann. Auf diese Stufen wird nachstehend separat eingegangen. Hinzu kommen noch sog. outside basis differences (vgl. hierzu Kapitel 4.1.3.3.2.4).

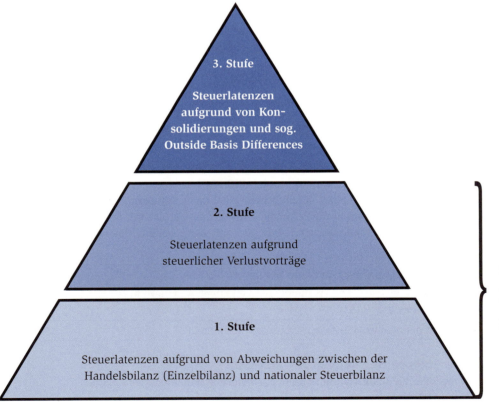

3.1.5.7 Ansatz- und Bewertungsvorschriften latenter Steuern

3.1.5.7.1 Gesetzliche Regelungen zum Ansatz latenter Steuern im Einzelabschluss

Im Hinblick auf die latenten Steuern auf der 1. und 2. Stufe gelten folgende Regelungen zum **Ansatz** latenter Steuern im Einzelabschluss. Auf die 3. Stufe wird im Rahmen der Vorschriften zur Konzernrechnungslegung in Kapitel 4.1.3 eingegangen.

> **Bisher:**
> - 1. Stufe: **Ansatzwahlrecht** für einen Überhang an aktiven und **Ansatzpflicht** für einen Überhang an passiven latenten Steuern.
> - 2. Stufe: **Ansatzverbot** für aktive latente Steuern auf Verlustvorträge gem. herrschender Meinung.
> - Abzinsung: Keine gesetzliche Regelung.
> - Steuersatz: Keine gesetzliche Regelung.
>
> **Nach dem BilMoG neu:**
>
> Aus dem Wortlaut von § 274 HGB n.F. ergibt sich:
> - 1. Stufe: Unverändert **Ansatzwahlrecht** für einen Überhang an aktiven und **Ansatzpflicht** für einen Überhang an passiven latenten Steuern.
> - 2. Stufe: Neu: Das **Ansatzwahlrecht** für aktive latente Steuern beinhaltet auch aktive latente Steuern auf Verlustvorträge. Dies gilt analog für zukünftige Steuerminderungen infolge von Zinsvorträgen oder ähnlichen Steuergutschriften.
>   - Die aktiven latenten Steuern auf Verlustvorträge sind also in die Ermittlung der sich insgesamt ergebenden latenten Steuern mit einzubeziehen. Das heißt, das Ansatzwahlrecht für aktive latente Steuern kann nicht etwa separat für den Anteil, der auf steuerliche Verlustvorträge entfällt, ausgeübt werden. Vielmehr vermindern sie einen passiven Überhang bzw. gleichen diesen aus oder aber sie führen zu einem höheren aktiven Überhang.
>   - Nach § 274 Abs. 1 S. 4 HGB sind die erwarteten Steuerminderungseffekte aus steuerlichen Verlustvorträgen grundsätzlich nur in dem Umfang zu berücksichtigen, soweit mit deren Realisierung innerhalb der nächsten fünf Jahre gerechnet wird.
>   - Die Begrenzung des Realisierungszeitraums auf fünf Jahre ist aber nach DRS 18 Ziff. 21 dann nicht relevant, wenn sich insgesamt ein passiver Überhang ergibt. Dagegen ist für den Fall eines sich insgesamt ergebenden aktiven Überhangs die Fünf-Jahresfrist insoweit zu beachten, als aktive latente Steuern auf Verlustvorträge zu diesem Überhang geführt haben.
>   - Falls die konkrete Unternehmensplanung einen kürzeren Zeitraum als die 5-Jahresfrist umfasst, ist laut DRS 18 Ziff. 19 dennoch von einem Fünf-Jahres-Zeitraum auszugehen. Für den verbleibenden Zeitraum ohne Detailplanung soll eine „sachgerechte und plausible Schätzung (z.B. durch Extrapolation)" erfolgen.
>   - Soll das Ansatzwahlrecht auf den Aktivsaldo ausgeübt werden, muss dennoch grundsätzlich eine Berechnung der aktiven und passiven latenten Steuern zum Nachweis eines aktiven Überhangs erfolgen. Eine überschlägige Ermittlung ist vor dem Hintergrund der zunehmenden Fälle passiver latenter Steuern – insbesondere infolge des Wegfalls der umgekehrten Maßgeblickeit – häufig nicht mehr ausreichend.
> - **Abzinsung:** Keine Abzinsung gem. § 274 Abs. 2 S. 1 HGB n.F.
>   Begründung: Arbeitsvereinfachung und Objektivierung, da der Zeitpunkt der Umkehrung der Differenzen und damit der laufzeitabhängige Abzinsungssatz häufig nicht eindeutig bestimmbar sind.

- **Steuersatz:** Unternehmensindividuell gem. § 274 Abs. 2 S. 1 HGB n.F.
  - Relevant sind nur die Ertragsteuern. Der Steuersatz ist insbesondere abhängig von der Rechtsform. Ausgehend vom derzeitigen Körperschaftsteuersatz von 15 % sowie dem Solidaritätszuschlag von 5,5 % und einer Steuermesszahl von 3,5 % sowie einem unterstellten Hebesatz von 420 % für die Gewerbesteuer lässt sich für **Kapitalgesellschaften** ein kombinierter Ertragsteuersatz (sog. „Mischsteuersatz") wie folgt berechnen:

Körperschaftsteuer		15,000 %
Solidaritätszuschlag	100 x 5,5 % x 15 % =	0,825 %
Gewerbesteuer	100 x 3,5 % x 420 % =	14,700 %
Gesamtsteuersatz		30,525 %

  Bei mehreren hebeberechtigten Gemeinden, also in sog. Zerlegungsfällen (vgl. §§ 4, 28 ff. GewStG), ist von einem unternehmensindividuellen gewogenen durchschnittlichen Hebesatz auszugehen. Für **Personenhandelsgesellschaften** ist nur die Gewerbesteuer bei der Ermittlung der latenten Steuern relevant, da die Personengesellschaft selbst nicht Schuldner der Einkommen- bzw. Körperschaftsteuer und des Solidaritätszuschlags ist – diese fallen auf der Ebene der Gesellschafter an.
  - Bei Personenhandelsgesellschaften ist überdies zu berücksichtigen, dass auf der Ebene der Gesellschaft neben der Gesamthandsbilanz auch die Ergänzungsbilanzen der Gesellschafter, nicht jedoch deren Sonderbilanzen, bei der Ermittlung der latenten Steuern zu berücksichtigen sind (s. DRS 18 Ziff. 39). Einzelheiten vgl. u.a. Hahn, 2011a, S. 661-667 sowie IDW ERS HFA 7 und IDW ERS HFA 18 n.F.
  - Bei steuerlichen Organschaftsbeziehungen i.S.d. § 14 KStG ist für die **Berechnung der latenten Steuern** der in den Organkreis einbezogenen Organgesellschaften der Steuersatz des Organträgers maßgeblich, soweit die voraussichtlichen Steuerwirkungen in der organschaftlichen Zeit zu erwarten sind. Der DRS 18 Ziff. 32 bestimmt weiter, dass die latenten Steuern infolge temporärer Differenzen zwischen den handelsrechtlichen Buchwerten der Organgesellschaft und den korrespondierenden steuerlichen Wertansätzen grundsätzlich im Jahresabschluss des Organträgers auszuweisen sind. Es besteht jedoch die Möglichkeit von Umlagevereinbarungen (s. DRS 18 Ziff. 35 sowie Hahn, 2011a, S. 667–670 und die dort angegebene weitere Literatur).

Hinweis zum Anwendungsbereich der latenten Steuern:
- Die gesetzlichen Regelungen in § 274 HGB n.F. zu den latenten Steuern betreffen grundsätzlich nur die Kapitalgesellschaften und gleichgestellte Gesellschaften anderer Rechtsformen, wie etwa die Personenhandelsgesellschaften nach § 264a HGB n.F., die keine natürliche Person als „Vollhafter" haben.
- Personenhandelsgesellschaften, die nicht unter § 264a HGB n.F. fallen sowie kleine Personenhandelsgesellschaften nach § 264a HGB n.F. können aber § 274 HGB n.F. freiwillig anwenden. Dies gilt auch für **kleine Kapitalgesellschaften**, die nach § 274a Nr. 5 HGB n.F. die Vorschriften in § 274 HGB n.F. nicht zwingend beachten müssen.
- Regelungen, welche für die Unternehmen gelten, die nicht unter § 274 HGB n.F. fallen bzw. die diese nicht freiwillig anwenden:
  - **Aktive latente Steuern:**
    Abweichungen zwischen der Handels- und Steuerbilanz, deren Abbau zu künftigen Steuerentlastungen führen, dürfen nicht durch aktive latente Steuern erfasst werden, da nach § 246 Abs. 1 S. 1 HGB n.F. nur Vermögensgegenstände aktiviert werden dürfen und aktive

3.1 Gravierende Änderungen

> latente Steuern nicht die Kriterien eines Vermögensgegenstandes (u.a. selbständige Verwertbarkeit) erfüllen (Sonderposten eigener Art, vgl. BT-Drucks. 16/10067, S. 67 f.).
> - **Passive latente Steuern:**
> Abweichungen zwischen der Handels- und Steuerbilanz, deren Abbau zu künftigen Steuerbelastungen führen, sind dagegen – entsprechend dem Vorsichtsprinzip – bei Vorliegen der Rückstellungsvoraussetzungen gem. § 249 Abs. 1 S. 1 HGB durch entsprechende Verbindlichkeits**rückstellungen** zu berücksichtigen, d.h. die betroffenen Unternehmen müssen entsprechende Rückstellungen für ungewisse Verbindlichkeiten bilden und diese in der Bilanz oder im Anhang gesondert angeben. Eine Abzinsung der Rückstellungen darf aber in entsprechender Anwendung des § 274 Abs. 2 S. 1 HGB n.F. unterbleiben (vgl. z.B. IDW ERS HFA 7 Ziff. 24); die Steuerabgrenzung erfolgt nach dem Timing-Konzept, also GuV-orientiert unter Außerachtlassung quasi-permanenter Differenzen (vgl. IDW ERS HFA 27 Tz. 20. A.A. Vinken u.a., 2011, Ziff. 772 f., welche die Verpflichtung zur Bildung von Rückstellungen für die betroffenen Unternehmen ablehnen.
> - **Hinweis:** Insbesondere infolge des Wegfalls der umgekehrten Maßgeblichkeit kann es bei den betroffenen Unternehmen häufiger als bislang zu solchen Steuerrückstellungen kommen.
> - Bei der Bemessung des Rückstellungsbetrags erfolgt nach IDW ERS HFA 7 n.F., Ziff. 24 eine Nettobetrachtung, d.h. aktive latente Steuern einschließlich derjenigen auf Verlustvorträge mindern den Rückstellungsbetrag. Ein passiver Überhang ist auf der Passivseite gesondert auszuweisen – entweder unter dem Posten Rückstellungen oder unter den Steuerrückstellungen (mit Davon-Vermerk oder Anhangangabe) oder in Anlehnung an § 266 Abs. 3 Buchst. E HGB n.F. unter Anpassung der Postenbezeichnung (vgl. Gelhausen u.a,. 2009, M Tz. 57). Ein Aktivüberhang darf aber nicht in der Bilanz ausgewiesen werden.

3.1.5.7.2 Gesetzliche Regelungen zur Bewertung der latenten Steuern im Einzelabschluss

3.1.5.7.2.1 Werthaltigkeit der aktiven latenten Steuern

Aktive latente Steuern dürfen nur angesetzt werden, wenn diese auch **werthaltig** sind. Dies setzt den Nachweis von positiven steuerlichem Einkommen in der Zukunft voraus, vgl. hierzu auch DRS 18 Ziff. 23.

> ➤ Ein Indiz hierfür sind immer passive latente Steuern, da diese ja für zukünftige zu versteuernde Einkommen gebildet werden. Soweit dieser Einkommensnachweis nicht ausreicht, muss nachgewiesen werden, dass sich aus der operativen Planung genügend steuerliches Einkommen ergibt, welches die Werthaltigkeit der aktiven latenten Steuern (= Steuerminderungsansprüche) belegt, sodass diese in der Zukunft verwertet werden können.
> ➤ Hierzu sind Prognoserechnungen des steuerlichen Einkommens erforderlich.
> ➤ Der Abschlussprüfer muss also Planzahlen über die zukünftige steuerliche Gewinnentwicklung prüfen, wenn das Unternehmen von dem Ansatzwahlrecht aktiver latenter Steuern Gebrauch machen will.
> ➤ Die Bestimmung der Werthaltigkeit aktiver latenter Steuern beinhaltet einen bilanzpolitischen Ermessensspielraum. Da nach § 274 Abs. 2 S. 2 HGB latente Steuerposten aufzulösen sind, sobald die Steuerbe- oder -entlastung eintritt oder mit ihr nicht mehr zu rechnen ist, ist die Realisierbarkeit der latenten Steuern zu jedem Bilanzstichtag zu prüfen.

3.1.5.7.2.2 Beispiel zur Verdeutlichung der Problematik der Werthaltigkeit aktiver latenter Steuern

Die Problematik der Werthaltigkeit aktiver latenter Steuern verdeutlicht das nachstehende Beispiel:

> Eine Kapitalgesellschaft ermittelt aktive latente Steuern infolge von temporären Differenzen in Höhe von 20 Mio. € und passive latente Steuern in Höhe von 25 Mio. €. Da die passiven latenten Steuern die aktiven latenten Steuern übersteigen, ist damit deren Werthaltigkeit bereits grundsätzlich belegt. Das Unternehmen weist aber darüber hinaus einen steuerlichen Verlustvortrag von 100 Mio. € aus. Der Ertragsteuersatz soll 30 % betragen. Der Verlustvortrag soll nach den Vorschriften des deutschen Steuerrechts vortragsfähig sein.
> Nachstehend werden fiktiv folgende drei Szenarien (A, B, C) über die zukünftige steuerliche Gewinnentwicklung in Mio. € angenommen. Der letzte Planwert des Jahres 5 soll für alle Folgejahre unterstellt werden.
>
> | Szenario | 1. Jahr | 2. Jahr | 3. Jahr | 4. Jahr | 5. Jahr | Folgejahre |
> |---|---|---|---|---|---|---|
> | A | 1 | 1 | 1 | 1 | 1 | 1 |
> | B | 21 | 21 | 21 | 21 | 21 | 21 |
> | C | 21 | 31 | 41 | 71 | 131 | 131 |
>
> Je nachdem, ob von dem Szenario A, B oder C ausgegangen wird, sind sicherlich unterschiedlich hohe Werte aktivierbar.
> Die **Höhe** hängt zum einen von dem einzubeziehenden **Betrachtungszeitraum** und zum anderen von der **Qualität** der Planzahlen ab.

3.1.5.7.2.3 Werthaltigkeit in Abhängigkeit vom Betrachtungszeitraum

Ein steuerlicher Verlustvortrag in Höhe von 100 Mio. € beinhaltet bei zeitlich unbegrenzt vortragsfähigen Verlusten und einem Steuersatz von 30 % grundsätzlich ein **Steuerersparnispotenzial von 30 Mio. €**. Bei allen drei unterstellten Szenarien ist die Gewinnerwartung so, dass diese Steuerminderung von 30 Mio. € in der Zukunft realisiert wird, wenngleich dies bei Szenario A erst in ferner Zukunft der Fall sein wird. D.h., grundsätzlich ergibt sich eine aktive Steuerlatenz von 30. Mio. €. Da aber nur ein Passivüberhang latenter Steuern auf Basis der temporären Differenzen von 5 Mio. € besteht, dürfen die verbleibenden 25 Mio. € aktiver Steuerlatenzen gem. § 274 Abs. 1 S. 4 HGB n.F. nur dann angesetzt werden, wenn diese laut Ergebnisprognosen innerhalb der nächsten 5 Jahre realisiert werden (vgl. Kapitel 3.1.5.7.1). Dabei sind die einschlägigen steuerrechtlichen Bestimmungen zu berücksichtigen.

Nach deutschem Steuerrecht sind **Verluste** sowohl bei der Einkommen- und Körperschaftsteuer nach § 10d EStG bzw. § 8 Abs. 1 KStG i.V.m. § 10d EStG als auch bei der Gewerbesteuer nach § 7 GewStG i.V.m. § 10a GewStG zeitlich unbegrenzt vortragsfähig. Dabei ist aber zu berücksichtigen, dass über 1 Mio. € hinausgehende Verlustvorträge nach § 10d Abs. 2 EStG bzw. § 10a S. 2 GewStG jährlich nur bis zu 60 % des steuerlichen Einkommens- bzw. Gewerbeertrags mit den Verlustvorträgen verrechnet werden können; der Restbetrag (mindestens 40 %) unterliegt der jährlichen Besteuerung (= sog. Mindestbesteuerung).

Gemäß diesen Bestimmungen ergibt sich im vorstehenden Beispiel innerhalb der nächsten fünf Jahre folgende steuerwirksame Verlustverrechnung:

3.1 Gravierende Änderungen

Szenario	– Mio. € –	1. Jahr	2. Jahr	3. Jahr	4. Jahr	5. Jahr
A	Steuerliches Einkommen	1	1	1	1	1
	Verrechnung mit Verlustvortrag:					
	Laufendes Jahr	– 1	– 1	– 1	– 1	– 1
	Gesamt kumuliert	– 1	– 2	– 3	– 4	– 5
B	Steuerliches Einkommen	21	21	21	21	21
	Verrechnung mit Verlustvortrag:					
	Basisbetrag	– 1	– 1	– 1	– 1	– 1
	60 % vom restlichen steuerlichen Einkommen	– 12	– 12	– 12	– 12	– 12
	Laufendes Jahr	– 13	– 13	– 13	– 13	– 13
	Gesamt kumuliert	– 13	– 26	– 39	– 52	– 65
C	Steuerliches Einkommen	21	31	41	71	131
	Verrechnung mit Verlustvortrag:					
	Basisbetrag	– 1	– 1	– 1	– 1	
	60 % vom restlichen steuerlichen Einkommen	– 12	– 18	– 24	– 42	
	Laufendes Jahr	– 13	– 19	– 25	– 43	
	Gesamt kumuliert	– 13	– 32	– 57	– 100	

Auf Basis dieser Zahlenwerte ergeben sich im vorstehenden Beispiel, je nach unterstelltem Szenario, die in nachstehender Tabelle gezeigten Steuerminderungen.

– Mio. € –	Szenario A	Szenario B	Szenario C
Innerhalb der nächsten fünf Jahre verrechnete Verlustvorträge laut Planung	5	65	100
Erwartete Steuerminderung hieraus (x 0,30)	1,5	19,5	30

Je nach unterstelltem Szenario dürfen also auf den steuerlichen Verlustvortrag von 100 Mio. € neben den 5 Mio. € aktiver latenter Steuern, die durch passive latente Steuern abgedeckt sind, von dem verbleibenden Aktivüberhang von 25 Mio. € im Szenario A nur 1,5 Mio. €, im Szenario B nur 19,5 Mio. € und im Szenario C der volle Betrag von 25 Mio. € aktiviert werden. Damit beträgt die aktive Steuerlatenz auf Verlustvorträge insgesamt:

– Mio. € –	Szenario A	Szenario B	Szenario C
Aktive latente Steuern auf Verlustvorträge ohne Zeitbegrenzung	5	5	5

– Mio. € –	Szenario A	Szenario B	Szenario C
Aktive latente Steuern auf Verlustvorträge mit Zeitbegrenzung (5-Jahresfrist)	1,5	19,5	25
Aktive latente Steuern auf Verlustvorträge insgesamt	6,5	24,5	30

3.1.5.7.2.4 Werthaltigkeit in Abhängigkeit von der Qualität der Planzahlen

Zur Beurteilung der Werthaltigkeit der aktiven latenten Steuern ist neben dem **Planungshorizont** vor allem auf die **Qualität der Planzahlen** abzustellen. Die Frage, wie solide und treffsicher die Planzahlen sind, ist häufig schwer zu beurteilen.

Laut der Gesetzesbegründung ist die Verwertung von Verlustvorträgen
„anhand von Wahrscheinlichkeitsüberlegungen zu klären, bei denen das handelsrechtliche Vorsichtsprinzip zu beachten ist."

Im Rahmen der IFRS-Abschlüsse werden vor allem folgende aus US-GAAP (SFAS 109) abgeleitete positive und negative Kriterien als Indizien für die Werthaltigkeit von aktiven latenten Steuern herangezogen.

> **Positive Kriterien:**
> - eine bislang solide Umsatz- und Gewinnentwicklung,
> - bislang geringe Plan/Ist-Abweichungen,
> - ein hoher Auftragsbestand,
> - lange gesetzliche Verlustvortragsperioden,
> - hohe stille Reserven.
>
> **Negative Kriterien:**
> - kumulierte Verluste in den zurückliegenden Geschäftsjahren,
> - in der Vergangenheit ungenutzt verfallene Verlustvorträge,
> - in naher Zukunft erwartete Verluste,
> - ungünstige Branchenentwicklungen,
> - kurze Verlustvortragsperioden.

Diese Kriterien sind zukünftig wohl auch im Rahmen der HGB-Abschlüsse relevant, wenn von dem Ansatzwahlrecht eines Überhangs aktiver latenter Steuern Gebrauch gemacht wird, zumal der IDW ERS HFA 27, Ziff. 7 ähnliche Kriterien vorschlägt.

3.1.5.7.2.5 Latente Steuern und Zinsvortrag

Der **Zinsvortrag**, welcher sich durch die Neuregelungen zur **Zinsschranke** gem. § 4h EStG ergibt, beinhaltet wie der steuerliche Verlustvortrag ein Steuerminderungspotenzial. Es stellt sich die Frage, ob auch hierfür ein Ansatzwahlrecht im HGB-Abschluss besteht.

> - Im neuen Wortlaut von § 274 HGB n.F. wird explizit nur erwähnt, dass auf steuerliche Verlustvorträge aktive latente Steuern angesetzt werden können. Der Wortlaut des § 274 HGB im Referentenentwurf beinhaltete noch explizit den Hinweis, dass nicht Verlustvorträge, sondern auch sonstige „Steuergutschriften" unter die Regelung fallen.
> - Die Begründung zum Regierungsentwurf führt aber aus, dass auch ohne dass dies einer ausdrücklichen gesetzlichen Regelung bedarf, die Neuregelung entsprechend auf Zinsvorträge und die daraus erwarteten Steuerminderungen anzuwenden ist.

3.1.5.8 Ausweisregelungen latenter Steuern im Einzelabschluss
3.1.5.8.1 Ausweis in der Bilanz und GuV
Für die Bilanz und GuV bestehen folgende Ausweisregelungen:

Bisher:
- Aktive latente Steuern sind gem. § 274 Abs. 2 S. 2 HGB gesondert als Abgrenzungsposten in der Bilanz auszuweisen.
- Passive latente Steuern sind gem. § 274 Abs. 1 S. 1 HGB i.V.m. § 265 Abs. 5 HGB als Rückstellung entweder gesondert in der Bilanz auszuweisen oder im Anhang anzugeben.
- Saldierung aktiver und passiver latenter Steuern nach h.M. zulässig. Da in der Regel (aufgrund des Vorsichtsprinzips) die aktiven die passiven latenten Steuern übertroffen haben, ergab sich ein Aktivüberhang. Auf diesen wurde das bestehende Ansatzwahlrecht **nicht** ausgeübt, d.h. dass es regelmäßig nicht zum Ausweis latenter Steuern gekommen ist.
- In der GuV sind latente Steueraufwendungen/-erträge innerhalb der „Steuern vom Einkommen und vom Ertrag" auszuweisen. Eine gesonderte Ausweispflicht besteht aber nicht.

Nach dem BilMoG neu:
- Für aktive und passive latente Steuern ist gem. § 266 HGB n.F. ein **eigener Bilanzposten** „Aktive latente Steuern" bzw. „Passive latente Steuern" als vorletzter Bilanzposten auf der Aktivseite bzw. als letzter Posten auf der Passivseite vorgeschrieben.
- In der GuV sind latente Steueraufwendungen/-erträge gem. § 274 Abs. 2 S. 3 HGB n.F. innerhalb der „Steuern vom Einkommen und vom Ertrag" **separat auszuweisen**.
- Im Rahmen des Gesetzgebungsverfahrens wurde die Frage der Saldierung kontrovers diskutiert.
Nach der endgültigen Gesetzesfassung ist gemäß § 274 Abs. 1 S. 3 HGB n.F. eine Saldierung explizit **zulässig**.
Insgesamt ergeben sich damit folgende Ausweisvarianten in der Bilanz:
  - **Unsaldierter Ausweis aktiver und passiver latenter Steuern (Bruttoausweis)**,
  - **Saldierter Ausweis aktiver und passiver latenter Steuern (Nettoausweis)**.
    Die Saldierung aktiver und passiver latenter Steuern ermöglicht den Unternehmen eine Bilanzverkürzung und damit eine Verbesserung der Bilanzrelationen, insbesondere der Eigenkapitalquote.
  - **Unterbliebener Ausweis**, falls sich im Saldo eine aktive Latenz ergibt und das Ansatzwahlrecht für den Aktivsaldo nach § 274 Abs. 1 Satz 2 HGB nicht ausgeübt wird.

Der Wortlaut in § 274 HGB erlaubt wohl als weitere Ausweisvariante auch den unsaldierten Ausweis aktiver und passiver latenter Steuern unter gleichzeitigem Verzicht auf die Aktivierung eines Aktivsaldos. Diese Variante ist jedoch unter bilanzausweispolitischen Aspekten wenig zweckmäßig, da dadurch die Bilanzsumme erhöht und die Eigenkapitalquote verschlechtert wird mit entsprechend negativen Auswirkungen auf das Ergebnis einer Bilanzanalyse. Die Ausübung des Ausweiswahlrechts unterliegt dem **Stetigkeitsgebot** nach § 246 Abs. 3 S. 1 HGB n.F. Ein Ausweis lediglich der passiven latenten Steuern ist nicht zulässig.
Im Ergebnis kann also ein vollständiger Ausweis latenter Steuern in der Bilanz nur dann unterbleiben, wenn sich ein aktiver Überhang ergibt und dieser nicht angesetzt wird. Dementsprechend entfällt dann auch ein GuV-Ausweis. Die bisherige Erfahrung mit BilMoG-Abschlüssen zeigt, dass in der Regel saldiert wird und im Falle eines Aktivüberhangs dieser häufig nicht angesetzt wird. Von den 30 DAX-Unternehmen haben 28 BilMoG-Abschlüsse

erstellt und offengelegt (Stand Juli 2011). Bei allen ergibt sich ein Aktivüberhang der latenten Steuern. Fünf der Unternehmen (BASF SE, Commerzbank AG, Deutsche Bank AG, SAP AG und Siemens AG) üben das Ansatzwahlrecht in der Bilanz aus. Die empirische Erhebung von Philipps zu BilMoG-Abschlüssen 2009 ergab, dass von den Stichprobenunternehmen bis auf eine Ausnahme alle den saldierten Ausweis gewählt haben und ein verbleibender Aktivsaldo nur von 16,7 % der Unternehmen aktiviert wurde, vgl. Philipps, 2011, S. 208.

Der separate Ausweis der latenten Steueraufwendungen/-erträge innerhalb der „Steuern vom Einkommen und vom Ertrag" kann entweder mittels einer Vorspalte oder eines Davonvermerks oder aber durch explizite Aufteilung des Steueraufwands auf „laufende Steueraufwendungen/-erträge" und „latente Steueraufwendungen/-erträge" erfolgen. Wenngleich der Wortlaut des § 274 Abs. 2 S. 2 HGB n.F. eigentlich einen separaten Ausweis in der GuV-Rechnung verlangt, findet sich in der Praxis die Angabe häufig auch erst im Anhang, vgl. z.B. den Jahresabschluss 2010 der BASF SE oder der WMF AG.

➢ Nach IFRS sind aktive und passive latente Steuern dann in der Bilanz saldiert auszuweisen, wenn sie die gleiche Steuerart und gleiche Steuerbehörde betreffen und gleiche Fristigkeit aufweisen (vgl. im Einzelnen IAS 12,74). In der betrieblichen Praxis werden diese Anwendungsvoraussetzungen aber sehr unterschiedlich interpretiert. Teilweise wird im Hinblick auf die Fristigkeit bei der Saldierung nicht weiter spezifiziert; da nach IAS 1,70 sämtliche latente Steuern als langfristig auszuweisen sind, werden alle latenten Steuern im Hinblick auf die Fristigkeit in einen Topf geworfen. Entsprechend umfangreich fällt dann auch nach IFRS die Saldierung aus. Der separate Ausweis der latenten Steueraufwendungen/-erträge kann nach IAS 12, Ziff. 80 i.V.m. IAS 1, Ziff. 82 alternativ im Anhang oder in der GuV-Rechnung erfolgen.

3.1.5.8.2 Anhangangaben

Die **Anhangangaben** sind wie folgt geregelt:

Bisher:
➢ Keine spezifischen Anhangangaben in § 285 bzw. § 314 HGB. Lediglich Vorgabe in § 274 Abs. 2 HGB, dass eine als Bilanzierungshilfe angesetzte aktive Steuerlatenz im Anhang zu erläutern ist.
➢ In der bisherigen Bilanzierungspraxis finden sich faktisch keine Erläuterungen im Anhang zu den latenten Steuern, da i.d.R. keine aktiven latenten Steuern in den Bilanzen ausgewiesen wurden.

Nach dem BilMoG neu:
➢ In § 285 Nr. 29 bzw. § 314 Abs. 1 Nr. 21 HGB n.F. wird explizit vorgegeben:
Im Anhang ist anzugeben: „*auf welchen Differenzen oder steuerlichen Verlustvorträgen die latenten Steuern beruhen und mit welchen Steuersätzen die Bewertung erfolgt ist*".
➢ Der Rechtsausschuss des Deutschen Bundestages (6. Ausschuss) führt in der Begründung zu seiner Beschlussempfehlung zum Gesetzentwurf des BilMoG aus, dass diese Angabe **unabhängig davon** vorzunehmen ist, ob in der Bilanz latente Steuern ausgewiesen werden oder nicht (vgl. BT-Drucks. 16/12407, S. 88). Dies bedeutet, dass die latenten Steuern immer zu erläutern sind, selbst dann, wenn kein Bilanzausweis infolge eines Aktivüberhangs erfolgt. Die Angabe solle aufzeigen, aufgrund welcher temporärer Differenzen oder steuerlicher Verlustvorträge per Saldo ein Ausweis in der Bilanz unterbleibt – die Angabe solle gerade dann erfolgen, wenn ein Bilanzansatz infolge eines sich aus der Gesamtdifferenzenbetrachtung

ergebenden Aktivüberhangs unterbleibt. Allerdings stellt sich die Frage, wie detailliert die Erläuterungen sein müssen.

Nach DRS 18 Ziff. 65 sind qualitative Angaben zu den bestehenden Differenzen und Verlustvorträgen regelmäßig ausreichend. Eine betragsmäßige Erläuterung nach einzelnen Bilanzposten/Verlustvorträgen muss also nicht erfolgen. Nach Auffassung des IDW kann überdies eine Erläuterung zu den nicht bilanzierten latenten Steuern eines Aktivüberhangs ganz unterbleiben (vgl. IDW-Mitteilung vom 23.09.2010).

Infolge der sehr allgemein gehaltenen gesetzlichen Vorgaben finden sich in der BilMoG-Bilanzierungspraxis sehr unterschiedlich detaillierte Erläuterungen zu den latenten Steuern. Das Spektrum reicht von der quantitative Erläuterung der latenten Steuern bezogen auf einzelne Bilanzposten und zu den Verlust-/Zinsvorträgen bis hin zu sehr knapp und allgemein gehaltenen qualitativen Erläuterungen.

Als Beispiel für ein Unternehmen, welches die latenten Steuern quantitativ erläutert, sei die Dürr AG genannt. Der Jahresabschluss 2010 enthält folgende Erläuterungen zu den latenten Steuern (Hinweis: Die Dürr AG hat bereits für Geschäftsjahr 2009 auf das BilMoG umgestellt und weist daher in 2010 Vorjahreszahlen nach BilMoG aus.)

in T€	31.12.2010	31.12.2009
Aktive latente Steuern		
Sonstige Rückstellungen	2.170	3.767
Sonstige Vermögensgegenstände	3.348	3.873
Beteiligungen	161	–
Sonstige Ausleihungen	3.089	1.666
Wertpapiere des Anlagevermögens	1.169	866
Zins- und Verlustvortrag	14.135	8.667
Summe aktive latente Steuern	**24.072**	**18.839**
Passive latente Steuern		
Geschäfts- und Firmenwerte	1.003	1.229
Pensionsrückstellungen	162	69
Langzeitkonten	4.575	1.632
Summe passive latente Steuern	**5.740**	**2.930**
Total latente Steuern	18.332	15.909
Nicht angesetzte latente Steuern	./. 18.332	./. 15.909
Bilanzausweis	–	–

„Die Dürr AG bilanziert sämtliche latenten Steuern ihrer Organgesellschaften. Für die Berechnung der latenten Steuern wird ein Steuersatz von 29,9 % für Körperschaftsteuer, Solidaritätszuschlag und Gewerbesteuer zugrunde gelegt. Die latenten Steuern auf Verlustvorträge sind in der Höhe bewertet, in der mit einer Nutzung innerhalb der nächsten 5 Jahre gerechnet werden kann."

Die zahlenmäßige Erläuterung ist für bilanzanalytische Zwecke sehr aufschlussreich. So zeigt z.B. der Ausweis von 2.170 (i.Vj. 3.767) T€ aktive latente Steuern bei den Sonstigen Rückstellungen, dass die Dürr AG ausgehend von einem Steuersatz von 29,9 % in der Handelsbilanz 7.258 (i.Vj. 12.598) T€ höhere Sonstige Rückstellungen als in der Steuerbilanz aufweist. In der Handelsbilanz wurde also vorsichtiger bilanziert als in der Steuerbilanz. Der Anstieg der aktiven latenten Steuern auf die Verlust- und Zinsvorträge von 8.667 Mio. € auf 14.135 Mio. €

zeigt, dass die Verlust- und Zinsvorträge – auf die aktive latente Steuern mit einem Steuersatz von 29,9 % angesetzt wurden – von 28.987 T€ auf 47.274 T€ gestiegen sind. Nicht ersichtlich ist allerdings – abweichend von den Anhangangaben nach IFRS – der Betrag der Verlust- und Zinsvorträge auf die – wegen mangelnder Realisierbarkeit – keine latenten Steuern angesetzt wurden.

Als Beispiel für ein Unternehmen, welches die latenten Steuern nur qualitativ erläutert, sei die RWE AG genannt . Im Jahresabschluss 2010 wird ausgeführt:

„Im Rahmen der körperschaft- und gewerbesteuerlichen Organschaft sind der RWE AG als Organträger und somit als Steuerschuldner sämtliche latenten Steuern des Organkreises zuzurechnen, sofern die Organschaft voraussichtlich auch künftig fortbesteht. Latente Steuern sind in Ausübung des Wahlrechts nach § 274 HGB aufgrund eines Aktivüberhangs nicht bilanziert. Aus den unterschiedlichen handels- und steuerrechtlichen Wertansätzen von technischen Anlagen und Maschinen bei Tochterunternehmen resultieren im Organkreis passive latente Steuern. Diese werden durch aktive latente Steuern auf steuerlich nicht zu berücksichtigende Drohverlustrückstellungen sowie auf Bewertungsunterschiede bei den Pensionsrückstellungen deutlich überkompensiert. Der Bewertung der latenten Steuern liegt ein Steuersatz von 31,23 % zugrunde."

Der Informationsgehalt dieser Angaben im Anhang ist für bilanzanalytische Zwecke vergleichsweise gering, da sie sehr allgemein gehalten sind und im Wesentlichen nur die allgemeine Rechtsauffassung wiedergeben.

➢ Nach DRS 18 Ziff. 67 muss im **Konzernabschluss** auch eine Überleitung (sog. **Tax Reconciliation**) vom auf Basis des handelsbilanziellen Ergebnisses erwarteten Ertragsteueraufwand zum in der GuV-Rechnung ausgewiesenen (tatsächlichen und latenten) Ertragsteueraufwand offen gelegt werden. Diese Überleitungsrechnung, die häufig sehr aufwendig ist, ermöglicht einen vertieften Einblick z.B. in die Höhe der nicht abzugsfähigen Betriebsausgaben oder die Auswirkungen von Steuersatzänderungen oder auch der Korrektur von Wertberichtigungen auf aktive latente Steuern. Sie ist für bilanzanalytische Betrachtungen sehr aufschlussreich und auch für interne Zwecke als Verprobungsrechnung geeignet. Eine Verpflichtung zur Offenlegung einer Überleitungsrechnung kann aber aus dem Gesetzeswortlaut nicht abgeleitet werden. Sie ist auch laut der IDW-Mitteilung vom 23.09.2010 nicht verlangt. In der BilMoG-Bilanzierungspraxis wird sie daher bislang faktisch nicht offen gelegt.

➢ Kleine Kapitalgesellschaften sind gemäß § 288 Abs. 1 HGB n.F. von den Angaben zu den latenten Steuern befreit. Diese Befreiungsregel von den Anhangangaben hat insoweit nur klarstellenden Charakter, da kleine Kapitalgesellschaften bereits gem. § 274 a Nr. 5 HGB n.F. nicht unter die Bilanzierungsvorschriften der latenten Steuern fallen. Die Befreiungsvorschrift von den Anhangangaben ist aber insoweit relevant, als kleine Kapitalgesellschaften freiwillig die latenten Steuern nach § 274 HGB n.F. bilanzieren. Sie können dann auf die Anhangangaben ganz verzichten.

➢ Mittelgroße Kapitalgesellschaften müssen zwar die Bilanzierungsvorschriften für latente Steuern beachten, sie sind jedoch nach § 288 Abs. 2 HGB n.F. von den Angabepflichten zu den latenten Steuern befreit.

Nach IAS 12 bestehen weitaus detailliertere Angabepflichten im Anhang. Insbesondere sind die aktiven und passiven latenten Steuern bezogen auf die wesentlichen Differenzen zwischen den Werten in der Handels- und Steuerbilanz sowie die aktiven latenten Steuern auf Verlustvorträge anzugeben. Ferner ist eine steuerliche Überleitungsrechnung (Tax Reconciliation) zwingend offen zu legen. Vgl. zu den Anhangangaben nach IFRS Hahn, 2011a, S. 682–688.

3.1.5.9 Ausschüttungs- und Ergebnisabführungssperre latenter Steuern im Einzelabschluss

Die im bisherigen HGB bereits bestehende **Ausschüttungssperre aktiver latenter Steuern** bleibt erhalten, sie wird jedoch auch auf andere Sachverhalte, die im BilMoG geregelt sind, ausgedehnt (vgl. hierzu u.a. Kapitel 3.2.11.3.2) und konkretisiert.

> **Bisher:**
> ➤ Die **Ausschüttungssperre für aktive latente Steuern** ist in § 274 Abs. 2 S. 3 HGB geregelt.
>
> **Nach dem BilMoG neu:**
> ➤ **Ausschüttungssperre/Ergebnisabführungssperre:**
> Werden in der Bilanz aktive latente Steuern ausgewiesen, ist nach § 268 Abs. 8 S. 2 HGB n.F. der Überhang (Saldo) der aktiven über die passiven latenten Steuern ausschüttungs-/abführungsgesperrt – unabhängig davon, ob in der Bilanz ein Netto- oder Bruttoausweis erfolgt. D.h., dieser Saldo geht in die insgesamt ausschüttungsgesperrten Beträge ein. Vgl. hierzu u.a. Kapitel 3.1.1.3.6, 3.1.3.7 sowie 3.2.11.3.2.
> ➤ In den Saldo für die Berechnung der Ausschüttungssperre sind aber die passiven latenten Steuern auf die ausschüttungsgesperrten Beträge nach § 268 Abs. 8 S. 1 und 3 HGB n.F. (Aktivierung von eigenen Entwicklungskosten, Bewertung von Pensionsaktiva über die Anschaffungskosten hinaus) nicht mit einzubeziehen.
> **Begründung:**
> Vermeidung einer doppelten Anrechnung dieser passiven latenten Steuern im Rahmen der Ausschüttungssperre. Vgl. hierzu insbesondere IDW ERS HFA 27, Tz. 34 und weiterführend mit Beispiel Hahn 2011a, S. 674–675 sowie zu den Anhangsangaben Kapitel 3.2.11.3.2 mit dem Beispiel der BASF SE.

3.1.5.10 Latente Steuern aus der erstmaligen Anwendung des BilMoG

Im Hinblick auf die **latenten Steuern beim Übergang auf das BilMoG** ist entsprechend Art. 67 Abs. 6 S. 1 und 2 EGHGB n.F. zu unterscheiden in zwei Fälle bzw. Zeitpunkte (vgl. hierzu insbesondere Zwirner, 2010):

> 1. **Latente Steuern auf sog. „Altfälle"** (Art. 67 Abs. 6 S. 1 EGHGB n.F.)
>   Für sie gilt immer: Erfolgsneutrale Erfassung
>   und
> 2. **Latente Steuern infolge von Ansatz- und Bewertungsanpassungen in der BilMoG-Eröffnungsbilanz** (Art. 67 Abs. 6 S. 2 EGHGB n.F.)
>   Für sie gilt: Erfolgsneutrale oder erfolgswirksame Erfassung der latenten Steuern, je nachdem, wie die Ansatz- und Bewertungsanpassungen jeweils erfolgt sind.

Zu 1. Latente Steuern auf sog. „Altfälle"
Latente Steuern aus der Erstanwendung der neuen §§ 274 und 306 HGB, also aus der erstmaligen Anwendung des Temporary-Konzepts unter Einschluss des aus Verlustvorträgen u.ä. resultierenden Steuerminderungspotenzials, sind nach Art. 67 Abs. 6 S. 1 EGHGB n.F. **erfolgsneutral** über die Gewinnrücklagen zu erfassen.

Diese Steuerlatenzen sind zu ermitteln auf der Grundlage des Vergleichs der Handelsbilanz vor dem Übergang auf das BilMoG (z.B. zum Stichtag 31.12.2009) mit der Steuerbilanz zum gleichen Stichtag unter Berücksichtigung aktiver latenter Steuern für das Steuerminderungspotenzial, welches sich ergibt aus zu diesem Zeitpunkt bestehenden Verlust- und/oder Zinsvorträgen. Die auf diese Weise berechneten latenten Steuern – abzüglich etwaiger bereits nach der Altregelung bilanzierter Steuerlatenzen – sind als Anpassungsbetrag i.S.d. Art. 67 Abs. 6 Satz 1 EGHGB erfolgsneutral unmittelbar mit den Gewinnrücklagen zu verrechnen.

> **Beispiele für solche „Altsachverhalte":**
> ➢ Aktive latente Steuern auf Rückstellungen für drohende Verluste aus schwebenden Geschäften.
> ➢ Latente Steuern auf quasi permanente Differenzen, die nach dem bisherigen Timing-Konzept nicht erfasst wurden.
> ➢ Aktive latente Steuern auf Verlustvorträge/Zinsvorträge, für die nach h.M. bisher ein Ansatzverbot bestand.
> ➢ Passive latente Steuern im Rahmen von Umwandlungsvorgängen, wenn in der Steuerbilanz eine Buchwertfortführung erfolgte, während in der Handelsbilanz die stillen Reserven aufgedeckt wurden. Wegen fehlender Ergebnisauswirkung wurden auf diese temporären Differenzen in der Vergangenheit keine latenten Steuern erfasst. In der BilMoG-Eröffnungsbilanz sind nachträglich auf die im Zeitpunkt der Umstellung noch bestehenden Differenzen (passive) latente Steuern zu berücksichtigen.

Zu 2. Latente Steuern infolge von Ansatz- und Bewertungsanpassungen
➢ Latente Steuern im Zusammenhang mit erfolgsneutralen Anpassungen sind gem. Art. 67 Abs. 6 S. 2 EGHGB n.F. ebenfalls erfolgsneutral zu erfassen. Die Regelung hat eigentlich nur klarstellenden Charakter, da sich dies bereits aus dem Temporary-Konzept ergibt.

> **Beispiel:**
> Auflösung einer steuerlichen Sonderabschreibung im Umstellungszeitpunkt über die Gewinnrücklagen (vgl. Kapitel 2.1.3). In diesem Fall ist auf die Differenz zwischen dem höheren Wertansatz in der Handelsbilanz und dem niedrigeren Wertansatz in der Steuerbilanz eine passive Steuerlatenz erfolgsneutral zulasten der Gewinnrücklagen zu bilden.

Im Einzelnen verweist Art. 67 Abs. 6 S. 2 EGHGB n.F. auf folgende Fälle, in denen, falls die bisherigen Werte nicht beibehalten werden, die Anpassungsbuchungen erfolgsneutral erfolgen und demzufolge auch die latenten Steuern erfolgsneutral zu buchen sind:
- Auflösungen von Rückstellungen, falls die Rückstellung nach BilMoG geringer ausfällt, als die bisherige Rückstellung.
- Auflösung von Aufwandsrückstellungen nach § 249 Abs. 1 S. 3 und Abs. 2 HGB (Ausnahme: Sperrjahresregelung für im letzten vor dem 01.01.2010 beginnenden Geschäftsjahr vorgenommenen Zuführungen).
- Auflösung von Sonderposten mit Rücklageanteil gem. §§ 247 Abs. 3 und 273 HGB.
- Auflösung von Rechnungsabgrenzungsposten gem. § 250 Abs. 1 S. 2 HGB (vgl. zur Problematik des Umfangs der Rechtsvorschrift Kapitel 3.2.10.2).
- Auflösung bestimmter außerplanmäßiger Abschreibungen und steuerrechtlicher Abschreibungen gem. §§ 253, 254 und 279 HGB (Ausnahme: Sperrjahresregelung, d.h., erfolgswirksame Zuschreibung der Abschreibungen, die im letzten vor dem 01.01.2010 beginnenden Geschäftsjahr vorgenommen worden sind).

3.1 Gravierende Änderungen

Für den Fall, dass sich infolge passiver latenter Steuern (oder infolge der Auflösung nach altem Recht bilanzierter aktiver latenter Steuern), die zulasten der Gewinnrücklagen zu erfassen sind, negative Gewinnrücklagen ergäben, sind die nicht durch Gewinnrücklagen gedeckten Beträge – dem Sinn und Zweck der Übergangsvorschriften entsprechend – mit anderen frei verfügbaren Rücklagen zuzüglich eines Gewinnvortrages und abzüglich eines Verlustvortrages zu verrechnen – erst, wenn dann noch zu verrechnende Beträge übrig bleiben, sind diese aufwandswirksam zu erfassen (vgl. Gelhausen u.a., 2009, W, Tz. 13).

➤ Im Umkehrschluss bedeutet die Regelung des Art. 67 Abs. 6 S. 2 EGHGB n.F., dass bei erfolgswirksamen Anpassungen auch die Steuerlatenzen erfolgswirksam zu erfassen sind.

> **Beispiel:**
> Ein Unternehmen hat beim Übergang auf BilMoG infolge der Berücksichtigung von erwarteten Preissteigerungen die Sonstigen Rückstellungen um 3.000 T€ über die steuerlichen Werte hinaus erhöht. Die Buchung erfolgte über den a.o. Aufwand. Die steuerlich noch abzugsfähige Differenz führt zu einem latenten Steuerertrag von 900 T€ (bei einem unterstellten Steuersatz von 30 %). Dieser ist ergebniswirksam zu erfassen.

> **Relevanter GuV-Posten**
> - Der Ausweis der latenten Steuern auf die ergebniswirksamen Anpassungen muss grundsätzlich innerhalb des GuV-Postens „Steuern vom Einkommen und vom Ertrag" erfolgen. Die gesetzliche Regelung in Art. 67 Abs. 7 EGHGB n.F. lässt allerdings – so die Literatur – auch den Ausweis unter den a.o. Posten in der GuV-Rechnung zu (vgl. z.B. Bertram, 2010, Haufe BilMoG-Kom., § 274 HGB, Ziff. 129 – Anm. in der 1. Auflage (2009) wurde ausschließlich der Ausweis unter den Steuern vom Einkommen und vom Ertrag für zulässig erachtet).
> - In der BilMoG-Bilanzierungspraxis finden sich beide Ausweisvarianten. Die BASF SE z.B. weist die ergebniswirksam erfassten latenten Steuern auf die Umstellungseffekte innerhalb der Steuern vom Einkommen und vom Ertrag aus, während die SAP AG den Ausweisi im außerordentlichen Ergebnis wählt.

3.1.5.11 Latente Steuern: Zusammenfassung

In einem Vergleich werden die **Latenzrechnungsunterschiede** der jeweiligen Bilanzierungsgrundlage noch einmal deutlich.

Gegenstand	HGB alt	HGB neu (BilMoG)	IFRS
Konzept	Timing-Konzept	Temporary-Konzept	Temporary-Konzept
Methode	Unbestimmt (h.M. Liability-Methode)	Liability-Methode	Liability-Methode
Latente Steuern infolge unterschiedlicher Bilanzierung und Bewertung in der Einzelbilanz	Aktivierungswahlrecht für aktive latente Steuern, Passivierungspflicht für passive latente Steuern	Aktivierungswahlrecht für aktive latente Steuern, Passivierungspflicht für passive latente Steuern	Aktivierungspflicht für aktive latente Steuern, Passivierungspflicht für passive latente Steuern

Gegenstand	HGB alt	HGB neu (BilMoG)	IFRS
Latente Steuern auf Verlustvorträge	Aktivierungsverbot (h.M.) Ausnahme im Konzernabschluss gemäß DRS 10	Aktivierungswahlrecht (Fünf-Jahreszeitraum)	Aktivierungspflicht
Steuersatz	Unternehmens-individuell (h.M.)	Unternehmens-individuell	Unternehmens-individuell
Diskontierung	Nein	Nein	Nein
Saldierung aktiver und passiver latenter Steuern in der Bilanz	Wahlrecht	Wahlrecht	Grundsätzlich nein, **aber** Ausnahmen
Ausweis latenter Steueraufwendungen/-erträge in der GuV-Rechnung	Innerhalb der Ertragsteuern, aber ohne gesonderten Ausweis der latenten Steuern	Innerhalb der Ertragsteuern mit gesondertem Ausweis der latenten Steuern	Innerhalb der Ertragsteuern mit gesondertem Ausweis der latenten Steuern im Anhang

3.2 Einzeländerungen

3.2.1 Außerplanmäßige Abschreibung im Anlagevermögen bei vorübergehender Wertminderung

Die Regelungen zur Behandlung außerplanmäßiger Abschreibungen bei **vorübergehender Wertminderung** stellen sich innerhalb des Anlagevermögens wie folgt dar:

Bisher:
- Es besteht grundsätzlich ein Abschreibungswahlrecht gem. § 253 Abs. 2 S. 3 HGB.
- Für Kapitalgesellschaften gem. § 279 Abs. 1 HGB besteht eine Sonderregelung, d.h. ein Abschreibungsverbot bei nur vorübergehender Wertminderung, außer bei Finanzanlagen.

Nach dem BilMoG neu:
- Es besteht ein Abschreibungsverbot bei vorübergehender Wertminderung für alle Kaufleute gem. § 253 Abs. 3 S. 3 HGB n.F.
- **Ausnahme:** Das Abschreibungswahlrecht für Finanzanlagen bei vorübergehender Wertminderung bleibt gem. § 253 Abs. 3 S. 4 HGB n.F. erhalten. (Die Anhangangabe nach § 285 Nr. 18 HGB n.F. ist aber zu beachten.)
- Bei dauerhafter Wertminderung besteht wie bisher Abschreibungspflicht gem. § 253 Abs. 3 S. 3 HGB n.F.
- Für Kapitalgesellschaften resultiert aus der Neuregelung keine Änderung.
- Die Neuregelung beinhaltet eine Annäherung an IFRS (IAS 36).
- Die Neuregelung führt im Ergebnis zu einer weitgehenden Übereinstimmung mit der Steuerbilanz. Nach § 6 Abs. 1 Nr. 1 S. 2 und Nr. 2 S. 2 EStG sind steuerliche Teilwertabschreibungen nur aufgrund dauerhafter Wertminderungen möglich.

> **Übergangsregelung:**
> Keine spezifische Übergangsregelung im EGHGB, damit muss eine – ergebniswirksame – retrospektive Anpassung erfolgen.

3.2.2 Neuregelungen zur außerplanmäßigen Abschreibung im Anlage- und Umlaufvermögen nach vernünftiger kaufmännischer Beurteilung

Das bisherige Wahlrecht außerplanmäßige Abschreibungen im Anlage- und Umlaufvermögen nach **vernünftiger kaufmännischer Beurteilung** vorzunehmen, war bereits in der Vergangenheit heftiger Kritik ausgesetzt, da es die bewusste Bildung stiller Reserven ermöglichte.

Bisher:
> Grundsätzlich Abschreibungswahlrecht gem. § 253 Abs. 4 HGB.
> Sonderregel für Kapitalgesellschaften, d.h. die Regelung war gem. § 279 Abs. 1 HGB für Kapitalgesellschaften nicht relevant.

Nach dem BilMoG neu:
> Streichung von § 253 Abs. 4 HGB.
> Für Kapitalgesellschaften resultiert aus der Neuregelung keine Änderung.
> Die Neuregelung beinhaltet eine Annäherung an IFRS (IAS 36).
> Diese Abschreibungen waren schon bislang steuerlich unzulässig.
> **Übergangsregelung:**
> Wahlrecht gem. Art. 67 Abs. 4 EGHGB n.F. entweder:
> • Beibehaltung und Fortführung oder
> • Auflösung und Einstellung in die Gewinnrücklagen.
> Die Möglichkeit zur Einstellung in die Gewinnrücklagen gilt aber nicht für Abschreibungen, die im letzten vor dem 01.01.2010 begonnenen Geschäftsjahr vorgenommen wurden.

3.2.3 Verschärfung der Wertaufholungspflichten

Bei Wegfall des Grundes für **außerplanmäßige Abschreibungen im Anlage- und Umlaufvermögen** stellt sich die Frage, bis zu welcher Höhe die Zuschreibung (Wertaufholung) erfolgt und ob hierfür ein Verbot, ein Wahlrecht oder eine Pflicht besteht. Sowohl nach bisherigem als auch nach neuem Recht stellen die fortgeführten Anschaffungs- oder Herstellungskosten die Obergrenze der Zuschreibungen dar.

Bisher:
> Zuschreibungswahlrecht gem. § 253 Abs. 5 HGB.
> **Ausnahme:**
> Für Kapitalgesellschaften gilt nach § 280 Abs. 1 und 2 HGB i.V.m. §§ 6 Abs. 1 Nr. 1 und 7 Abs. 1 S. 7 EStG eine Zuschreibungspflicht.
> Sonderregelung für Goodwill: Zuschreibungsverbot gem. h.M.

Nach dem BilMoG neu:
> Zuschreibungspflicht für alle Kaufleute gem. § 253 Abs. 5 S. 1 HGB n.F.
> Für Kapitalgesellschaften resultiert aus der Neuregelung keine Änderung.

> **Ausnahme:**
> Zuschreibungsverbot beim erworbenen Goodwill gem. § 253 Abs. 5 S. 2 HGB n.F. D.h. soweit ein erworbener Goodwill abgeschrieben wurde, dürfen keine Zuschreibungen mehr erfolgen, da es sich bei den Zuschreibungen um neuen selbst geschaffenen Goodwill handeln würde.
> **Übergangsregelung:**
> Keine spezifische Übergangsregelung im EGHGB, damit muss eine ergebniswirksame retrospektive Anpassung erfolgen.

3.2.4 Herstellungskosten selbst erstellter Vermögensgegenstände

Herstellungskosten sind nach § 255 Abs. 2 Satz 1 HGB n.F. Aufwendungen, die durch den Verbrauch von Gütern und die Inanspruchnahme von Diensten für die Herstellung eines Vermögensgegenstands, seine Erweiterung oder für eine über seinen ursprünglichen Zustand hinausgehende wesentliche Verbesserung entstehen.

> **Umfang der Herstellungskosten:**

	Bisher: § 255 Abs. 2 HGB	**Neu:** § 255 Abs. 2 HGB n.F.
Pflicht	• Materialeinzelkosten • Fertigungseinzelkosten • Sondereinzelkosten der Fertigung	• Materialeinzelkosten • Fertigungseinzelkosten • Sondereinzelkosten der Fertigung
Wahl	• Materialgemeinkosten • Fertigungsgemeinkosten • Abschreibungen (fertigungsbezogen) • Allgemeine Verwaltungskosten • Aufwendungen für soziale Leistungen	• Materialgemeinkosten • Fertigungsgemeinkosten • Abschreibungen (fertigungsbezogen) • Allgemeine Verwaltungskosten • Aufwendungen für soziale Leistungen
Verbot	• Vertriebskosten	• Vertriebskosten • Forschungskosten*

*) Für Forschungskosten galt bereits bislang ein Aktivierungsverbot, das nunmehr aber klarstellend explizit in § 255 Abs. 2 S. 4 HGB n.F. geregelt ist.

> Im Ergebnis ergibt sich also:
> - Angleichung an die steuerliche Wertunter- und Wertobergrenze.
> - Allerdings bestimmt die Finanzverwaltung im BMF-Schreiben vom 12.03.2010 Tz 8, dass die allgemeinen Verwaltungskosten und Aufwendungen für soziale Leistungen in der Steuerbilanz immer in die Herstellungskosten einzubeziehen sind, auch wenn dies im HGB-Abschluss nicht der Fall ist. Laut BMF-Mitteilung vom 22.06.2010 gilt die Neuregelung aber erst nach einer entsprechenden Änderung der EStR. Diese Änderung ist bislang noch nicht erfolgt (Stand: Juni 2011).
> - Annäherung an IFRS, d.h. die neue HGB-Wertuntergrenze entspricht der Herstellungskostendefinition nach IAS 2.

> **Übergangsregelung:**
> Nach Art. 66 Abs. 3 S. 3 EGHGB n.F. findet die neue Herstellungskostendefinition nur Anwendung für Herstellungsvorgänge, die in dem nach dem 31.12.2009 beginnenden Geschäftsjahr begonnen wurden.

> Eine Nachaktivierung bisher nicht aktivierter Beträge scheidet also aus. Die stillen Reserven werden also erst beim Verkauf der Vorräte realisiert und nicht beim Übergang auf das BilMoG.

3.2.5 Verbrauchsfolgeverfahren

Verbrauchsfolgeverfahren stellen Bewertungsvereinfachungsverfahren zur Bestimmung der Anschaffungs- oder Herstellungskosten gleichartiger Vermögensgegenstände dar.

> **Bisher:**
> Zulässig neben LIFO und FIFO auch andere Verbrauchsfolgeverfahren, u.a. auch HIFO und LOFO gem. § 256 HGB.

> **Nach dem BilMoG neu:**
> - Nur noch zulässig sind die LIFO-Methode und FIFO-Methode gem. § 256 HGB n.F.
> - Die gewogene Durchschnittsmethode ist unverändert zulässig.
> - Steuerlich ist gem. § 6 Abs. 1 Nr. 2a EStG neben der Durchschnittsmethode nur die LIFO-Methode zulässig.
> - Nach IFRS (IAS 2,25) ist neben der Durchschnittsmethode nur die **FIFO-Methode** zulässig.
> - **Übergangsregelung:**
>   Keine spezifische Übergangsregelung im EGHGB, damit muss eine ergebniswirksame retrospektive Anpassung erfolgen.

3.2.6 Außerplanmäßige Abschreibung im Umlaufvermögen nach vernünftiger kaufmännischer Beurteilung auf niedrigeren Zukunftswert

Bei **Vermögensgegenständen des Umlaufvermögens** gibt es keine planmäßigen Abschreibungen, jedoch sind außerplanmäßige Abschreibungen auf den niedrigeren beizulegenden Wert zum Abschlussstichtag vorzunehmen.

Darüber hinaus hat das bisherige HGB losgelöst vom Stichtagsprinzip auch Abschreibungen auf einen niedrigeren zukünftig erwarteten Wert zugelassen (= sog. erweitertes Niederstwertprinzip).

> **Bisher:**
> Es besteht ein Abschreibungswahlrecht auf den niedrigeren Zukunftswert gem. § 253 Abs. 3 S. 3 HGB.

> **Nach dem BilMoG neu:**
> - Streichung des bisherigen § 253 Abs. 3 S. 3 HGB, d.h. **Abschreibungsverbot auf niedrigeren erwarteten Zukunftswert**. Relevant sind ausschließlich die Stichtagswerte.
> - Abschreibungen auf niedrigeren erwarteten Zukunftswert waren bereits bislang steuerlich nicht zulässig.
> - **Übergangsregelung:**
>   Wahlrecht gem. Art. 67 Abs. 4 EGHGB n.F. entweder:
>   - Beibehaltung und Fortführung der bisherigen Abschreibungen oder
>   - Auflösung und Einstellung in die Gewinnrücklagen.
>   Die Möglichkeit zur Einstellung in die Gewinnrücklagen gilt nicht für Abschreibungen, die im letzten vor dem 01.01.2010 begonnenen Geschäftsjahr vorgenommen wurden.

3.2.7 Konkretisierung der Währungsumrechnung im Einzelabschluss

Die Vorschriften zur **Währungsumrechnung** regeln die Kurse, mit denen Vermögensgegenstände und Verbindlichkeiten in Fremdwährung im Abschluss umzurechnen sind.

Bisher:
- Keine gesetzlichen Einzelvorschriften zur Währungsumrechnung. Die Währungsumrechnung musste aber mit den **Grundsätzen ordnungsmäßiger Rechnungslegung** (Vorsichtsprinzip, Realisationsprinzip, Imparitätsprinzip) im Einklang stehen. Lediglich die Angabe der Grundlagen der Währungsumrechnung im Anhang war gem. § 284 Abs. 2 Nr. 2 HGB konkret vorgeschrieben.
- In der betrieblichen Praxis wurde bei kurzfristig nach dem Bilanzstichtag fälligen Fremdwährungsforderungen und -verbindlichkeiten teilweise das **Imparitätsprinzip** negiert.

Nach dem BilMoG neu:
- Kodifizierung einer spezifischen Rechtsvorschrift in § 256a HGB n.F., welche die in der betrieblichen Praxis erfolgte Rechtsfortbildung für alle Unternehmen festschreiben soll. Danach hat die Umrechnung der auf fremde Währung lautenden Vermögensgegenstände und Verbindlichkeiten zum **Devisenkassamittelkurs** am Abschlussstichtag zu erfolgen. Dabei bestimmt § 256a S. 2 HGB n.F. explizit, dass bei einer Restlaufzeit von einem Jahr oder weniger das Anschaffungswert- und Imparitätsprinzip gem. § 253 Abs. 1 S. 1 und § 252 Abs. 1 Nr. 4 Hs. 2 nicht anzuwenden sind.
- Danach erfolgt eine **Zweiteilung**, je nachdem ob die Restlaufzeit der Fremdwährungsposition weniger oder mehr als ein Jahr beträgt.
- Vermögensgegenstände und Schulden mit einer **Restlaufzeit > ein Jahr**.
  Beachtung des **Anschaffungswert- und Imparitätsprinzips**, d.h.:
  - Kursverluste auf Basis des Stichtagskurses am Bilanzstichtag sind erfolgswirksam zu erfassen.
  - Kursgewinne auf Basis des Stichtagskurses am Bilanzstichtag dürfen dagegen nicht erfasst werden.
- Vermögensgegenstände und Schulden mit einer **Restlaufzeit ≤ ein Jahr:**
  Keine Beachtung des **Anschaffungswert- und Imparitätsprinzips**. Der neue § 256a S. 2 HGB n.F. verweist explizit darauf, dass diese Prinzipien bei Restlaufzeiten von einem Jahr oder weniger **nicht** anzuwenden sind. D.h. es gilt:
  - Kursverluste auf Basis des Stichtagskurses am Bilanzstichtag sind – ebenso wie bei Restlaufzeiten > ein Jahr – erfolgswirksam zu erfassen, aber neu:
  - **Kursgewinne** auf Basis des Stichtagskurses am Bilanzstichtag **sind** sofort **erfolgswirksam** zu erfassen.
- **Separater Ausweis** in der GuV:
  Erträge aus der Währungsumrechnung sind gem. § 277 Abs. 5 S. 2 HGB n.F. in der GuV unter dem Posten „Sonstige betriebliche Erträge" und Aufwendungen unter dem Posten „Sonstige betriebliche Aufwendungen" jeweils gesondert auszuweisen.
- Keine Auswirkung der Neuregelung auf die **Steuerbilanz**.
- **Übergangsregelung:**
  Keine spezifische Übergangsregelung im EGHGB, damit muss grundsätzlich eine ergebniswirksame retrospektive Anpassung erfolgen.

3.2 Einzeländerungen

> **Ausschüttungs-/Abführungssperre:**
> Für die ausgewiesenen noch nicht realisierten Währungsgewinne besteht keine Ausschüttungs- bzw. Abführungssperre.

Beispiel zur Währungsumrechnung auf Basis der Neuregelung in § 256a HGB n.F.:
Warenlieferung an Kunden am 18.11.2010
Rechnungsbetrag: 100.000 US $
Fälligkeit der Forderung 18.02.2011. Eine Kurssicherung soll nicht erfolgen.
Briefkurs im Zeitpunkt der Lieferung: 1 US $ = 0,68 €
Devisenkassamittelkurs 31.12.2010: 1 US $ = 0,78 €

Bilanzielle Behandlung zum Bilanzstichtag:
Zum Zeitpunkt der Warenlieferung erfolgt die Zugangsbewertung der Fremdwährungsforderung nach den allgemeinen Bewertungsgrundsätzen (§§ 253 Abs. 1 S. 1 i.V.m. 255, 252 Abs. 1 Nr. 4 HGB n.F.). Demnach erfolgt die Umrechnung zum Briefkurs im Zugangszeitpunkt (vgl. z.B. Gelhausen u.a., 2009, Abschn. J, Tz. 62 u. 69 ff.). Die Folgebewertung zum Bilanzstichtag erfolgt nach den Regelungen des § 256a HGB n.F.
Erstverbuchung der Forderung am 18.11.2010 zum Briefkurs: 68.000 €
Folgebewertung zum Bilanzstichtag zum Devisenkassamittelkurs:
Bilanzstichtag: Höherbewertung der Forderung um 10.000 € auf 78.000 €
⇒ Sonstiger betrieblicher Ertrag (§ 277 Abs. 5 S. 2 HGB): 10.000 €

3.2.8 Bildung von Bewertungseinheiten (Hedge-Accounting)

Zur Absicherung von Zins-, Währungs- und Ausfallrisiken oder auch anderer Risiken werden häufig separate (gegenläufige) Rechtsgeschäfte abgeschlossen. Durch das Eingehen solcher **gegenläufiger Geschäfte** bleibt letztlich nur der nicht gesicherte Teil als Risiko übrig. In der Bilanzierungspraxis erfolgt seit Mitte der 90er Jahre nur die Erfassung des nicht gesicherten Teils im Jahresabschluss („Hedge-Accounting"), d.h., es werden sog. Bewertungseinheiten gebildet.

Bisher:
Das HGB enthielt bisher keine expliziten Regelungen zur Zulässigkeit und zur Bildung von Bewertungseinheiten, wenngleich in der Bilanzierungspraxis Bewertungseinheiten gebildet wurden.

Nach dem BilMoG neu:

> Die Bildung von **Bewertungseinheiten** wird gem. § 254 HGB n.F. explizit erlaubt, wenn zum Ausgleich von Wertänderungen oder Zahlungsströmen aus Grundgeschäften gegenläufige Finanzinstrumente mit vergleichbaren Risiken als Sicherungsinstrumente eingesetzt werden.
> Als im Rahmen einer Bewertungseinheit absicherungsfähige Grundgeschäfte kommen nach § 254 S. 1 HGB n.F. Vermögensgegenstände, Schulden, schwebende Geschäfte oder mit hoher Wahrscheinlichkeit erwartete Transaktionen (sog. antizipative Bewertungseinheiten) in Betracht.
> Als Finanzinstrumente gelten gem. § 254 S. 2 HGB n.F. ausdrücklich auch Warentermingeschäfte.
> Bei Vorliegen von Bewertungseinheiten werden gem. § 254 S. 1 HGB n.F. der Einzelbewertungsgrundsatz, das Realisationsprinzip und das Imparitätsprinzip „ausgesetzt".

> Buchungstechnisch kann bei einer Bewertungseinheit entweder eine geschlossene Position gebildet werden oder ein Bruttoausweis erfolgen, d.h. eine getrennte Erfassung des Grundgeschäfts- und des Sicherungsgeschäfts.

Beispiel zur Bildung einer Bewertungseinheit:
Grundgeschäft:
Warenlieferung am 18.11.2010
Rechnungsbetrag: 100.000 US $
Fälligkeit der Forderung 18.02.2011
Briefkurs im Zeitpunkt der Lieferung: 1 US $ = 0,68 €
Abschluss eines Kurssicherungsgeschäfts am 18.11.2010 per Termin 18.02.2011 zum Devisenterminkurs von 1 US $ = 0,68 €
Devisenkassamittelkurs 31.12.2010: 1 US $ = 0,58 €

Bilanzielle Behandlung:
Erstverbuchung der Forderung am 18.11.2010 zum Devisenterminkurs: 68.000 €

Bilanzstichtag:
Nettoausweis (Einfrierungsmethode)
Keine Buchung in der Bilanz und GuV, da die Forderung mit dem gesicherten Kurs eingebucht wurde und sich auf dieser Basis weder ein Gewinn noch ein Verlust aus der Bewertungseinheit ergibt (kompensatorische Bewertung von Grund- und Sicherungsgeschäft).

Bruttoausweis (Durchbuchungsmethode)
In der Bilanz und GuV sind einerseits ein Verlust (Sonstiger betrieblicher Aufwand) von 10.000 € aus dem Grundgeschäft und andererseits ein Gewinn (Sonstiger betrieblicher Ertrag) aus dem Sicherungsgeschäft (Sonstiger Vermögensgegenstand) ergebniswirksam zu erfassen.

Vgl. weiterführend zur Einfrierungs- und Durchbuchungsmethode mit Beispielen zu abweichenden Kursen zwischen Devisenterminkurs und Briefkurses zum Zeitpunkt der Einbuchung der Forderung etwa von Eitzen/Zimmermann, 2010, S. 86–88 oder Gelhausen u.a., 2009, H, Tz. 94 ff.

Zulässige Bewertungseinheiten:
> Laut Gesetzesbegründung soll die Neuregelung lediglich die bisherige Bilanzierungspraxis kodifizieren. Damit wird zum Ausdruck gebracht, dass alle **Arten der Bewertungseinheiten**, d.h. sowohl das sog. „micro-hedging" (einzelne Positionen), das „portfolio-hedging" (risikoähnliche Positionen) als auch das „macro-hedging" (Saldoposition) zur Bildung von Bewertungseinheiten als zulässig angesehen werden.
> Die **Bildung von Bewertungseinheiten** erfordert eine entsprechende **Dokumentation**. Die Regelung findet daher erst ab dem Zeitpunkt der nachweislich dokumentierten Bildung einer Bewertungseinheit Anwendung. Damit ist die Bildung von Bewertungseinheiten letztlich ein faktisches Wahlrecht, d.h. ohne Dokumentation darf keine Bewertungseinheit gebildet werden.
> Die **Wirksamkeit** (Effektivität) der Sicherungsbeziehung ist zu überwachen. Die Festlegung der Methoden zur Feststellung der Wirksamkeit der Hedge-Beziehung bleibt den Unternehmen überlassen. Je nach Sachverhalt kann sie retrospektiv oder auch prospektiv dargestellt werden. Soweit sich die Wertänderungen nicht (mehr) ausgleichen, gelten die allgemeinen bilanzrechtlichen Vorschriften.

Im **Anhang** sind nach § 285 Nr. 23 bzw. § 314 Abs. 1 Nr. 15 HGB n.F. offen zu legen:
- Der betragsmäßige Umfang, in dem nach § 254 HGB n.F. Bewertungseinheiten gebildet wurden, die Art der gebildeten Bewertungseinheiten sowie das Gesamtvolumen der mit Bewertungseinheiten abgesicherten Risiken.
- Angaben zur Wirksamkeit der Bewertungseinheiten, d.h. es ist anzugeben, aus welchen Gründen und in welchem Umfang innerhalb welcher Zeiträume sich die gegenläufigen Wertänderungen voraussichtlich ausgleichen und nach welcher Methode die Effektivität der Hedge-Beziehung ermittelt wurde.
- Erläuterungen, warum bei gebildeten antizipativen Bewertungseinheiten davon ausgegangen wurde, dass die Grundgeschäfte mit hoher Wahrscheinlichkeit eingegangen werden.
- Die Anhangangaben sind nur dann zu machen, wenn sie nicht bereits im Lagebericht enthalten sind. Für mittelgroße und große Kapitalgesellschaften waren die Angaben bereits bisher Bestandteil des Lageberichts.

Steuerbilanz:
Nach § 5 Abs. 1a S. 2 EStG sind die handelsrechtlichen Regelungen zur Bildung von Bewertungseinheiten auch für die Steuerbilanz maßgeblich.
„Die Ergebnisse der handelsrechtlichen Rechnungslegung zur Absicherung finanzwirtschaftlicher Risiken gebildeten Bewertungseinheiten sind auch für die steuerliche Gewinnermittlung maßgeblich."
Das steuerliche Verbot zur Bildung von Drohverlustrückstellungen gilt gem. § 5 Abs. 4a S. 2 EStG nicht für verbleibende negative Ergebnisse aus der Bildung von Bewertungseinheiten.

3.2.9 Konkretisierung des Eigenkapitalausweises

3.2.9.1 Ausstehende Einlagen

Als **gezeichnetes Kapital** bezeichnet man das Kapital, auf das die Haftung der Gesellschafter für die Verbindlichkeiten der Kapitalgesellschaft gegenüber den Gläubigern beschränkt ist. Soweit das gezeichnete Kapital nicht vollständig zur Verfügung steht, ist dieses wie folgt auszuweisen:

Bisher:
Brutto- oder Nettoausweis nach § 272 Abs. 1 S. 2 und 3 HGB.

Zur Verdeutlichung der Unterschiede siehe das nachstehende Beispiel.

Beispiel:
Bruttoausweis:

Ausstehende Einlagen auf das gezeichnete Kapital davon eingefordert 200 T€	500 T€	Gezeichnetes Kapital	3.000 T€

Nettoausweis:

Forderungen: Eingeforderte, aber noch nicht eingezahlte ausstehende Einlagen	200 T€	Gezeichnetes Kapital Ausstehende nicht eingeforderte Einlagen Eingefordertes Kapital	3.000 T€ – 300 T€ 2.700 T€

> **Nach dem BilMoG neu:**
> - Nur noch Nettoausweis gem. § 272 Abs. 1 S. 3 HGB n.F., d.h. die nicht eingeforderten Einlagen auf das gezeichnete Kapital sind von diesem offen auf der Passivseite abzusetzen und der Saldo als „Eingefordertes Kapital" zu zeigen.
>   ⇒ Kürzung des Eigenkapitals im Vergleich zur bisher zulässigen Bruttomethode.
> - Laut Gesetzesbegründung besteht die Intention dieser Neuregelung in der Verbesserung der Informationsfunktion des Eigenkapitalausweises und der Annäherung an die IFRS.
> - Der eingeforderte aber noch nicht einbezahlte Betrag ist unter den **Forderungen** gesondert auszuweisen und entsprechend zu bezeichnen.
>   Beim bisher möglichen Bruttoausweis erfolgte ein Ausweis dieses Anspruchs zusammen mit den noch nicht eingeforderten Einlagen auf der Aktivseite vor dem Anlagevermögen als „Ausstehende Einlagen auf das gezeichnete Kapital" mit Vermerk der davon eingeforderten Einlagen.

3.2.9.2 Ausweis von eigenen Anteilen
3.2.9.2.1 Gesetzliche Regelung

Der **Erwerb eigener Anteile** stellt wirtschaftlich betrachtet eine Rückzahlung von Einlagen und damit eine Verringerung der Haftungssumme dar. Er unterliegt daher bestimmten Restriktionen (z.B. ist er nach § 71 AktG auf 10 % des Grundkapitals beschränkt) und Ausweispflichten.

> **Bisher:**
> Je nach Erwerbszweck unterschiedlicher Ausweis:
> - **Bruttomethode** bei Erwerb eigener Anteile zur Kurspflege o.Ä. durch Ausweis eigener Anteile und Bildung einer Rücklage für eigene Anteile.
> - **Nettomethode** bei Erwerb eigener Anteile zur Einziehung (bei GmbH-Anteilen war auch Bruttoausweis zulässig).

> **Nach dem BilMoG neu:**
> - Einheitliche rechtsformunabhängige Regelung in § 272 Abs. 1a HGB n.F.:
>   - Nettoausweis, d.h. offener Abzug in einer Vorspalte vom „Gezeichneten Kapital". Das gezeichnete Kapital (Haftungskapital) bleibt also unverändert.
>   - Behandlung also wie Kapitalherabsetzung.
>   ⇒ Verschlechterung der Eigenkapitalquote.
> - Die **Gesetzesbegründung** konkretisiert:
>   - Korrespondierend sind Wiederveräußerungen wie eine Kapitalerhöhung zu bilanzieren.
>   - Die Regelung dient der Annäherung an die IFRS.
> - **Buchungstechnischer Ausweis**
>   - Der Nennbetrag der erworbenen eigenen Anteile ist gem. § 272 Abs. 1a HGB n.F. in einer Vorspalte **offen** mit dem gezeichneten Kapital zu verrechnen. Übersteigt der Kaufpreis den Nennbetrag der erworbenen eigenen Anteile, ist die Differenz mit den frei verfügbaren Rücklagen zu verrechnen.
>   - Bei Veräußerung der eigenen Anteile ist gem. § 272 Abs. 1b S. 2-3 HGB n.F. der Unterschied zwischen dem Nennwert und den ursprünglichen Anschaffungskosten zunächst wieder mit den frei verfügbaren Rücklagen, aus denen der Betrag entnommen wurde,

3.2 Einzeländerungen

zu verrechnen. Soweit der Veräußerungsbetrag über dem ursprünglichen Kaufpreis der Anteile liegt, ist diese Differenz in die Kapitalrücklage einzustellen.
- Nebenkosten des Kaufes und der Veräußerung sind gem. §§ 272 Abs. 1a S. 3 und 272 Abs. 1b S. 4 HGB n.F. sofort als Aufwand zu erfassen.

➢ **Hinweis**: Anteile an einem herrschenden oder mit Mehrheit beteiligten Unternehmen (= sog. Rückbeteiligungen) sind wie bisher auf der Aktivseite der Bilanz auszuweisen. Gem. § 272 Abs. 4 HGB n.F. ist in Höhe des aktivierten Betrages eine Rücklage zu bilden.

3.2.9.2.2 Beispiel zum Nettoausweis eigener Anteile

Kauf eigener Anteile mit einem Nennwert von 50 T€, Kaufpreis 500 T€, spätere Veräußerung 700 T€. Die Gewinnrücklagen sollen in ausreichender Höhe frei verfügbar sein.
Bilanzielle Behandlung des Kaufes:
Gezeichnetes Kapital (Vorspalte)   50 T€
Gewinnrücklagen   450 T€   an   Zahlungsmittel   500 T€
Bilanzielle Behandlung der späteren Veräußerung:
Zahlungsmittel   700 T€   an   Gezeichnetes Kapital (Vorspalte)   50 T€
                                                 Gewinnrücklagen   450 T€
                                                 Kapitalrücklage   200 T€

3.2.10 Wegfall bestimmter aktiver Abgrenzungsposten

Generell gilt, dass als Rechnungsabgrenzungsposten auf der Aktivseite Ausgaben vor dem Abschlussstichtag auszuweisen sind, soweit sie Aufwand für eine bestimmte Zeit nach diesem Tag darstellen. Im Detail sind hierzu folgende Regelungen zu beachten:

3.2.10.1 Abgrenzungsposten für als Aufwand berücksichtigte Umsatzsteuer auf erhaltene Anzahlungen

3.2.10.1.1 Gesetzliche Regelung

Die **gesetzliche Regelung** enthielt bisher ein Wahlrecht, das jedoch nicht IFRS-konform war.

Bisher:
➢ Nach § 250 Abs. 1 S. 2 Nr. 2 HGB darf als Aufwand berücksichtigte Umsatzsteuer auf am Abschlussstichtag auszuweisende oder von den Vorräten offen abgesetzte Anzahlungen als Rechnungsabgrenzungsposten (RAP) auf der Aktivseite ausgewiesen werden.
Die Frage des Abgrenzungspostens stellt sich nur, wenn die erhaltene Anzahlung brutto, d.h. einschließlich der Umsatzsteuer, ausgewiesen wird.

Nach dem BilMoG neu:
➢ Streichung des Ansatzwahlrechts. Damit Übergang zum Nettoausweis.
➢ Keine Auswirkung auf die Steuerbilanz wegen Bewertungsvorbehalt in § 5 Abs. 5 S. 2 Nr. 2 EStG, wonach eine Ansatzpflicht für diesen RAP besteht.
➢ Die Neuregelung im HGB entspricht der Regelung bei den IFRS.

> **Übergangsregelung:**
> Es besteht ein Wahlrecht gem. Art. 67 Abs. 3 EGHGB n.F., d.h. die Abgrenzungsposten können entweder:
> - beibehalten und fortgeführt oder
> - aufgelöst und unmittelbar mit den Gewinnrücklagen verrechnet werden.

3.2.10.1.2 Beispiel zum Ausweis der Umsatzsteuer auf erhaltene Anzahlungen

Ein Unternehmen erhält zum 31.12.2009 eine Anzahlung für noch nicht abgerechnete Leistungen in Höhe von 119 T€. Darin enthalten sind 19 % Umsatzsteuer.

Bruttomethode:

Zahlungsmittel	119 T€	an Erhaltene Anzahlungen	119 T€
Aktiver RAP	19 T€	an Umsatzsteuerschuld	19 T€

Nettomethode:

Zahlungsmittel	119 T€	an Erhaltene Anzahlungen	100 T€
		an Umsatzsteuerschuld	19 T€

3.2.10.2 Abgrenzungsposten für als Aufwand berücksichtigte Zölle und Verbrauchsteuern auf Vorräte

Auch für diese Position wurde eine Anpassung an IFRS vorgenommen:

Bisher:
> - Nach § 250 Abs. 1 S. 2 Nr. 1 HGB dürfen als Aufwand berücksichtigte Zölle und Verbrauchsteuern, soweit sie auf das Vorratsvermögen am Bilanzstichtag entfallen, statt im Aufwand als aktive Abgrenzungsposten aktiviert werden.
> - Hierunter werden Ausfuhrzölle und bestimmte Verbrauchsteuern subsumiert, die – wegen des Charakters von Vertriebskosten – nicht in die Anschaffungs- oder Herstellungskosten einzubeziehen sind.

Nach dem BilMoG neu:
> - Streichung des Ansatzwahlrechts. Eine Einbeziehung in die Anschaffungs- und Herstellungskosten scheidet aus, soweit ein Charakter von Vertriebskosten vorliegt.
> - Keine Auswirkung auf die Steuerbilanz wegen Bewertungsvorbehalt in § 5 Abs. 5 S. 2 Nr. 1 EStG, wonach eine Aktivierungspflicht besteht (AHK oder RAP).
> - Die Neuregelung im HGB entspricht der Regelung bei den IFRS.
> - **Übergangsregelung:**
>   Es besteht ein Wahlrecht gem. Art. 67 Abs. 3 EGHGB n.F., d.h. die Abgrenzungsposten können entweder:
>   - beibehalten und fortgeführt oder
>   - aufgelöst und unmittelbar mit den Gewinnrücklagen verrechnet werden.
>   Diese Option wird in der Literatur aber abgelehnt, da sie zu einer erfolgsneutralen Minderung der Gewinnrücklagen führt, der Gesetzeswortlaut aber von einer Einstellung spricht, vgl. Kirsch, 2009, S. 1053.

3.2.11 Änderungen bei den Anhangangaben

Sowohl im Einzelabschluss als auch für den Konzernabschluss sind **Anhangangaben** verpflichtender Publizitäts-Bestandteil. Der Umfang der Berichtspflichten ergibt sich im Wesentlichen aus den §§ 284 und 285 HGB n.F. für den Einzelabschluss und aus den §§ 313 und 314 HGB n.F. für den Konzernabschluss. Darüber hinaus beinhalten einzelne Gesetze/Verordnungen, wie z.B. die RechKredV, Querverweise und spezifische Anhangangaben.

3.2.11.1 Unterteilung der zusätzlichen Anhangangaben

Die **zusätzlichen Anhangangaben** laut BilMoG lassen sich wie folgt unterteilen:

1. Anhangangaben mit **Erläuterungsfunktion** zu Bilanz- und GuV-Posten. Diese können wiederum unterschieden werden in:
   - **Neue** Anhangangaben, welche bisher überhaupt **nicht verlangt** waren, z.B. Angabe des FuE-Aufwandes.
   - **Modifizierte** Anhangangaben, welche durch das BilMoG **konkretisiert** werden, z.B. Angabe des Zinssatzes bei den Erläuterungen zur Pensionsrückstellung.

   Auf diese Anhangangaben einschließlich der Angaben im Zusammenhang mit den Übergangsvorschriften wurde bereits im Rahmen der vorstehenden Ausführungen zu den einzelnen Bilanz- und GuV-Posten eingegangen.

2. Anhangangaben mit **Ergänzungsfunktion** zu den Bilanz- und GuV-Posten. Diese enthalten **zusätzliche** Informationen, die über die eigentliche Erläuterung der in der Bilanz und GuV ausgewiesenen Posten hinausgehen. Auch hier kann wiederum unterteilt werden in:
   - **Neue** Anhangangaben, z.B. Angabe zu nicht in der Bilanz erscheinenden Geschäften.
   - **Modifizierte** Anhangangaben, z.B. Angabe der Stelle, wo die Entsprechenserklärung offen gelegt wurde.

Auf die Anhangangaben mit **Ergänzungsfunktion** ist nachstehend noch einzugehen. Dabei werden auch die entsprechenden Angaben zur Konzernbilanz und Konzern-GuV mit behandelt, um Wiederholungen zu vermeiden. Zur Honorarangabe des Abschlussprüfers vgl. Kapitel 6.9.

3.2.11.2 Neue Anhangangaben mit Ergänzungsfunktion

Nachstehend werden die ergänzenden Anhangangaben aufgezeigt, die bislang das deutsche Bilanzrecht nicht beinhaltete.

3.2.11.2.1 Geschäfte mit nahe stehenden Unternehmen und Personen

Ein nahe stehendes Unternehmen bzw. eine nahe stehende Person liegen vor, wenn eine Beherrschung, z.B. durch entsprechende Stimmrechtsanteile, oder ein maßgeblicher Einfluss vorliegen. In der Gesetzesbegründung wird zur Definition der nahe stehenden Unternehmen und Personen im Einzelnen auf IAS 24 verwiesen. IAS 24,9 enthält eine katalogartige Aufzählung der Unternehmen/Personen, die unter diesen Kreis fallen, z.B. zählen hierzu neben den Mitgliedern der Leitungsorgane auch weitere Mitarbeiter in Schlüsselpositionen sowie die nahen Familienangehörigen dieser Personen. Um missbräuchliche Geschäfte mit diesen Unternehmen/Personen möglichst auszuschließen, bestehen bestimmte Berichtspflichten im Anhang.

Bisher:
Keine kodifizierten Regelungen, jedoch gilt für den HGB-Konzernabschluss bereits der DRS 11, der weitgehend IAS 24 entspricht.

Nach dem BilMoG neu:

- Angabe **zumindest** der nicht zu marktüblichen Bedingungen zustande gekommenen **wesentlichen Geschäfte** mit nahe stehenden Unternehmen und Personen, einschließlich Angaben zur **Art der Beziehung** und zum **Wert der Geschäfte** gem. § 285 Nr. 21 bzw. § 314 Abs. 1 Nr. 13 HGB n.F. Die Angaben können auch nach Geschäftsarten zusammengefasst werden. Während der Referentenentwurf explizit nur die Angabe der nicht zu marktüblichen Bedingungen zustande gekommenen wesentlichen Geschäfte vorgesehen hatte, wurde im Regierungsentwurf und in der endgültigen Gesetzesfassung der Umfang insoweit erweitert, als **zumindest** diese Geschäfte anzugeben sind. D.h. die Geschäfte können auch vollumfänglich angeben werden.
- Werden **alle** wesentlichen Geschäfte mit nahe stehenden Unternehmen/Personen angegeben (entsprechend IAS 24), so ist eine Untergliederung in marktübliche und nicht marktübliche Geschäfte **nicht** erforderlich.
- Ausgenommen von der Angabepflicht sind Geschäfte innerhalb eines Konzerns zwischen mittel- und unmittelbar in 100 %-igem Anteilsbesitz stehenden und in den Konzernabschluss einbezogenen Unternehmen.
- Kleine Kapitalgesellschaften sind von der Angabe gem. § 288 Abs. 1 HGB n.F. ganz befreit.
- Für mittelgroße Kapitalgesellschaften besteht gem. § 288 Abs. 2 HGB n.F. die Verpflichtung nur für Aktiengesellschaften. Außerdem sind die Angaben auf Geschäfte mit dem Hauptgesellschafter und Mitgliedern der Leitungsorgane beschränkt.
- **Anwendungsbeginn** gem. Art. 66 Abs. 2 EGHGB n.F.: Geschäftsjahre, die nach dem 31.12.2008 beginnen.

Beispielsweise gibt die Deutsche Post AG im Jahresabschluss 2010 an:
„*Wesentliche Geschäfte mit nahestehenden Unternehmen und Personen nach Art der Beziehung und Art und Wert der Geschäfte gemäß § 285 Nr. 21 HGB stellen sich wie folgt dar:*"

Art der Beziehung \ Art des Geschäfts	Erbringung von Dienstleistungen		Bezug von Dienstleistungen	
	2009 Mio Euro	2010 Mio Euro	2009 Mio Euro	2010 Mio Euro
Tochterunternehmen	4	3	0	6
Assoziierte Unternehmen	304	444	463	299
Personen in Schlüsselpositionen bzw. nahe Familienangehörige	0	1	0	0

3.2.11.2.2 Anteile an Investmentvermögen

Die neuen Berichtspflichten über **Investitionen in Investmentvermögen** dienen vor allem der zusätzlichen Risikobeurteilung dieser Investitionen und damit dem Schutz der Anteilseigner.

Bisher:
Keine spezifischen Regelungen.

Nach dem BilMoG neu:

➤ Werden Anteile an inländischen Investmentvermögen (§ 1 InVG) oder vergleichbaren ausländischen Investmentanteilen (§ 2 Abs. 9 InVG) gehalten, muss gem. § 285 Nr. 26 bzw. § 314 Abs. 1 Nr. 18 HGB n.F. aufgegliedert nach Anlagezielen/-gruppen hierüber gesondert berichtet werden.
➤ Diese Verpflichtung gilt nur, wenn der Anteil mehr als 10 % beträgt.
➤ Die **Gesetzesbegründung** schlägt z.B. folgende Anlagegruppen vor:
Aktienfonds, Rentenfonds, Immobilienfonds, Mischfonds, Hedgefonds, Sonstige Spezialsondervermögen.
➤ Zu den **Anhangangaben** zählen nach § 285 Nr. 26 bzw. § 314 Abs. 1 Nr. 18 HGB n.F.:
  • Kurswert (Marktwert),
  • Differenz zwischen Kurswert und Buchwert,
  • Ausschüttungen für das Geschäftsjahr,
  • Rückgabebeschränkungen,
  • Angabe der Gründe, falls eine Abschreibung wegen nur vorübergehender Wertminderungen unterblieben ist, einschließlich der Angabe der Anhaltspunkte, die darauf hindeuten, dass die Wertminderung nur vorübergehend und nicht dauerhaft ist.

3.2.11.3 Modifizierte Anhangangaben mit Ergänzungsfunktion

Nachstehend werden die **ergänzenden Anhangangaben** beschrieben, die das deutsche Bilanzrecht zwar bisher grundsätzlich bereits beinhaltete, die jedoch im Rahmen des BilMoG modifiziert werden.

3.2.11.3.1 Nicht ersichtliche Geschäfte (Off-balance-sheet Transactions)

Diese Angabe erweitert die bereits bestehende Angabe zu den sonstigen finanziellen Verpflichtungen. Die Anhangangabe umfasst:

➤ Angabe über **Art, Zweck** sowie **Risiken** und **Vorteile** von nicht in der Bilanz erscheinenden Geschäften, soweit dies für die Beurteilung der Finanzlage **notwendig** ist, gem. § 285 Nr. 3 bzw. § 314 Abs. 1 Nr. 2 HGB n.F.
➤ **Beispiele:** Forderungsabtretungen (Factoring), Pensionsgeschäfte, Auslagerungen von Tätigkeiten.
➤ Die Regelung geht über die bisherige Angabe der sonstigen finanziellen Verpflichtungen, die nicht in der Bilanz erscheinen, hinaus. Die Gesetzesbegründung verweist aber explizit darauf, dass mit der Neuregelung keinesfalls beabsichtigt ist, dass zukünftig alle schwebenden Geschäfte aus Lieferungen und Leistungen des gewöhnlichen Geschäftsverkehrs anzugeben sind. Inwieweit die Angabe notwendig ist, ist immer im **Einzelfall** anhand der Auswirkungen auf die finanzielle Situation des Unternehmens, d.h. seine Liquiditätslage und Fähigkeit zur Schuldentilgung, zu beurteilen.
➤ Mit der Angabe der Art des Geschäftes ist eine Kategorisierung verbunden (z.B. Forderungsabtretungen) während die Angabe des Zwecks bedeutet, dass die Gründe für das Eingehen der Geschäfte anzugeben sind. Über die Risiken und Vorteile ist getrennt zu berichten. Über die Risiken muss aber an dieser Stelle nur dann berichtet werden, wenn diese sich nicht in der Bilanz niedergeschlagen haben, z.B. in Form von Rückstellungen.

- Die bereits nach bisherigem Recht vorgeschriebene Angabepflicht des Gesamtbetrags der sonstigen finanziellen Verpflichtungen bleibt durch das BilMoG unverändert, sie wird nur in § 285 von Nr. 3 nach Nr. 3a bzw. in § 314 Abs. 1 von Nr. 2 nach Nr. 2a HGB n.F. verschoben. Da die Neuregelung im sachlichen Anwendungsbereich Überschneidungen mit der bisherigen (unveränderten) Vorschrift aufweist, verweist die Gesetzesbegründung darauf, dass, um Doppelangaben zu vermeiden, die Angabe zu den sonstigen finanziellen Verpflichtungen insoweit unterbleiben kann, als sie sich bereits aus den Angaben im Rahmen der neu eingefügten Vorschrift ergibt.
- Kleine Kapitalgesellschaften sind von der Angabe gem. § 288 Abs. 1 HGB n.F. ganz befreit.
- Mittelgroße Kapitalgesellschaften sind von der Angabe der Risiken und Vorteile gem. § 288 Abs. 2 HGB n.F. befreit.
- **Anwendungsbeginn** gem. Art. 66 Abs. 2 S. 1 EGHGB n.F.: Geschäftsjahre, die nach dem 31.12.2008 beginnen.

> Beispielsweise gibt die Trumpf GmbH & Co. KG im HGB-Konzernabschluss zum 30.06.2010 an:
> *Außerbilanzielle Geschäfte*
> *„Sale-and-Lease-back-Transaktionen dienen der Beschaffung liquider Mittel und führen zu einer Verkürzung der Bilanzsumme sowie einer Verbesserung der Kapitalkennziffern. Auch bei TRUMPF wird diese Form der Finanzierungsmöglichkeit wahrgenommen. ... Neben Sale-and-Lease-back-Transaktionen bestehen keine weiteren außerbilanziellen Geschäfte."*

3.2.11.3.2 Angaben zur Ausschüttungssperre

Ausschüttungs- und Abführungssperren dienen primär dem Gläubigerschutz. Im Rahmen des BilMoG werden im Vergleich zum bisherigen Bilanzrecht aufgrund der Neuregelungen zur Zeitwertbewertung zwei neue Ausschüttungssperren verankert. Die Ausschüttungssperre für aktive latente Steuern galt bereits bislang.

Nach § 268 Abs. 8 HGB n.F. besteht eine **Ausschüttungs- und Abführungssperre für Gewinne** infolge folgender Sachverhalte:

1. Der Aktivierung selbst geschaffener immaterieller Vermögensgegenstände des Anlagevermögens abzüglich hierfür gebildeter passiver latenter Steuern.
2. Der Zeitwertbewertung von Vermögensgegenständen, die mit Pensionsverpflichtungen saldiert werden (sog. Deckungsvermögen), abzüglich hierfür gebildeter passiver latenter Steuern.
3. Der Aktivierung latenter Steuern (aktivischer Überhang latenter Steuern).

Da sich die ausschüttungsgesperrten Beträge nicht aus einer einjährigen Betrachtung ableiten, sondern nach dem Bilanzansatz der vorstehend genannten Vermögensgegenstände/aktiven latenten Steuern zum Jahresende, ist im Anhang gem. § 285 Nr. 28 HGB n.F. der Gesamtstand der Beträge aufgeschlüsselt nach den **drei Gruppen** anzugeben.

> Beispielsweise gibt die BASF SE im Jahresabschluss 2010 an:
> *„Aus dem Unterschiedsbetrag zwischen den Anschaffungskosten und dem zum Zeitwert bewerteten Deckungsvermögen von Pensions- und Altersteilzeitverpflichtungen ergab sich, nach Abzug passiver latenter Steuern, ein ausschüttungsgesperrter Betrag in Höhe von 352 Millionen €.*

3.2 Einzeländerungen

> *Der Überhang der aktiven latenten Steuern über die passiven latenten Steuern zuzüglich der passiven latenten Steuern aus der Bewertung des Deckungsvermögens zum beizulegenden Zeitwert betrug 401 Millionen €.*
>
> *Den ausschüttungsgesperrten Beträgen in Höhe von 753 Millionen € stehen frei verfügbare Rücklagen in Höhe von 2.648 Millionen € gegenüber. Eine Ausschüttungssperre bezüglich des Bilanzgewinns besteht daher nicht."*

Gewinne dürfen nach § 268 Abs. 8 HGB n.F. nur dann ausgeschüttet werden, wenn im Unternehmen der Stand der frei verfügbaren Rücklagen zuzüglich eines Gewinnvortrags und abzüglich eines Verlustvortrags mindestens dieselbe Höhe aufweisen (vgl. auch Haaker, 2008).

Mit dieser Anhangangabe wird für den Abschlussadressaten ersichtlich, inwieweit im Jahresergebnis eventuell Gewinne enthalten sind, die nicht ausgeschüttet bzw. abgeführt werden können.

3.2.11.3.3 Risikoeinschätzung von in der Bilanz nicht ausgewiesenen Eventualverbindlichkeiten

Eventualverbindlichkeiten waren schon bisher im Anhang anzugeben. Mit dem BilMoG werden nunmehr die Informationspflichten erweitert.

> **Bisher:**
> Nur Angabe des Gesamtbetrags unter der Bilanz ohne spezifische Erläuterungen.
>
> **Nach dem BilMoG neu:**
> ➢ Für unter der Bilanz oder im Anhang ausgewiesene ungewisse Verbindlichkeiten und Haftungsverhältnisse sind gem. § 285 Nr. 27 bzw. § 314 Abs. 1 Nr. 19 HGB n.F. „die Gründe der Einschätzung des Risikos der Inanspruchnahme" anzugeben.
> ➢ Die Gesetzesbegründung konkretisiert:
> *„Anzugeben ist somit, aus welchen Gründen Eventualverbindlichkeiten als solche unter der Bilanz und nicht auf der Passivseite der Bilanz ausgewiesen werden."*

3.2.11.3.4 Angabe zu Verbindlichkeiten nach Laufzeiten

Im Rahmen des BilMoG wird konkretisiert, an welcher Stelle im Jahresabschluss die **Verbindlichkeiten nach der Laufzeit** zu untergliedern sind.

> **Bisher:**
> Nach der bisherigen Fassung in § 285 S. 1 Nr. 2 HGB besteht ein Ausweiswahlrecht, die Aufgliederung der Verbindlichkeiten nach der Fristigkeit entweder in der Bilanz oder im Anhang vorzunehmen.
>
> **Nach dem BilMoG neu:**
> ➢ Nach § 285 Nr. 2 HGB n.F. ist die Aufgliederung der Verbindlichkeiten in den Betrag mit einer Laufzeit von „mehr als fünf Jahren" **zwingend im Anhang** vorzunehmen. Dies gilt auch für die Angabe des Betrags, der durch Pfandrechte oder ähnliche Sicherheiten gesichert ist.
> ➢ Die **Gesetzesbegründung** empfiehlt auch den Davonvermerk „bis zu einem Jahr" gem. § 268 Abs. 5 S. 2 HGB im Anhang im Rahmen eines Verbindlichkeitenspiegels vorzunehmen. Weshalb im Interesse der Klarheit und Vergleichbarkeit vom Gesetzgeber für diesen Davonver-

> merk nicht auch zwingend die Anhangangabe, statt des Wahlrechts zwischen Bilanz- und Anhangausweis, vorgeschrieben wird, bleibt unverständlich.
> ➢ Die bisherige Befreiungsregel für kleine und mittelgroße Kapitalgesellschaften gilt faktisch unverändert.

3.2.11.3.5 Entsprechenserklärung für börsennotierte AG/KGaA

In der **Entsprechenserklärung** versichern Vorstand und Aufsichtsrat einer Aktiengesellschaft, dass die Empfehlungen der Regierungskommission Deutscher Corporate Governance Kodex beachtet wurden bzw. in welchen Punkten diesen Empfehlungen nicht gefolgt wurde.

> **Bisher:**
> Angabe gem. § 285 S. 1 Nr. 16 bzw. § 314 Abs. 1 Nr. 8 HGB, dass die sogenannte Entsprechenserklärung nach § 161 AktG als solche überhaupt abgegeben und öffentlich zugänglich gemacht wurde.
>
> **Nach dem BilMoG neu:**
> Zusätzliche Angabe gem. § 285 Nr. 16 bzw. § 314 Abs. 1 Nr. 8 HGB n.F. über den Ort, an dem die sogenannte Entsprechenserklärung nach § 161 AktG abgegeben worden ist (z.B. Internetseite) und nicht nur, wie bisher, dass sie abgegeben und öffentlich zugänglich gemacht wurde.
> **Anwendungsbeginn** gem. Art. 66 Abs. 2 EGHGB n.F.: Geschäftsjahre, die nach dem 31.12.2008 beginnen.

3.2.11.3.6 Anteilsliste

In der sog. **Anteils- oder Beteiligungsliste** werden die wesentlichen Finanzanlagen an anderen Gesellschaften aufgelistet und durch Zahlenangaben, wie z.B. zur Höhe des Kapitalanteils, erläutert.

> **Bisher:**
> Die Anteilsliste nach § 285 S. 1 Nr. 11 und 11a bzw. nach § 313 Abs. 2 Nr. 4 HGB konnte nach § 287 bzw. § 313 Abs. 4 HGB statt im Anhang in einer separaten Aufstellung veröffentlicht werden.
>
> **Nach dem BilMoG neu:**
> ➢ Wegfall der Möglichkeit, die Anteilsliste nicht im Anhang, sondern gesondert zu veröffentlichen.
> ➢ Die bisherige Regelung macht vor dem Hintergrund des EHUG und der damit verbundenen Verpflichtung nach § 325 HGB zur elektronischen Einreichung der Abschlüsse – einschließlich der Beteiligungsliste – keinen Sinn mehr. Damit ist die Anteilsliste immer Bestandteil des Anhangs.

3.2.11.4 Befreiungsregelungen von den Anhangangaben

> **Kleine** Kapitalgesellschaften sind neben den Vorschriften, von denen sie bisher bereits befreit waren, von folgenden **neuen bzw. modifizierten** Anhangangaben gem. § 288 Abs. 1 HGB n.F. befreit:

3.2 Einzeländerungen

- **§ 285 Nr. 3 HGB n.F.**
  Angaben zu nicht in der Bilanz erscheinenden Geschäften.
- **§ 285 Nr. 17 HGB n.F.**
  Angaben zum (aufgeschlüsselten) Gesamthonorar des Abschlussprüfers.
  Vgl. hierzu Kapitel 6.9.
- **§ 285 Nr. 21 HGB n.F.**
  Angaben zu Geschäften mit nahe stehenden Unternehmen und Personen.
- **§ 285 Nr. 22 HGB n.F.**
  Angaben zu den Forschungs- und Entwicklungskosten.
- **285 Nr. 29 HGB n.F.**
  Angaben zu den latenten Steuern. Diese Vorschrift hat nur klarstellenden Charakter, da kleine Kapitalgesellschaften bereits gem. § 274a Nr. 5 HGB n.F. nicht unter die Vorschriften der latenten Steuern fallen.

Mittelgroße Kapitalgesellschaften sind neben den Vorschriften, von denen sie bisher bereits befreit waren, von folgenden **neuen bzw. modifizierten** Anhangangaben gem. § 288 Abs. 2 HGB n.F. befreit:

- **§ 285 Nr. 3 HGB n.F.**
  Angaben zu nicht in der Bilanz erscheinenden Geschäften insoweit, als nur Art und Zweck anzugeben sind, nicht jedoch die Risiken und Vorteile.
- **§ 285 Nr. 17 HGB n.F.**
  Angaben zum (aufgeschlüsselten) Gesamthonorar des Abschlussprüfers insoweit, als es ausreichend ist, diese der Wirtschaftsprüferkammer auf schriftliche Aufforderung hin zu übermitteln.
  Vgl. hierzu Kapitel 6.9.
- **§ 285 Nr. 21 HGB n.F.**
  Angaben zu Geschäften mit nahe stehenden Unternehmen und Personen insoweit, als diese nur von Aktiengesellschaften offen zu legen sind und auf Geschäfte beschränkt werden, die direkt oder indirekt mit dem Hauptgesellschafter oder Mitgliedern des Geschäftsführungs-, Aufsichts- oder Verwaltungsorgans abgeschlossen wurden.
- **285 Nr. 29 HGB n.F.**
  Angaben zu den latenten Steuern.

Eine zusammenfassende Darstellung der Anhangangaben auf Basis des neuen HGB sowohl für den Einzel- als auch den Konzernabschluss findet sich z.B. in Kienzle, 2011a und 2011b.

4. Konzernabschluss

4.1 Gravierende Änderungen

4.1.1 Erweiterung des Konzerntatbestands

Kapitalgesellschaften und nach § 264a HGB gleichgestellte Personenhandelsgesellschaften, die den Konzerntatbestand nach § 290 HGB erfüllen, sind verpflichtet, einen **Konzernabschluss** zu erstellen, soweit keine Befreiungstatbestände greifen.

> **Bisher:**
> Im bisherigen § 290 HGB wurde im Hinblick auf die Aufstellungspflicht von Konzernabschlüssen in den Absätzen 1 und 2 unterschieden in das Konzept der „einheitlichen Leitung" und der „tatsächlichen Kontrolle" (Control-Konzept), wie dies nachstehende Abbildung zeigt.
>
>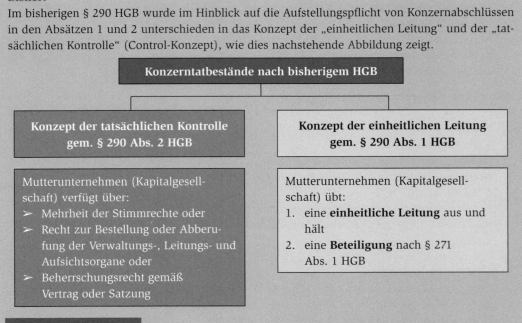
>
> **Nach dem BilMoG neu:**

Zielsetzung der Neuregelung ist vor allem zu verhindern, dass die Unternehmen die Konzernrechnungslegungspflicht umgehen. Insbesondere sollen Zweckgesellschaften unabhängig davon, ob sie gesellschaftsrechtlich mit dem Mutterunternehmen verbunden sind oder nicht, in den Konzernabschluss einzubeziehen sein. Hierzu wird die bisherige Systematisierung in § 290 HGB in den Abs. 1 und 2 aufgehoben und ein neuer **allgemeiner Konzerntatbestand** eingeführt, der auf dem Tatbestandsmerkmal des **beherrschenden Einflusses** basiert.

- Nach § 290 Abs. 1 HGB n.F. muss eine Kapitalgesellschaft einen Konzernabschluss aufstellen, wenn sie (Mutterunternehmen) unmittelbar oder mittelbar einen beherrschenden Einfluss auf ein anderes Unternehmen (Tochterunternehmen) ausüben kann.
- Ein beherrschender Einfluss liegt nach der Begründung zur Beschlussempfehlung des Rechtsausschusses vor, wenn „*ein Unternehmen die Möglichkeit hat, die Finanz- und Geschäftspolitik eines anderen dauerhaft zu bestimmen, um aus dessen Tätigkeit Nutzen zu ziehen.*"
- Zur Objektivierung des Tatbestandsmerkmals des beherrschenden Einflusses legt der Gesetzgeber in § 290 Abs. 2 HGB n.F. fest, dass davon stets auszugehen ist, wenn das Mutterunternehmen **eines** der folgenden **vier Kriterien** erfüllt:

1. **Mehrheit der Stimmrechte**;
2. Recht eines Gesellschafters zur **Bestellung/Abberufung** der Mehrheit der Mitglieder des die Finanz- und Geschäftspolitik bestimmenden Verwaltungs-, Leitungs- oder Aufsichtsorgans;
3. Recht zur **Bestimmung der Finanz- und Geschäftspolitik** aufgrund eines mit einem anderen Unternehmen geschlossenen Beherrschungsvertrags oder aufgrund einer Bestimmung in der Satzung des anderen Unternehmens.

Hinweis:
Mit den Kriterien 1. bis 3. wird praktisch das bisherige in § 290 Abs. 2 HGB kodifizierte Konzept der **tatsächlichen Kontrolle** umschrieben. Die Begründung zur Beschlussempfehlung des Rechtsausschusses stellt klar, dass es nicht erforderlich ist, dass der beherrschende Einfluss tatsächlich ausgeübt wird, vielmehr reichen die vorstehend genannten Rechtspositionen zur Begründung des Konzerntatbestands aus.

4. Übernahme der Mehrheit der **Risiken und Chancen** eines Unternehmens, das nur zur Erreichung eines eng begrenzten und genau definierten Ziels des Mutterunternehmens gegründet worden ist (Zweckgesellschaft).

Der neue Gesetzeswortlaut konkretisiert weiter, dass:
- bei der Beurteilung der Risiken und Chancen auf eine **wirtschaftliche Betrachtungsweise** abzustellen ist;
- Zweckgesellschaften nicht nur Unternehmen sein können, sondern auch **sonstige juristische Personen des Privatrechts** oder unselbständige Sondervermögen des Privatrechts;
- lediglich **Spezial-Sondervermögen** i.S.v. § 2 Abs. 3 InVG (z.B. Aktien- oder Rentenfonds) ausgenommen werden. Für sie gelten aber separate Angabepflichten im Anhang gem. § 314 Abs. 1 Nr. 18 HGB n.F.

Das Kriterium 4. geht im Umfang über den bisherigen Konzerntatbestand der einheitlichen Leitung in § 290 Abs. 1 HGB hinaus, da sowohl das Kriterium der einheitlichen Leitung als auch das Kriterium des Beteiligungstatbestands (Vermutung bei Kapitalanteil größer 20 %) aufgegeben werden. Auf beide Merkmale kommt es also nicht mehr an. Entscheidend ist vielmehr die Übernahme der Risiken und Chancen. Die Begründung zur Beschlussempfehlung des Rechtsausschusses konkretisiert weiter, dass bei ungleicher Chancen- und Risikoverteilung vorrangig auf die Risiken abzustellen ist und zur Interpretation die IFRS (insbesondere SIC 12) heranzuziehen sind.

SIC 12,10 nennt Umstände, die bei wirtschaftlicher Betrachtungsweise auf das Vorliegen einer Zweckgesellschaft und damit einer Konsolidierungspflicht hindeuten. Hierzu zählen z.B.:
- die Gesellschaft ist auf die speziellen wirtschaftlichen Belange eine anderen Unternehmens zugeschnitten oder
- die Gesellschaft läuft auf „Autopilot", d.h. sie hat keine eigene Entscheidungsmacht.

> Flankiert wird die Neuregelung durch die Anhangangaben gem. § 314 Abs. 1 Nr. 2 und 2a HGB n.F. über nicht in der Bilanz erscheinende Geschäfte. Diese Vorschrift fungiert quasi als Auffangtatbestand, falls keine Einbeziehung in den Konzernabschluss erfolgt.

> Der Konzerntatbestand wird also im Rahmen des BilMoG erweitert. Klarstellend regelt § 290 Abs. 5 HGB n.F., dass ein Mutterunternehmen dann keinen Konzernabschluss aufstellen muss, wenn für die Tochterunternehmen ein Einbeziehungswahlrecht nach § 296 HGB n.F. (z.B. wegen geringfügiger Bedeutung) besteht.

> **Übergangsregelung:**
> Gesellschaften, die bisher nicht konsolidiert wurden, aber nach der Neuregelung einzubeziehen sind, müssen in den Konzernabschluss für das nach dem 31.12.2009 beginnende Geschäftsjahr einbezogen werden. Dies ergibt sich aus Art. 66 Abs. 3 S. 5 EGHGB n.F. D.h. es greift die **retrospektive** Vorgehensweise, sodass im **ersten Konzernabschluss nach BilMoG** insbesondere die **Zweckgesellschaften** einzubeziehen **sind**, die bislang nicht konsolidiert wurden.
>
> **Hinweis:**
> Soweit es sich bei dem Mutterunternehmen nicht um eine Kapitalgesellschaft oder um eine gleichgestellte Personenhandelsgesellschaft i.S.v. § 264a HGB handelt, sind für die Frage der Konzernrechnungslegungspflicht die Vorschriften des PublG heranzuziehen. Der Konzerntatbestand des PublG kannte bislang nur das Konzept der einheitlichen Leitung. Im Rahmen des BilMoG wird dieses in **§ 11 PublG n.F.** ersetzt durch den umfassenderen Konzerntatbestand auf Basis des **beherrschenden Einflusses** gemäß § 290 HGB n.F.

4.1.2 Methoden der Kapitalkonsolidierung

Im Rahmen der **Kapitalkonsolidierung** wird der Wertansatz der dem Mutterunternehmen gehörenden Anteile an einem in den Konzernabschluss einbezogenen Tochterunternehmen mit dem auf diese Anteile entfallenden Betrag des Eigenkapitals des Tochterunternehmens verrechnet. Die Konsolidierung kann nach folgenden Methoden erfolgen:

4.1.2.1 Methoden der Kapitalkonsolidierung nach bisherigem und neuem Recht im Überblick

Die **Methoden der Kapitalkonsolidierung** werden im BilMoG gravierend eingeschränkt. Die in nachstehender Abbildung mit ≈ = ≈ markierten Methoden entfallen.

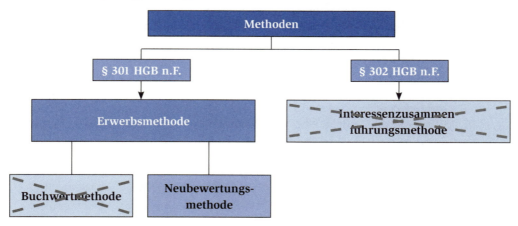

4.1.2.2 Abschaffung der Interessenzusammenführungsmethode

Die **Methode der Interessenzusammenführung** wurde wegen ihrer restriktiven Voraussetzungen in Deutschland nur selten angewandt. Im Interesse einer Vereinheitlichung der Methoden im Rahmen der Kapitalkonsolidierung und der Annäherung an die Internationale Rechnungslegung wurde sie ganz gestrichen.

Bisher:
- Diese Methode ist unter bestimmten restriktiven Voraussetzungen gem. § 302 HGB anstelle der Erwerbsmethode bei Unternehmenszusammenschlüssen zulässig.
- Bei Anwendung der Methode kommt es im Prinzip zu einer Buchwertfortführung der Unternehmen, d.h. es findet keine Aufdeckung erworbener stiller Reserven/Lasten und eines erworbenen Goodwill/negativen Unterschiedsbetrags statt.

Nach dem BilMoG neu:
- Diese Methode ist **nicht** mehr zulässig, d.h. § 302 HGB wird ganz gestrichen.
- Zur Kapitalkonsolidierung ist nur noch die Erwerbsmethode (in Form der Neubewertungsmethode) zulässig.
- Damit findet eine vollkommene Angleichung an die IFRS (IFRS 3) und auch an US-GAAP (SFAS 141) statt.
- **Aber:** Nach IFRS und US-GAAP wurde zeitgleich mit der Abschaffung der Methode auch der Impairment-Only-Approach des Goodwill eingeführt. D.h. es ist zwar immer von der Erwerbsmethode und damit der Aufdeckung von stillen Reserven/Lasten und eines evtl. verbleibenden erworbenen Goodwill/negativen Unterschiedsbetrags auszugehen, aber ein erworbener Goodwill ist nicht mehr planmäßig abzuschreiben. Vielmehr muss jährlich „nur" geprüft werden, ob ggf. eine außerplanmäßige Abschreibung geboten ist. Der deutsche Gesetzgeber hat zwar die Interessenzusammenführungsmethode abgeschafft, die planmäßige Abschreibung des erworbenen Goodwill im Rahmen der Erwerbsmethode aber beibehalten. Vgl. hierzu auch Kapitel 4.1.2.4. Damit kommt es in HGB-Konzernabschlüssen im Vergleich zu IFRS-Konzernabschlüssen zu einer regelmäßigen jährlichen Aufwandsbelastung.
- **Übergangsregelung:**
  Gem. Art. 67 Abs. 5 S. 2 EGHGB n.F. **darf** die Kapitalkonsolidierung nach der Interessenzusammenführungsmethode, die in einem vor dem 01.01.2010 beginnenden Geschäftsjahr vorgenommen wurde, beibehalten werden.

4.1.2.3 Abschaffung der Buchwertmethode

4.1.2.3.1 Aufgabe und Zweck der Erwerbsmethode

Die Kapitalkonsolidierung hat folgende Regelungsaufgaben:

- Im Konzernabschluss werden anstelle der Beteiligung die Vermögensgegenstände und Schulden des erworbenen Unternehmens ausgewiesen. Diese sind im Rahmen der Erstkonsolidierung grundsätzlich zu Zeitwerten zu erfassen.
- Rechentechnisch ist hierzu im Rahmen der Kapitalkonsolidierung die im Einzelabschluss des Mutterunternehmens ausgewiesene Beteiligung mit dem anteiligen bilanziellen Eigenkapital des einzubeziehenden Unternehmens zu verrechnen.
- Dabei ergibt sich ein **aktiver Unterschiedsbetrag**, wenn der Beteiligungsbuchwert höher ist als das anteilige bilanzielle Eigenkapital.
- Der aktive Unterschiedsbetrag kann auf zwei Ursachen beruhen:
  1. Die erworbenen **stillen Reserven**, d.h. die Summe der Zeitwerte aller einzelnen Vermögensgegenstände/Schulden ist höher als die Summe der Buchwerte.
  2. Einem **erworbenen Goodwill**. Dieser stellt immer die Restgröße zwischen dem Kaufpreis und der Summe der Zeitwerte aller einzelnen Vermögensgegenstände und Schulden dar.

Die Buchwert- und die Neubewertungsmethode unterscheiden sich zum einen im Umfang der aufzudeckenden stillen Reserven/Lasten und in der Schrittfolge der Konsolidierung. Bei der **Buchwertmethode** werden im zunächst zu erstellenden Summenabschluss die Buchwerte der Tochtergesellschaften zum Erwerbszeitpunkt übernommen und die stillen Reserven/Lasten erst im Rahmen der Konsolidierung aufgedeckt. Die stillen Reserven/Lasten werden bei der Buchwertmethode bei einem Kapitalanteil von weniger als 100 % nur anteilig einbezogen. Bei der **Neubewertungsmethode** werden bereits im Rahmen der Erstellung des Summenabschlusses die Zeitwerte der einzelnen Vermögensgegenstände und Schulden der Tochtergesellschaft einbezogen. D.h. die stillen Reserven/Lasten werden damit bereits vor der eigentlichen Konsolidierung aufgedeckt, und zwar immer in voller Höhe, auch wenn der Kapitalanteil weniger als 100 % beträgt. Zur Verdeutlichung findet sich in Kapitel 4.1.2.3.3 eine Fallstudie.

4.1.2.3.2 Gesetzlich Regelungen

Der Gesetzgeber schränkt im Rahmen des BilMoG die Wahlrechte auch im Rahmen der sog. Erwerbsmethode weiter ein.

Bisher:
- Es besteht ein Wahlrecht gem. § 301 Abs. 1 HGB zwischen der Buchwert- und der Neubewertungsmethode.
- In der deutschen Bilanzierungspraxis wird bisher vorwiegend die Buchwertmethode angewendet.

Nach dem BilMoG neu:
- Es ist **nur** noch die **Neubewertungsmethode** gem. § 301 Abs. 1 HGB n.F. zulässig.
- Bei Vorliegen des Konzerntatbestands sind somit die stillen Reserven/Lasten auch bei Anteilserwerben von weniger als 100 % in voller Höhe aufzudecken.
  Konsequenzen:
  ⇒ Höhere Bilanzsumme und damit ggf. höhere Abschreibungen und Ergebnisbelastungen in der Zukunft.
  ⇒ Höherer Minderheitenanteil am Eigenkapital.
- Der erworbene **Goodwill** wird – wie bisher – nur anteilig aufgedeckt.
- Zielsetzung ist eine **Verbesserung der Informationsfunktion des Konzernabschlusses**, da nicht nur die Buchwerte der Tochtergesellschaften in voller Höhe in den Konzernabschluss einbezogen werden, sondern auch die stillen Reserven und Lasten.
- Grundsätzlich sind nach § 301 Abs. 1 S. 2 HGB n.F. die Vermögensgegenstände und Schulden bei der Erstkonsolidierung zu deren Zeitwerten in den Konzernabschluss einzubeziehen. Also mit den Wertansätzen, der den einzelnen Vermögensgegenständen und Schulden am Markt beizulegen ist. Abweichend hiervon sind Rückstellungen nach den §§ 253 Abs. 1 S. 2 und 3 sowie Abs. 2 HGB n.F. und latente Steuern nach § 274 Abs. 2 HGB n.F. zu bewerten. D.h. **nicht** die (aufwendige) Zeitwertbewertung im Sinne einer Marktwertbewertung greift, sondern die „normalen" Regelungen zur Bewertung der Rückstellungen im Hinblick auf den Erfüllungsbetrag, den Barwert und den Betrag, der für wertpapiergebundene Pensionszusagen anzusetzen ist, sowie für die latenten Steuern. Grundsätzlich können also diese Werte zu den Buchwerten fortgeführt werden. Diese Vorschrift dient vor allem der **Erleichterung** für die Unternehmen, da die Ermittlung von Zeitwerten und Anpassungsbuchungen für diese Bilanzposten entfallen.

> Nach **IFRS 3** ist ebenfalls nur die Neubewertungsmethode zulässig. Die stillen Reserven/Lasten sind bei der Erstkonsolidierung vollständig aufzudecken, d.h. die vorstehend für HGB-Abschlüsse aufgezeigte Ausnahmeregelung besteht nicht.
> **Übergangsregelung:**
> Gem. Art. 66 Abs. 3 S. 4 und 5 EGHGB n.F. gilt die Neuregelung erstmals für Geschäftsjahre, die nach dem 31.12.2009 beginnen. Von der Neuregelung sind also nur Erwerbsvorgänge betroffen, die in Geschäftsjahren getätigt werden, die nach dem 31.12.2009 beginnen. Diese zwingend vom Gesetzgeber vorgeschriebene **prospektive** Anwendung bedeutet für die Unternehmen eine erhebliche **Entlastung**.
> Ausgenommen hiervon sind aber Tochterunternehmen, die erstmals nach § 290 Abs. 1 und 2 HGB n.F. zu konsolidieren sind oder wenn erstmals für ein nach dem 31.12.2009 beginnendes Geschäftsjahr ein Konzernabschluss erstellt wird. In diesen Fällen müssen die Neuregelungen auch für frühere Jahre beachtet werden.

4.1.2.3.3 Fallstudie zur Kapitalkonsolidierung

Anhand des nachstehenden Sachverhalts werden die Unterschiede zwischen der Buchwert- und der Neubewertungsmethode verdeutlicht, da die meisten Unternehmen zukünftig auf die Neubewertungsmethode umstellen müssen.

> Die A GmbH erwirbt zum 31.12.2010 einen Kapital- und Stimmrechtsanteil von 70 % an der B GmbH zum Kaufpreis von 1.400 Mio. €. Ende 2010 weisen die (stark verkürzten) Bilanzen der Gesellschaften auf Basis der HB II (konzerneinheitlich bilanziert und bewertet) die in nachstehender Tabelle genannten Beträge in Mio. € auf.
> Außerdem wurden zum 31.12.2010 die Zeitwerte der einzelnen Vermögensgegenstände ermittelt und in einer sog. HB III dargestellt. Die stillen Reserven betragen demzufolge insgesamt 800 Mio. €. Sie sind (vereinfachend) nur im Bilanzposten Gebäude enthalten, entsprechend wird ein höheres Eigenkapital in der HB III ausgewiesen.

Ausgangsdaten zum Erwerbszeitpunkt 31.12.2010:

Mio. €	Bilanz Mutter (HB II)		Bilanz Tochter (HB II) Buchwerte		Stille Reserven	Bilanz Tochter (HB III) Zeitwerte	
	Aktiva	Passiva	Aktiva	Passiva		Aktiva	Passiva
Gebäude	1.100		700		800	1.500	
Beteiligung an B	1.400						
Sonstige Aktiva	1.300		1.000			1.000	
Gezeichnetes Kapital und Rücklagen		1.000		800			1.600
Jahresüberschuss		200		200			200
Sonstige Passiva		2.600		700			700
Summe	3.800	3.800	1.700	1.700	800	2.500	2.500

Aufgabenstellung:

In den beiden folgenden Tabellen wird die Ableitung der Konzernbilanz nach der Buchwert- und der Neubewertungsmethode zum Zeitpunkt der Erstkonsolidierung (ohne Berücksichtigung latenter Steuern) gezeigt. In der Konsolidierungsspalte sind mit Buchstaben die Konsolidierungsbuchungen gekennzeichnet. Auf die latenten Steuern wird in Kapitel 4.1.3 näher eingegangen.

Erstkonsolidierung nach der Buchwertmethode zum 31.12.2010:

Mio. €	Bilanz Mutter (HB II)		Bilanz Tochter (HB II)		Summenbilanz		Konsolidierung		Konzernbilanz	
	Aktiva	Passiva	Aktiva	Passiva	Aktiva	Passiva	Aktiva	Passiva	Aktiva	Passiva
Erworbener Goodwill							b) 140		140	
Gebäude	1.100		700		1.800		b) 560		2.360	
Beteiligung an B	1.400				1.400			a) 1.400		
Sonstige Aktiva	1.300		1.000		2.300				2.300	
Erstkonsolidierungsdifferenz							a) 700	b) 700		
Gezeichnetes Kapital und Rücklagen		1.000		800		1.800	a) 560 c) 240			1.000
Jahresüberschuss		200		200		400	a) 140 c) 60			200
Ausgleichsposten für Minderheiten								c) 300		300
Sonstige Passiva		2.600		700		3.300				3.300
Summe	3.800	3.800	1.700	1.700	5.500	5.500	2.400	2.400	4.800	4.800

Konsolidierungsbuchungen nach der **Buchwertmethode** bei der Erstkonsolidierung:

a) Gezeichnetes Kapital
   und Rücklagen   560 Mio. €
   Jahresüberschuss   140 Mio. €
   Erstkonsolidierungsdifferenz 700 Mio. €   an   Beteiligung an B   1.400 Mio €

b) Gebäude   560 Mio. €
   Erworbener Goodwill   140 Mio. €   an   Erstkonsolidierungs-
                                               differenz   700 Mio €

c) Gezeichnetes Kapital
   und Rücklagen   240 Mio. €
   Jahresüberschuss   60 Mio. €   an   Ausgleichsposten
                                               für Minderheiten   300 Mio. €

4.1 Gravierende Änderungen

Erstkonsolidierung nach der Neubewertungsmethode zum 31.12.2010:

Mio. €	Bilanz Mutter (HB II)		Bilanz Tochter (HB III)		Summenbilanz		Konsolidierung		Konzernbilanz	
	Aktiva	Passiva	Aktiva	Passiva	Aktiva	Passiva	Aktiva	Passiva	Aktiva	Passiva
Erworbener Goodwill							b) 140		140	
Gebäude	1.100		1.500		2.600				2.600	
Beteiligung an B	1.400				1.400			a) 1.400		
Sonstige Aktiva	1.300		1.000		2.300				2.300	
Erstkonsolidierungs-differenz							a) 140	b) 140		
Gezeichnetes Kapital und Rücklagen		1.000		1.600		2.600	a) 1.120 c) 480			1.000
Jahresüberschuss		200		200		400	a) 140 c) 60			200
Ausgleichsposten für Minderheiten								c) 540		540
Sonstige Passiva		2.600		700		3.300				3.300
Summe	3.800	3.800	2.500	2.500	6.300	6.300	2.080	2.080	5.040	5.040

Konsolidierungsbuchungen nach der **Neubewertungsmethode** bei der Erstkonsolidierung:

a) Gezeichnetes Kapital
und Rücklagen   1.120 Mio. €
Jahresüberschuss   140 Mio. €
Erstkonsolidierungsdifferenz 140 Mio. €   an Beteiligung an B   1.400 Mio. €

b) Erworbener Goodwill   140 Mio. €   an Erstkonsolidierungs-
                                          differenz   140 Mio. €

c) Gezeichnetes Kapital
und Rücklagen   480 Mio. €
Jahresüberschuss   60 Mio. €   an Ausgleichsposten
                                          für Minderheiten   540 Mio. €

Die nachstehende Darstellung enthält eine Gegenüberstellung der Konzernbilanz nach der Buchwert- und der Neubewertungsmethode:

Mio. €	Konzernbilanz Buchwertmethode		Konzernbilanz Neubewertungsmethode	
	Aktiva	Passiva	Aktiva	Passiva
Erworbener Goodwill	140		140	
Gebäude	2.360		2.600	
Sonstige Aktiva	2.300		2.300	
Gezeichnetes Kapital und Rücklagen		1.000		1.000
Jahresüberschuss		200		200
Ausgleichsposten für Minderheiten		300		540
Summe Eigenkapital		(1.500)		(1.740)
Sonstige Passiva		3.300		3.300
Summe	**4.800**	**4.800**	**5.040**	**5.040**

240 = stille Reserven auf Minderheitenanteil

Die Gegenüberstellung zeigt, dass in der Konzernbilanz nach der Neubewertungsmethode ein um 240 Mio. € höheres Vermögen und ein entsprechend höherer Ausgleichsposten für Minderheiten als bei der Buchwertmethode ausgewiesen werden. Die Differenz entspricht den stillen Reserven, die auf den Minderheitenanteil entfallen (800 Mio. € x 0,30 = 240 Mio. €).

4.1.2.3.4 Vergleich der Buchwert- und der Neubewertungsmethode

Die Unterschiede zwischen der Buchwert- und Neubewertungsmethode werden bestimmt von der **Höhe der Beteiligung** der Muttergesellschaft.

- **Anteilsbesitz = 100 %** ⇒ Kein Unterschied.
  Die Buchwert- und Neubewertungsmethode führen im Ergebnis zu ein und derselben Konzernbilanz, wenn es sich um eine einzubeziehende Tochtergesellschaft handelt, die in 100%igem Anteilsbesitz der Muttergesellschaft steht, da sich dann die Frage, in welchem Umfang stille Reserven/Lasten auf Minderheiten aufgedeckt werden, nicht stellt. Lediglich in formeller Hinsicht unterscheiden sich die Methoden, da bei der Buchwertmethode die stillen Reserven/Lasten erst in der Konsolidierungsspalte aufgedeckt werden, während sie bei der Neubewertungsmethode bereits im Rahmen der Erstellung der Summenbilanz zu zeigen sind.
- **Anteilsbesitz < 100 %** ⇒ Unterschiede in der Bilanz und in den Folgejahren auch in der GuV.
  Infolge der in unterschiedlichem Umfang aufgedeckten stillen Reserven/Lasten ergeben sich bereits bei der Erstkonsolidierung Unterschiede in:
  - der Bilanzsumme,
  - dem Eigenkapital,
  - dem Vermögens- und Schuldausweis.

  In den Folgejahren ergeben sich bei der Realisierung der stillen Reserven/Lasten auch Auswirkungen auf die GuV und damit das Jahresergebnis. Wird z.B. in dem vorstehenden Beispiel die stille Reserve in dem Gebäude über 20 Jahre linear abgeschrieben, dann ist die

Abschreibungsbelastung bei Anwendung der Neubewertungsmethode jährlich 40 Mio. € (= 800 Mio. €/20) und bei Anwendung der Buchwertmethode 28 Mio. € (= 560 Mio. €/20). Diese höhere Ergebnisbelastung in den Folgejahren dürfte der Grund dafür sein, dass bislang in Deutschland vorwiegend die Buchwertmethode angewandt wurde. Die Ermittlung der stillen Reserven/Lasten ist bei beiden Methoden erforderlich, lediglich der Umfang der Einbeziehung ist unterschiedlich.

4.1.2.4 Abschaffung der erfolgsneutralen Goodwill-Behandlung

Es stellt sich die Frage, wie ein im Rahmen der Kapitalkonsolidierung aufgedeckter **erworbener Goodwill** bilanziell zu behandeln ist.

Bisher:
Wahlrecht gem. § 309 Abs. 1 HGB zur Behandlung eines erworbenen Goodwill im Rahmen der Kapitalkonsolidierung zwischen der **erfolgsneutralen** Verrechnung mit dem **Eigenkapital** oder der **Aktivierung** und **Abschreibung** (planmäßig und ggf. auch außerplanmäßig) in den Folgejahren.

Nach dem BilMoG neu:

- Streichung der Option zur erfolgsneutralen Verrechnung in § 309 Abs. 1 HGB n.F. Damit gleiche Bilanzierung wie im Einzelabschluss, vgl. Kapitel 3.1.1.4.1.
- Der erworbene Goodwill ist also zu aktivieren und **planmäßig abzuschreiben**. Es wird damit **nicht** dem Impairment-Only-Approach nach IFRS 3 gefolgt.
- Außerplanmäßige Abschreibungen sind aber nach § 253 Abs. 3 HGB n.F. flankierend zur planmäßigen Abschreibung bei dauerhafter Wertminderung vorgeschrieben. Dabei gilt jedoch nach § 253 Abs. 5 S. 2 HGB n.F. ein Wertaufholungsverbot.
- Im Anhang sind gem. § 314 Abs. 1 Nr. 20 HGB n.F. die Gründe anzugeben, wenn eine Nutzungsdauer von mehr als fünf Jahren für den erworbenen Goodwill unterstellt wird.
- **Übergangsregelung:**
Gem. Art. 66 Abs. 3 S. 4 und 5 EGHGB n.F. gilt die Neuregelung erstmals für Geschäftsjahre, die nach dem 31.12.2009 beginnen. Von der Neuregelung sind also nur Erwerbsvorgänge betroffen, die in Geschäftsjahren getätigt werden, die nach dem 31.12.2009 beginnen. Diese zwingend vom Gesetzgeber vorgeschriebene **prospektive** Anwendung bedeutet für die Unternehmen eine erhebliche **Entlastung**. Ausgenommen hiervon sind Tochterunternehmen, die erstmals nach § 290 Abs. 1 und 2 HGB n.F. zu konsolidieren sind oder wenn erstmals für ein nach dem 31.12.2009 beginnendes Geschäftsjahr ein Konzernabschluss erstellt wird.

4.1.2.5 Abschaffung des Verrechnungswahlrechts aktiver und passiver Unterschiedsbeträge aus der Kapitalkonsolidierung

Der **Ausweis** aktiver und passiver Unterschiedsbeträge aus der Kapitalkonsolidierung ist wie folgt geregelt.

Bisher:
Nach § 301 Abs. 3 HGB besteht ein Ausweiswahlrecht, wonach aktive Unterschiedsbeträge (erworbener Goodwill) und passive Unterschiedsbeträge entweder saldiert oder unsaldiert in der Konzernbilanz ausgewiesen werden können.

> **Nach dem BilMoG neu:**
> - Streichung des Wahlrechts in § 301 Abs. 3 HGB n.F., d.h. unsaldierter Ausweis und Konkretisierung dahingehend, dass ein erworbener Goodwill wie bisher als Geschäfts- oder Firmenwert und ein passiver Unterschiedsbetrag unter dem neuen Bilanzposten „Unterschiedsbetrag aus der Kapitalkonsolidierung" nach dem Eigenkapital auszuweisen ist. Durch den getrennten Ausweis wird die **Transparenz** der Rechnungslegung erhöht. Die neue Ausweisvorschrift ist bereits im ersten Konzernabschluss, der gem. BilMoG erstellt wird, zu beachten.
> - **Hinweis:** Nach IFRS 3 ist der Ausweis eines passiven Unterschiedsbetrags nicht zulässig, er ist ergebniswirksam aufzulösen.

4.1.3 Latente Steuern im Konzernabschluss

4.1.3.1 Stufen der Steuerlatenzermittlung im Konzern

Im **Konzernabschluss** können sich gegenüber den Einzelabschlüssen abweichende bzw. zusätzliche latente Steuern ergeben. Ursache hierfür können zum einen die unterschiedliche Bilanzierung und Bewertung in der Konzernbilanz im Rahmen der sog. HB II im Vergleich zur Einzelbilanz, der sog. HB I, sein. Zum anderen können sich aus den eigentlichen Konsolidierungsvorgängen weitere Abweichungen zur Steuerbilanz ergeben. Vgl. hierzu die Übersicht in Kapitel 3.1.5.6.

4.1.3.2 Ansatz und Bewertung latenter Steuern im Konzernabschluss auf der Ebene Handelsbilanz II

Ansatz und Bewertung latenter Steuern im Konzernabschluss auf der Ebene HB II sind wie folgt geregelt.

> **Bisher:**
> - Grundsätzlich gleiche Regelungen wie in der HB I nach HGB, d.h. Ansatzwahlrecht für einen Aktivsaldo latenter Steuern ohne Einbeziehung latenter Steuern auf Verlustvorträge und Ansatzpflicht für einen Passivsaldo. Für aktive latente Steuern auf Verlust-/Zinsvorträge bestand bislang laut vorwiegender Literaturmeinung auch im Konzernabschluss ein Ansatzverbot (vgl. auch Kapitel 3.1.5.7.1).
> - Aber laut DRS 10 galt abweichend hiervon:
>   **Ansatzpflicht** in der HB II für Aktivsaldo latenter Steuern einschließlich der aktiven Steuerlatenzen auf Verlustvorträge – auch wenn in der HB I kein Ansatz erfolgte. Diese Regelung im DRS 10 war strittig und wurde in der Praxis häufig nicht angewandt.

> **Nach dem BilMoG neu:**
> - Gleiche Regelung in der HB II wie in der HB I, d.h. Ansatzwahlrecht für einen Aktivsaldo **unter** Einbeziehung latenter Steuern auf Verlust-/Zinsvorträge und Ansatzpflicht für einen Passivsaldo latenter Steuern.
> - Der DRS 18, welcher den DRS 10 abgelöst hat, gibt die bisher im DRS 10 postulierte Ansatzpflicht eines Aktivsaldos zugunsten eines Ansatzwahlrechts – dem Gesetzeswortlaut entsprechend – auf.

4.1.3.3 Ansatz und Bewertung latenter Steuern im Konzernabschluss infolge von Konsolidierungsvorgängen

4.1.3.3.1 Gesetzliche Vorschriften

Die gesetzlichen Vorschriften zum **Ansatz und zur Bewertung latenter Steuern im Konzernabschluss** infolge von **Konsolidierungsvorgängen** gemäß HGB sehen wie folgt aus:

Bisher:
- Es besteht eine **Aktivierungs- und Passivierungspflicht für latente Steuern** aus **erfolgswirksamen Konsolidierungsvorgängen** gem. § 306 HGB.
- Bisheriger Wortlaut:
 „Ist das im Konzernabschluß ausgewiesene Jahresergebnis aufgrund von Maßnahmen, die nach den Vorschriften dieses Titels durchgeführt worden sind, niedriger oder höher als die Summe der Einzelergebnisse der in den Konzernabschluß einbezogenen Unternehmen, so ist der sich für das Geschäftsjahr und frühere Geschäftsjahre ergebende Steueraufwand, wenn er im Verhältnis zum Jahresergebnis zu hoch ist, durch Bildung eines Abgrenzungsposten auf der Aktivseite oder, wenn er im Verhältnis zum Jahresergebnis zu niedrig ist, durch Bildung einer Rückstellung nach § 249 Abs. 1 Satz 1 anzupassen, soweit sich der zu hohe oder der zu niedrige Steueraufwand in späteren Geschäftsjahren voraussichtlich ausgleicht. Der Posten ist in der Konzernbilanz oder im Konzernanhang gesondert anzugeben. Er darf mit den Posten nach § 274 zusammengefasst werden."

Nach dem BilMoG neu:
- Es besteht eine **Aktivierungs- und Passivierungspflicht für latente Steuern**, welche sich aus **unterschiedlichen Wertansätzen in der Konzernbilanz im Vergleich zur Steuerbilanz** infolge von Konsolidierungsvorgängen ergeben (§ 306 HGB n.F.).
- Neuer Wortlaut:
 „Führen Maßnahmen, die nach den Vorschriften dieses Titels durchgeführt worden sind, zu Differenzen zwischen den handelsrechtlichen Wertansätzen der Vermögensgegenstände, Schulden oder Rechnungsabgrenzungsposten und deren steuerlichen Wertansätzen und bauen sich diese Differenzen in späteren Geschäftsjahren voraussichtlich wieder ab, so ist eine sich insgesamt ergebende Steuerbelastung als passive latente Steuern und eine sich insgesamt ergebende Steuerentlastung als aktive latente Steuern in der Konzernbilanz anzusetzen. Die sich ergebende Steuerbe- und die sich ergebende Steuerentlastung können auch unverrechnet angesetzt werden. Differenzen aus dem erstmaligen Ansatz eines nach § 301 Abs. 3 verbleibenden Unterschiedsbetrags bleiben unberücksichtigt. Das Gleiche gilt für Differenzen, die sich zwischen dem steuerlichen Wertansatz einer Beteiligung an einem Tochterunternehmen, assoziierten Unternehmen oder einem Gemeinschaftsunternehmen im Sinn des § 310 Abs. 1 und dem handelsrechtlichen Wertansatz des im Konzernabschluss angesetzten Nettovermögens ergeben. § 274 Abs. 2 ist entsprechend anzuwenden. Die Posten dürfen mit den Posten nach § 274 HGB zusammengefasst werden."
- Der neue Wortlaut zeigt, dass auch im Konzernabschluss die Umstellung vom **Timing-** auf das **Temporary-Konzept** erfolgt ist, vgl. hierzu auch Kapitel 3.1.5.4.
- **Übergangsregelung:**
 Nach Art. 67 Abs. 6 S. 1 EGHGB n.F. sind latente Steuern aus der erstmaligen Anwendung von § 274 und auch § 306 HGB n.F. grundsätzlich unmittelbar mit den Gewinnrücklagen – also erfolgsneutral – zu verrechnen.

4.1.3.3.2 Konsolidierungsvorgänge mit gegebenenfalls zu erfassender Steuerlatenz

Aus den nachstehend genannten **Konsolidierungsvorgängen** im Rahmen der Erstellung des Konzernabschlusses können sich für die Latenzrechnung relevante Unterschiede zwischen der Konzernbilanz und Steuerbilanz ergeben. Dies gilt grundsätzlich für alle Formen der Konsolidierung, d.h. für die:

1. **Vollkonsolidierung**
   - Kapitalkonsolidierung,
   - Zwischenergebnis- sowie Aufwands- und Ertragseliminierung,
   - Schuldenkonsolidierung.
2. **Quotale Konsolidierung**
3. **At Equity-Konsolidierung**

Hinzu kommen noch sog. Outside Basis Differences (vgl. Kapitel 4.1.3.3.2.4).

Im Rahmen der Quotalen Konsolidierung und der At Equity-Konsolidierung sind die bei der Vollkonsolidierung genannten Konsolidierungsschritte analog anzuwenden. Vgl. ausführlich zur Behandlung latenter Steuern im Rahmen der Konsolidierung Hahn, 2011b.

4.1.3.3.2.1 Latente Steuern im Rahmen der Kapitalkonsolidierung
4.1.3.3.2.1.1 Latente Steuern auf aufgedeckte stille Reserven/Lasten

Durch den **Ansatz von Vermögen und Schulden der erworbenen Tochterunternehmen** im Zeitpunkt der Erstkonsolidierung zu **Zeitwerten** werden deren stille Reserven/Lasten aufgedeckt. Dies führt in der Regel zu Abweichungen zur Steuerbilanz. Dabei ist für die Berechnung der latenten Steuern folgendes zu beachten.

Bisher:
- Nach deutschem Recht wurde bisher die Meinung vertreten, dass auf die im Rahmen der Erstkonsolidierung aufgedeckten stillen Reserven/Lasten keine latenten Steuern anzusetzen sind.
- **Begründung:**
  Da die Differenzen nicht ergebniswirksam entstanden sind, greift das Timing-Konzept gemäß § 306 HGB nicht.
- Abweichend hiervon galt aber die Vorgabe des DRS 10, wonach latente Steuern auf diese Differenzen dennoch anzusetzen waren.

Nach dem BilMoG neu:
- Latente Steuern sind gemäß dem Wortlaut von § 306 HGB n.F. auf die im Rahmen von Unternehmenserwerben aufgedeckten stillen Reserven/Lasten anzusetzen.
- Die Neuregelung entspricht der Regelung in IAS 12.
- **Übergangsregelung:**
  Im Zeitpunkt der Umstellung auf das BilMoG sind nach Art. 67 Abs. 6 S. 1 EGHGB n.F. die latenten Steuern auf die aus der Erstkonsolidierung noch vorhandenen stillen Reserven/Lasten nachträglich erfolgsneutral über die Gewinnrücklagen zu erfassen.

4.1.3.3.2.1.2 Fallstudie zu latenten Steuern im Rahmen der Kapitalkonsolidierung

Zu Verdeutlichung der oben angeführten Sachverhalte zur Berechnung latenter Steuern auf Differenzen durch die Kapitalkonsolidierung dient das nachstehende Beispiel.

4.1 Gravierende Änderungen

Beispiel:
M (Mutterunternehmen) erwirbt zum Kaufpreis von 500 GE sämtliche Anteile an der T GmbH (Tochterunternehmen). Vor dem Erwerb weisen M und T nachstehende Bilanzen auf:

Handelsbilanz M				Handelsbilanz (HB I = HB II) T			
Kasse	500	Eigenkapital	500	Gebäude	1.800	Eigenkapital	300
	500		**500**	Maschinen	500	Verb./Rück.	2.000
					2.300		**2.300**

Die Zeitwerte und Steuerbilanzwerte zum Zeitpunkt der Erstkonsolidierung stellen sich wie folgt dar. Für die Steuerbilanz werden vereinfachend die Werte der Handelsbilanz unterstellt.

	Zeitwerte	Steuerbilanzwerte
Gebäude	1.900	1.800
Maschinen	600	500
Verbindlichkeiten/Rückstellungen	./. 2.100	./. 2.000
Summe	**400**	**300**

Ohne die Berücksichtigung latenter Steuern würde sich ein in der Konzernbilanz auszuweisender erworbener Goodwill von 100 GE ergeben, d.h.:

Kaufpreis	500
./. Zeitwertvermögen	./. 400
= Goodwill (vorläufig)	**100**

Der erworbene Goodwill von 100 GE ist aber nicht der endgültige, in der Konzernbilanz auszuweisende Betrag, da im Rahmen der Ermittlung des Zeitvermögens auch die latenten Steuerschulden/-forderungen zu berücksichtigen sind.

Wird unterstellt, dass die Differenzen zwischen den Zeitwerten und den Steuerbilanzwerten im Zeitpunkt der Realisierung mit 30 % zu versteuern sind, dann leiten sich folgende aktive und passive latente Steuern ab:

	Konzernbilanz	Steuerbilanz	Temporary Differenzen	Aktive Steuerlatenz	Passive Steuerlatenz
Gebäude	1.900	1.800	100		30
Maschinen	600	500	100		30
Verbindlichkeiten/ Rückstellungen	2.100	2.000	100	30	
				30	60

Saldo passive latente Steuern (Steuerschuld)   – 30

Die passiven latenten Steuern stellen also quasi eine „stille Last" dar, die die Zeitwerte verringern. D.h. das **Netto**-Zeitwertvermögen beträgt:

Gebäude	1.900
Maschinen	600
Verbindlichkeiten/Rückstellungen	./. 2.100
Passive Steuerlatenz	./. 30
Summe	**370**

Unter Berücksichtigung der latenten Steuern auf die Zeitwerte der einzelnen Vermögensgegenstände und Schulden ergibt sich demzufolge ein **korrigierter erworbener Goodwill** von

Kaufpreis	500
./. Netto-Zeitwertvermögen	./. 370
= Erworbener Goodwill (endgültig)	**130**

Dieser **Goodwill** ist in der Konzernbilanz bei der Erstkonsolidierung auszuweisen. D.h. die Konzernbilanz sieht wie folgt aus:

Konzernbilanz

Gebäude	1.900	Eigenkapital	500
Maschinen	600	Verbindlichkeiten/	
Goodwill	130	Rückstellungen	2.100
		Passive Steuerlatenz	30
	2.630		2.630

4.1.3.3.2.1.3 Latente Steuern auf den erworbenen Goodwill/ negativen Unterschiedsbetrag

Nach Ermittlung der latenten Steuern auf die stillen Reserven/Lasten stellt sich die Frage, ob auf den verbleibenden korrigierten erworbenen Goodwill/negativen Unterschiedsbetrag weitere latente Steuern anzusetzen sind.

Bisher:
➤ Es findet kein Ansatz statt, auch nicht nach DRS 10.

Nach dem BilMoG neu:
➤ Explizite Ausnahmeregelung in § 306 S. 3 HGB n.F., wonach auf Differenzen zur Steuerbilanz, die sich aus dem erstmaligen Ansatz eines Goodwill oder eines passiven Unterschiedsbetrags nach **§ 301 Abs. 3 HGB n.F.** (Kapitalkonsolidierung) in der Konzernbilanz ergeben, **keine** latenten Steuern angesetzt werden dürfen.
➤ Die Regelung entspricht IFRS, wobei die IFRS-Bestimmung aber umfassender ist. Nach IAS 12, 15 (a) sind auf Differenzen des erworbenen Goodwill aus der erstmaligen **Einbeziehung einer Gesellschaft generell keine** latenten Steuern auszuweisen. Es erfolgt also keine Begrenzung auf den aufgedeckten Goodwill im Rahmen der Kapitalkonsolidierung, wie in § 306 S. 3 HGB n.F.

Der Grund für diese **Ausnahmeregelung** ist insbesondere eine Vereinfachung, da ansonsten zur Ermittlung der latenten Steuern grundsätzlich ein aufwendiges Iterationsverfahren, welches zu einer Aufblähung des erworbenen Goodwill führen würde, erforderlich wäre.

Das Iterationsverfahren wäre beispielhaft wie folgt für das vorstehend aufgeführte Beispiel durchzuführen:

4.1 Gravierende Änderungen

Goodwill aus der Erstkonsolidierung vor Iteration:			
Handelsbilanz	130,00	Passive Steuerlatenz	
Steuerbilanz	0,00	vor Iteration:	
Differenz	130,00	130,00 x 0,3 = 39,00	

Iterationsschritte:

		zusätzliche passive Steuerlatenz:
Anstieg Goodwill	39,00	39,00 x 0,3 = 11,70
Anstieg Goodwill	11,70	11,70 x 0,3 = 3,51
Anstieg Goodwill	3,51	3,51 x 0,3 = 1,05
Anstieg Goodwill	1,05	1,05 x 0,3 = 0,32
Anstieg Goodwill	0,32	0,32 x 0,3 = 0,09
Anstieg Goodwill	0,09	0,09 x 0,3 = 0,01
…	…	…
Summe	55,71	16,71

Nach der Iteration würde sich der erworbene Goodwill insgesamt auf 185,71 Mio. € (= 130 Mio. € + 55,71 Mio. €) und die passive Steuerlatenz auf 55,71 Mio. € (= 39,00 Mio. € + 16,71 Mio. €) belaufen. Wie erwähnt, ist diese Iterationsrechnung gem. § 306 S. 3 HGB n.F. nicht erforderlich, da auf die Goodwilldifferenz zur Steuerbilanz, in der im vorstehenden Sachverhalt kein separater erworbener Goodwill ausgewiesen wird, keine latente Steuern anzusetzen sind.

Derzeit bestehen Überlegungen beim IASB, die vorstehend genannte Ausnahmeregelung aufzuheben. Hintergrund ist die Tatsache, dass auf die schrittweise Berechnung der latenten Steuern durch Anwendung nachstehender Formel verzichtet werden kann.

Allgemeine Formel:

$$\text{Gesamte passive Steuerlatenz} = \frac{\text{Passive Steuerlatenz vor Iteration}}{1 - s \text{ (Steuersatz)}} = \frac{39,00}{1 - 0,30} = 55,71$$

4.1.3.3.2.2 Latente Steuern aus der Zwischenergebniseliminierung

Im Rahmen der **Zwischenergebniseliminierung** werden die konzerninternen Gewinn- und Verlustbestandteile ermittelt und eliminiert. Da die Eliminierung ergebniswirksam erfolgt, ergeben sich durch die Umstellung vom Timing- auf das Temporary-Konzept in § 306 HGB n.F. keine Änderungen, zumal – wie ausgeführt – bereits nach bisherigem Recht eine Ansatzpflicht für latenten Steuern auf Konsolidierungsvorgänge besteht.

> - Zwischengewinneliminierung führt zu einer aktiven Steuerlatenz.
> - Zwischenverlusteliminierung führt zu einer passiven Steuerlatenz.
> - **Steuersatz für latente Steuern auf Zwischenergebnisse:**
>   Nach DRS 18 Ziff. 45 ist – entsprechend IAS 12 i.V.m. IAS 27, Ziff. 25 – der Steuersatz des empfangenden Unternehmens maßgeblich. Anders noch der DRS 10, wonach entsprechend US-GAAP der Steuersatz des liefernden Unternehmens relevant war.

4.1.3.3.2.3 Latente Steuern aus der Schuldenkonsolidierung

Differenzen aus der Schuldenkonsolidierung führen sowohl nach bisherigem als auch nach neuem Recht bei erfolgswirksam auszubuchenden Differenzen zu latenten Steuern. Durch die Umstellung auf das Temporary-Konzept hat sich hieran nichts geändert. Die Abbildung auf der folgenden Seite stellt die Zusammenhänge systematisch dar.

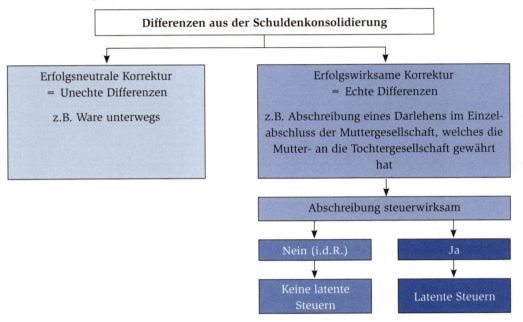

4.1.3.3.2.4 Keine latente Steuern auf Outside Basis Differences

Im neuen HGB wird in § 306 neben den latenten Steuern auf den Goodwill/Unterschiedsbetrag aus der Erstkonsolidierung ein weiterer **Ausnahmefall** verankert.

> ➤ Zusätzlich zu den beschriebenen Abweichungen zwischen der Handels- und Steuerbilanz infolge von Konsolidierungsvorgängen können sich Differenzen zwischen dem steuerlichen Wertansatz einer **Beteiligung** an einem Tochterunternehmen, assoziierten Unternehmen oder einem Gemeinschaftsunternehmen und dem handelsrechtlichen **Wertansatz im Konzernabschluss** ergeben.
> ➤ Dieser Fall tritt z.B. ein, wenn ein Tochterunternehmen in der Rechtsform einer Kapitalgesellschaft in den Folgejahren nach dem Erwerb einen Gewinn erwirtschaftet und thesauriert. Dadurch verändert sich ihr Nettovermögen/Eigenkapital im Konzernabschluss, während der Beteiligungsansatz in der Steuerbilanz des Mutterunternehmens unverändert bleibt. Bei einer Ausschüttung an das Mutterunternehmen oder einem Verkauf des Tochterunternehmens würde hierauf eine Steuerbelastung nach den einschlägigen steuerlichen Regelungen (§ 8b KStG) anfallen. Der Gesetzgeber bestimmt explizit in § 306 S. 4 HGB n.F., dass auf diese sog. Outside Basis Differences **keine** latenten Steuern anzusetzen sind. In der Begründung zur Beschlussempfehlung des Rechtsausschusses wird darauf verwiesen, dass diese Ausnahmeregelung aus **Praktikabilitätsüberlegungen** erfolgt sei.

Outside Basis Differences haben also letztlich ihre Ursache in konzeptionellen Unterschieden zwischen der Handelsbilanz und der Steuerbilanz im Hinblick auf die Erfassung der Vermögenswerte/Schulden. Der Wortlaut des HGB enthält – abweichend von IFRS – nur für den vorstehend beschriebenen Sachverhalt einer Outside Basis Differences eine explizite Ausnahmeregelung, gemäß der keine latenten Steuern anzusetzen sind. Inwieweit eine analoge Anwendung auf andere Fälle von Outside Basis Differences möglich ist, ist in der Literatur strittig.

> Zur Verdeutlichung soll die Fallstudie wie folgt fortgeführt werden:
> - Das Tochterunternehmen T erwirtschaftet im Folgejahr einen Gewinn vor Steuern von 100 GE.
> - In der Handelsbilanz (Einzelbilanz) und Steuerbilanz soll weiterhin gleich bilanziert und bewertet werden.
> - Die Ertragsteuerbelastung soll 30 % = 30 GE betragen haben, sodass ein Gewinn nach Steuern von 70 GE verbleibt.
> - In der Konzernbilanz sollen vereinfachend keine Abschreibungen des erworbenen Goodwill (130 GE) und der erworbenen Zeitwerte (400 GE) erforderlich gewesen sein.
>
> Damit leiten sich am Ende des 1. Jahres folgende Outside Basis Differences ab:
>
> | | Erwerbszeitpunkt | Ende des 1. Jahres |
> |---|---|---|
> | Beteiligungsbuchwert in der StB und HB der Mutter | 500 | 500 |
> | Vermögen der Tochter laut StB und HB | 300 | 370 |
> | Stille Reserven in der Konzernbilanz | 100 | 100 |
> | Passive latente Steuern | – 30 | – 30 |
> | Goodwill | 130 | 130 |
> | Nettovermögen der Tochter im Konzernabschluss | 500 | 570 |
> | Outside Basis Differences | 0 | – 70 |
>
> - Unterstellt, dass bei Realisierung der Outside Basis Differences, z.B. durch Verkauf der Beteiligung, diese der Besteuerung nach § 8b KStG unterliegt, müssen hiervon 5 % = 3,5 GE mit 30 % versteuert werden. Dies würde zu einer Steuerbelastung in Höhe von: 3,5 GE x 0,3 = 1,05 GE führen.
> - Im Konzernabschluss ist infolge der Ausnahmeregelung in § 306 S. 4 HGB n.F. diese Steuerbelastung **nicht** abzugrenzen. IAS 12,39 beinhaltet eine ähnliche Regelung, die aber weiter spezifiziert ist.

4.2 Einzeländerungen

4.2.1 Änderungen des Minderheitenschutzes bei befreienden Gesamtkonzernabschlüssen

In § 291 HGB werden Unternehmen in bestimmten Fällen von der Erstellung eines Konzernabschlusses befreit. Dies betrifft u.a. die sog. Teilkonzernabschlüsse. Hier ergeben sich Änderungen.

> **Vergleich der bisherigen und der neuen Regelung in § 291 Abs. 3 Nr. 2 HGB**
> Die nachstehende Übersicht zeigt auf, welche Minderheiten trotz eines Gesamtkonzernabschlusses einen Teilkonzernabschluss einfordern können.

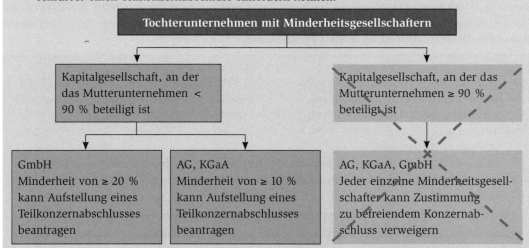

> Mit der Neuregelung, d.h. der Streichung des mit ⊃ ≽ ⊏ ⊐ markierten Tatbestands, wird der rechtssystematisch strittige Tatbestand, dass kleine Minderheiten besser geschützt werden als große Minderheiten, beseitigt.
> **Hinweis:**
> Die Befreiungsregeln greifen generell gem. § 291 Abs. 3 Nr. 1 HGB n.F. nicht, wenn das zu befreiende Unternehmen Kapital an einem organisierten Markt im Sinne des § 2 WpHG aufnimmt.

4.2.2 Festlegung der Berichtsform bei Änderungen des Konsolidierungskreises

In den **Konzernabschluss** sind das Mutterunternehmen und grundsätzlich alle Tochterunternehmen einzubeziehen. Dabei kann sich durch Veränderungen im Konsolidierungskreis die Aussagekraft des Abschlusses von einer Periode zur anderen erheblich verändern. Um die Vergleichbarkeit der Abschlüsse trotzdem sicherzustellen, gelten folgende Regelungen:

Bisher:
Nach § 294 Abs. 2 S. 2 HGB besteht ein Ausweiswahlrecht, wonach entweder die Vorjahreszahlen im Konzernabschluss anzupassen sind oder aber im Anhang Angaben aufzunehmen sind, die es ermöglichen, die aufeinanderfolgenden Konzernabschlüsse zu vergleichen.

Nach dem BilMoG neu:

> Nach § 294 Abs. 2 HGB n.F. wird dieses **Ausweiswahlrecht gestrichen**, d.h. verpflichtend ist die Anhangangabe. Die Korrektur der Vorjahreszahlen entfällt.
> Die Neuregelung entspricht der bisher üblichen Praxis der Anhangangabe.
> Die Neuregelung entspricht im Ansatz der Regelung in den IFRS, allerdings bestehen hier für einzelne Sachverhalte bei Konsolidierungskreisänderungen konkrete Anhangangaben, z.B. bezüglich der Kapitalflussrechnung in IAS 7, 40 ff.

4.2 Einzeländerungen

> **Übergangsregelung:**
> Gem. Art. 66 Abs. 3 S. 4 EGHGB n.F. gilt die Neuregelung erstmals für Geschäftsjahre, die nach dem 31.12.2009 beginnen.

4.2.3 Festlegung des Zeitpunkts der Erstkonsolidierung

Für die Rechenschaftslegung und die Publizität ist ein möglichst früher Zeitpunkt der Erstkonsolidierung wesentlich.

Bisher:

Nach § 301 Abs. 2 HGB kann die **erstmalige Konsolidierung** alternativ zu folgenden Zeitpunkten erfolgen:
1. Erwerbszeitpunkt,
2. Jahresende bzw. erstmaligen Einbeziehung in den Konzernabschluss und
3. bei sukzessivem Erwerb zum Zeitpunkt, ab dem die Kriterien für ein Tochterunternehmen vorliegen.

Nach DRS 4 ist allerdings ausschließlich der Erwerbszeitpunkt zulässig.

Nach dem BilMoG neu:

> Nach § 301 Abs. 2 HGB n.F. erfolgt die Verrechnung auf der Grundlage der Wertansätze zu dem Zeitpunkt, zu dem das Unternehmen **Tochterunternehmen** geworden ist.
> Es gibt allerdings **zwei Ausnahmen**, in denen auf den Zeitpunkt der erstmaligen Einbeziehung abzustellen ist:
> 1. Das Mutterunternehmen stellt erstmals einen Konzernabschluss auf und das Unternehmen ist nicht erst im selben Jahr Tochterunternehmen geworden.
> 2. Ein Tochterunternehmen wird erstmalig einbezogen, nachdem bisher auf die Konsolidierung verzichtet wurde.
>
> Können die Wertansätze zu diesem Zeitpunkt nicht endgültig ermittelt werden, besteht die Möglichkeit, diese innerhalb eines Zeitraums von **zwölf Monaten** zu korrigieren (= sog. **Measurement Period**). Die Anpassung ist erfolgsneutral, d.h. der Goodwill/negative Unterschiedsbetrag ist entsprechend anzupassen.
>
> Die Neuregelung entspricht faktisch der IFRS-Regelung.
>
> **Übergangsregelung:**
> Gem. Art. 66 Abs. 3 S. 4 EGHGB n.F. gilt die Neuregelung grundsätzlich erstmals für Unternehmenserwerbe in Geschäftsjahren, die nach dem 31.12.2009 beginnen. Vgl. zu den Ausnahmen Kapitel 4.1.2.3.2 und 4.1.2.4.

4.2.4 Neuregelung zur Abbildung von Rückbeteiligungen

Rückbeteiligungen sind Beteiligungen einer Konzerntochter an der Konzernmutter. Für den Ausweis einer solchen Konzernstruktur gelten besondere Ausweisregeln.

Bisher:

Nach § 301 Abs. 4 HGB sind eigene Anteile der Mutterunternehmen und Anteile der Tochterunternehmen an dem Mutterunternehmen (Rückbeteiligungen) nicht in die Kapitalkonsolidierung einzubeziehen, sondern im Konzernabschluss als eigene Anteile im Umlaufvermögen auszuweisen.

> **Nach dem BilMoG neu:**
> - **Rückbeteiligungen** sind zwar im Einzelabschluss des Tochterunternehmens zu aktiveren, jedoch auf der Ebene des Konzerns wirtschaftlich als **eigene Anteile des Mutterunternehmens** zu klassifizieren.
> - **Eigene Anteile des Mutterunternehmens dürfen** nach § 272 Abs. 1a HGB n.F. nur noch offen vom Eigenkapital abgesetzt werden. Diese Regelung gilt auch im Konzern.
> ⇒ In der Konzernbilanz wird also die Rückbeteiligung eines Tochterunternehmens an dem Mutterunternehmen so abgebildet, als hätte das Mutterunternehmen die Anteile selbst erworben.

4.2.5 Abschaffung der Kapitalanteilsmethode für assoziierte Unternehmen

Als **assoziierte Unternehmen** gelten alle Beteiligungen, auf die eine Konzerngesellschaft einen **maßgeblichen Einfluss** ausübt. Ein maßgeblicher Einfluss wird gem. § 311 Abs. 1 HGB grundsätzlich dann angenommen, wenn der Stimmrechtsanteil an dem Unternehmen mindestens 20 % beträgt. Die Einbeziehung (Konsolidierung) dieser Unternehmen erfolgt in verkürzter Form nach der sog. At Equity-Methode, gemäß der in der Konzernbilanz der Wert der Beteiligung entsprechend der Eigenkapitalentwicklung des assoziierten Unternehmens fortgeschrieben wird. Im Rahmen des BilMoG wird lediglich der **Ausweis** in der Konzernbilanz neu geregelt.

> **Bisher:**
> Es besteht ein Wahlrecht nach § 312 Abs. 1 HGB, wonach der **Ausweis** des Anteils an assoziierten Unternehmen entweder erfolgen kann:
> - in **einem Betrag**, d.h. zum Kaufpreis/Buchwert = sog. **Buchwertmethode**. Die Differenz zwischen dem Buchwert der Beteiligung und dem (anteiligen) bilanziellen Eigenkapital des assoziierten Unternehmens, der sog. Unterschiedsbetrag, ist bei der erstmaligen Anwendung entweder im Anhang anzugeben oder als Davonvermerk in der Bilanz auszuweisen oder
> - **aufgeteilt auf zwei Beträge**, d.h. zum einem ist der Betrag des anteiligen Eigenkapitals **zum Zeitwert** und zum anderen der Betrag des erworbenen Goodwill anzugeben = sog. **Kapitalanteilsmethode**.
>
> **Nach dem BilMoG neu:**
> - Nach § 312 Abs. 1 HGB n.F. gilt
>   - Zulässig ist in der Bilanz nur noch der Ausweis in einem Betrag, also die Buchwertmethode.
>   - Aber **neu**:
>   – Der Unterschiedsbetrag ist zwingend im Anhang anzugeben, ein Davonvermerk in der Bilanz ist also nicht mehr möglich.
>   – Der in dem Unterschiedsbetrag enthaltene erworbene Goodwill ist separat im Anhang anzugeben. Dies gilt auch für einen passiven Unterschiedsbetrag.
> - In der Bilanzierungspraxis dominiert zwar bisher bereits die Buchwertmethode.
> Zu beachten sind aber neben den konkretisierten **Anhangangaben** vor allem die neuen Regelungen zur Ermittlung der **latenten Steuern**, die auch für die At Equity-Konsolidierung der Beteiligungen an assoziierten Unternehmen gelten (vgl. Kapitel 4.1.3). Dabei sind auch die Übergangsregelungen zu beachten, vgl. Kapitel 4.1.3.3.2.1.1.
> Ferner gelten gem. § 312 Abs. 2 und 3 HGB n.F. für die Ermittlung der Zeitwerte der einzelnen Vermögensgegenstände/Schulden des assoziierten Unternehmens und des Goodwill

bzw. passiven Unterschiedsbetrags die entsprechenden Regelungen wie bei der Kapitalkonsolidierung. Dies gilt auch für die sog. Anpassungsperiode (vgl. hierzu Kapitel 4.1.2).
> **Übergangsregelung:**
Gem. Art. 66 Abs. 3 S. 4 EGHGB n.F. gilt die Neuregelung erstmals für Geschäftsjahre, die nach dem 31.12.2009 beginnen. Von der Neuregelung sind also auch hier nur Erwerbsvorgänge betroffen, die in Geschäftsjahren getätigt werden, die nach dem 31.12.2009 beginnen.

4.2.6 Währungsumrechnung: Einführung Modifizierte Stichtagskursmethode

Die auf ausländische Währung lautenden **Abschlüsse der Konzerngesellschaften** müssen vor der Einbeziehung in die Einheitswährung des Konzernabschlusses umgerechnet werden. Für diese Umrechnung gelten folgende Regelungen:

Bisher:
> Es liegen keine gesetzlichen Regelungen zur Umrechnung ausländischer Abschlüsse in Fremdwährung vor.
> Aber DRS 14 bestimmt die Umrechnung nach dem Konzept der funktionalen Währung.

Nach dem BilMoG neu:
> Die Umrechnung gem. § 308a HGB n.F. hat nach der sog. **modifizierten Stichtagskursmethode** zu erfolgen, d.h. Bewertung der/des:
>   - Aktiv- und Passivposten (ohne Eigenkapital) mit dem **Devisenkassamittelkurs am Abschlussstichtag**.
>   - Eigenkapitals mit dem **historischen Kurs**.
>   - Posten der Gewinn- und Verlustrechnung mit dem **Durchschnittskurs sowie**
>   - die erfolgsneutrale Erfassung der Umrechnungsdifferenzen innerhalb des Konzerneigenkapitals nach den Rücklagen in einer separaten Position.
> Die Neuregelung übernimmt also **nicht** das komplexe Konzept der funktionalen Währung nach IFRS (IAS 21) und DRS 14. Nach diesem Konzept sind Gesellschaften, deren funktionale Währung die Berichtswährung der Mutter ist, nach der Zeitbezugsmethode einzubeziehen und Gesellschaften, deren funktionale Währung eine Fremdwährung ist, nach der modifizierten Stichtagskursmethode einzubeziehen. In der Praxis erfolgt auch beim Konzept der funktionalen Währung im Regelfall die Einbeziehung nach der modifizierten Stichtagskursmethode. Der deutsche Gesetzgeber hat daher aus pragmatischen Gründen allein diese Form der Währungsumrechnung vorgegeben. Die Gesetzesbegründung verweist aber darauf, dass für den Fall, dass die modifizierte Stichtagskursmethode nicht zu sachgerechten Ergebnissen führt (z.B. in Hochinflationsländern) hiervon abzuweichen ist.

4.2.7 Erhöhung der Anforderungen an einen befreienden Konzernabschluss

Um die Befreiung zu erlangen, müssen neben den anderen Voraussetzungen auch die Bestimmungen über den Einsatz der Abschlussprüfer erfüllt werden.

Bisher:
Nach § 292 Abs. 2 HGB entfaltet ein Konzernabschluss eines Mutterunternehmens mit Sitz in einem Drittstaat u.a. dann befreiende Wirkung, wenn der Abschlussprüfer eine den Anforderungen der EG-Abschlussprüferrichtlinie gleichwertige Befähigung hat.

> **Nach dem BilMoG neu:**
>
> Nach § 292 Abs. 2 HGB n.F. muss der Abschlussprüfer aus dem Drittstaat, sofern er nicht in Übereinstimmung mit den Vorschriften der Abschlussprüferrichtlinie zugelassen ist, entweder bei der Wirtschaftsprüferkammer in Deutschland eingetragen oder die Gleichwertigkeit der Abschlussprüfung nach § 134 WPO anerkannt sein.

4.3 Änderungen bei den Anhangangaben

Vgl. hierzu Kapitel 3.2.11.

4.4 Verbleibende wesentliche Unterschiede zwischen IFRS und BilMoG im Rahmen der Konsolidierung

Die **Konsolidierungsvorschriften des BilMoG** sind bis auf die nachstehend genannten Sachverhalte weitgehend gleich mit den Vorschriften nach IFRS. Faktisch sind damit die eigentlichen Konsolidierungsschritte (Kapitalkonsolidierung, Schuldenkonsolidierung, Aufwands- und Ertragskonsolidierung und Zwischenergebniseliminierung) nach IFRS und dem neuen HGB identisch. Dies könnte ein weiterer Grund für die freiwillige Umstellung des Konzernabschlusses vom HGB auf IFRS sein, vgl. Kapitel 1.2.

1. **Passiver Unterschiedsbetrag**
   Nach IFRS 3 ist ein passiver Unterschiedsbetrag erfolgswirksam über die GuV aufzulösen, d.h. es erfolgt kein Ausweis in der Bilanz.
   Gemäß BilMoG bleibt die bisherige Regelung zur Behandlung eines passiven Unterschiedsbetrags in § 309 Abs. 2 HGB unverändert.
2. **Goodwill Behandlung**
   - Nach IFRS gilt ausschließlich der Impairment-Only-Approach, nicht jedoch gemäß dem BilMoG.
   - Das im neuen IFRS 3 (21.01.2008) gewährte Wahlrecht zur Aufdeckung auch des auf die Minderheiten entfallenden Anteils am Goodwill (Full Goodwill Methode) wird im BilMoG nicht gewährt.
3. **Aufdeckung stiller Reserven/Lasten**
   Nach IFRS 3 sind, abweichend vom BilMoG, immaterielle Vermögenswerte/Eventualschulden selbst dann bei der Erstkonsolidierung anzusetzen, wenn diese nicht das Wahrscheinlichkeitskriterium für einen Vermögenswert bzw. eine Schuld erfüllen, jedoch der beizulegende Zeitwert verlässlich ermittelt werden kann. Außerdem regelt § 301 Abs. 1 S. 3 HGB n.F., dass in bestimmten Fällen im Rahmen der Erstkonsolidierung die Buchwerte relevant sind (vgl. Kapitel 4.1.2.3.2).

4.5 Konzernrechnungslegung: Zusammenfassung

Nachstehend werden noch einmal in einer Zusammenfassung die Vorschriften zur Konzernrechnungslegung nach bisherigem, nach neuem Recht und nach IFRS-Standards aufgeführt.

4.5 Konzernrechnungslegung: Zusammenfassung

Gegenstand	HGB alt	HGB neu (BilMoG)	IFRS
Einbeziehung von sog. Zweckgesellschaften	In der Regel nein, da faktischer Konzern neben der „Einheitlichen Leitung" eine „Beteiligung" voraussetzt	Ja, gemäß neuem Konzept, welches losgelöst von der rechtlichen Konstruktion auf die Übernahme von Risiken und Chancen abstellt	Ja, gemäß SIC 12, welcher faktisch im neuen HGB übernommen wurde
Methoden zur Abbildung von Unternehmenszusammenschlüssen	Erwerbsmethode und Interessenzusammenführungsmethode	Nur noch Erwerbsmethode. Abschaffung der Interessenzusammenführungsmethode	Nur Erwerbsmethode
Varianten der Erwerbsmethode	Wahlrecht zwischen Buchwert- und Neubewertungsmethode	Nur noch Neubewertungsmethode. Abschaffung der Buchwertmethode	Nur Neubewertungsmethode
Erworbener Goodwill	Wahlrecht zwischen: 1. Aktivierung und Abschreibung (planmäßig und außerplanmäßig) 2. Erfolgsneutraler Verrechnung mit Gewinnrücklagen sofort oder verteilt auf mehrere Jahre	Zwingend Aktivierung und Abschreibung (planmäßig und außerplanmäßig)	Aktivierungspflicht; keine planmäßige Abschreibung, sondern Impairment-Only-Approach
Ausweis Unterschiedsbeträge aus der Kapitalkonsolidierung	Ausweiswahlrecht, d.h. aktive und passive Unterschiedsbeträge können in der Bilanz saldiert werden	Gesonderter Ausweis von aktiven und passiven Unterschiedsbeiträgen	Gesonderter Ausweis der aktiven Unterschiedsbeträge. Passive Unterschiedsbeträge sind sofort erfolgswirksam aufzulösen
Erstkonsolidierungszeitpunkt	Wahlrecht zwischen: 1. Erwerbszeitpunkt 2. Erstmaliger Einbeziehung und 3. Zeitpunkt, zu dem das Unternehmen Tochterunternehmen wurde	Grundsätzlich Zeitpunkt, zu dem das neue Unternehmen Tochterunternehmen geworden ist	Erwerbszeitpunkt

Gegenstand	HGB alt	HGB neu (BilMoG)	IFRS
Konsolidierung assoziierter Unternehmen	Wahlrecht zwischen Buchwert- und Kapitalanteilsmethode	Nur noch Buchwertmethode	Nur Buchwertmethode. Keine Anschaffungswertrestriktion
Währungsumrechnung	Nicht gesetzlich geregelt. Aber Regelung im DRS 14	Modifizierte Stichtagskursmethode. Keine Regelung für Hochinflationsländer	Konzept der funktionalen Währung. Sonderregelung für Hochinflationsländer
Latente Steuern auf Konsolidierungsvorgänge	Ansatzpflicht; Ausnahmen: Latente Steuern auf – stille Reserven/Lasten und – Goodwill/negativer Unterschiedsbetrag im Rahmen der Erstkonsolidierung	Ansatzpflicht; Ausnahmen: Latente Steuern auf – Goodwill/negativer Unterschiedsbetrag im Rahmen der Erstkonsolidierung – Outside Basis Differences	Ansatzpflicht; Ausnahme: Latente Steuern auf – Goodwill im Rahmen der Erstkonsolidierung

5. Erweiterungen des Lageberichts

Der **Lagebericht** enthält gem. § 289 bzw. § 315 HGB vor allem Angaben zum Geschäftsverlauf und der Lage der Gesellschaft. Er muss ferner die Risiken der künftigen Entwicklung der Gesellschaft darstellen. Außerdem soll er die nach dem Abschlussstichtag eingetretenen Vorgänge von besonderer Bedeutung kommentieren und über die Forschungs- und Entwicklungsaktivitäten berichten.

> Der Lagebericht wird im Rahmen des BilMoG in zwei Punkten erweitert:
> 1. **Erklärung zur Unternehmensführung,**
> 2. **Beschreibung des rechnungslegungsbezogenen internen Kontroll- und Risikomanagementsystems.**

Darüber hinaus wird in § 289 Abs. 4 S. 1 Nr. 1, 3 und 9 und S. 2 HGB n.F. bzw. § 315 Abs. 4 S. 1 Nr. 1, 3 und 9 und S. 2 HGB n.F. bestimmt, dass die nach diesen Vorschriften im Lagebericht offen zu legenden Angaben (insbesondere zu Aktiengattungen und Beteiligungen sowie Entschädigungsvereinbarungen) zukünftig nur noch dann anzugeben sind, soweit sie nicht im Anhang bzw. Konzernanhang veröffentlicht werden. Dadurch sollen Doppelangaben vermieden und der Lagebericht entlastet werden. Allerdings ist gem. § 289 Abs. 4 S. 2 HGB n.F. bzw. § 315 Abs. 4. S. 2 HGB n.F. im Lagebericht darauf zu verweisen, dass diese Angaben im Anhang veröffentlicht werden.

5.1 Erklärung zur Unternehmensführung

Bei der Erklärung zur Unternehmensführung ist folgendes zu beachten:

> **Bisher:**
> ➢ Lediglich für börsennotierte Aktiengesellschaften gem. § 161 AktG Verpflichtung zur Abgabe der sog. Entsprechenserklärung des Deutschem Corporate Governance Kodex (DCGK).
>
> **Nach dem BilMoG neu:**
> ➢ Größere **Anzahl der betroffenen Unternehmen und** größerer **Umfang**.
> ➢ Pflicht gem. § 289a Abs. 1 HGB n.F. für:
>   • alle börsennotierten Aktiengesellschaften sowie
>   • Aktiengesellschaften, die andere Wertpapiere als Aktien (z.B. Schuldtitel) zum Handel an einem organisierten Markt ausgegeben haben, sofern deren Aktien auf Veranlassung des Unternehmens über ein multilaterales Handelssystem (in Deutschland i.d.R. im Freiverkehr) gehandelt werden.
> ➢ **Publizitätswahlrecht:**
>   • Gesonderter Abschnitt im Lagebericht oder
>   • Einstellung der Erklärung auf die Internetseite des Unternehmens und Bezugnahme im Lagebericht auf die Internetseite.
> ➢ **Umfang der Erklärung gem. § 289a Abs. 2 HGB n.F.:**
>   1. Erklärung gem. § 161 AktG, dass dem deutschen Corporate Governance Kodex der Regierungskommission entsprochen wird bzw. in welchen Punkten hiervon abgewichen worden ist und warum.
>   2. Relevante Angaben zu Unternehmensführungspraktiken, die über die gesetzlichen Anforderungen hinaus angewandt werden, wie z.B. unternehmensweit gültige ethische Standards.

3. Beschreibung der Arbeitsweise von Vorstand und Aufsichtsrat sowie der Zusammensetzung und Arbeitsweise der Ausschüsse. Sofern diese Angaben auf der Internetseite des Unternehmens zur Verfügung gestellt werden, kann – um Doppelangaben zu vermeiden – die Angabe entfallen, wenn auf die Internetseite verwiesen wird.
- Die Erklärung unterliegt gem. § 317 Abs. 2 S. 3 HGB n.F. **nicht** der **Abschlussprüfung**.
- Damit hat ggf. eine **Zweiteilung** des Lageberichts in einen geprüften und in einen ungeprüften Teil zu erfolgen.
- Im **Bestätigungsvermerk** ist gem. IDW PS 345 darauf hinzuweisen, dass die Erklärung **nicht Prüfungsgegenstand** war.
- **Anwendungsbeginn:** Gemäß Art. 66 Abs. 2 S. 1 EGHGB n.F. erstmals für Geschäftsjahre, die nach dem 31.12.2008 beginnen. Die Änderungen hinsichtlich der Entsprechenserklärung (i.S.d. § 161 AktG n.F.) gelten mit Inkrafttreten des BilMoG.

5.2 Beschreibung des internen Kontroll- und Risikomanagementsystems

Von der neuen Berichterstattungspflicht über das **interne Kontroll- und Risikomanagementsystem** sind folgende Unternehmen betroffen:

- **Kapitalmarktorientierte Kapitalgesellschaften** gem. § 289 Abs. 5 HGB n.F.,
- Konzerne, wenn ein in den Konzernabschluss einbezogenes Tochterunternehmen oder das Mutterunternehmen kapitalmarktorientiert ist, gem. § 315 Abs. 2 Nr. 5 HGB n.F.

Im Lagebericht sind gem. § 289 Abs. 5 bzw. § 315 Abs. 2 Nr. 5 HGB n.F. die wesentlichen **Merkmale** des internen Kontroll- und Risikomanagementsystems im Hinblick auf den **Rechnungslegungsprozess** zu beschreiben.

- Die **Gesetzesbegründung** verweist u.a. darauf, dass:
  - Der Umfang der Beschreibungen von den individuellen Gegebenheiten eines jeden Unternehmens abhängig ist.
  - Eine Einschätzung zur Effektivität des internen Kontroll- und Risikomanagementsystems – abweichend vom Sarbanes-Oxley Act – nicht verlangt wird.
  - Für den Fall, dass kein System eingerichtet wurde, dies anzugeben ist.
  Anmerkung: Damit wird faktisch die Einrichtung vorgeschrieben.
  - Das interne Kontrollsystem die Grundsätze, Verfahren und Maßnahmen zur Sicherung der Wirksamkeit und Wirtschaftlichkeit sowie zur Sicherung der Ordnungsmäßigkeit der Rechnungslegung und der Einhaltung der maßgeblichen rechtlichen Vorschriften umfasst.
  - Die Angaben zum internen Risikomanagementsystem mit dem Risikobericht nach § 289 Abs. 2 Nr. 2 bzw. § 315 Abs. 2 Nr. 2 HGB n.F. zusammengefasst im Lagebericht dargestellt werden können.
- **Anwendungsbeginn:** Gemäß Art. 66 Abs. 2 S. 1 EGHGB n.F. erstmals für Geschäftsjahre, die nach dem 31.12.2008 beginnen.

6. Corporate Governance und Abschlussprüfung

6.1 Hinweise zum Anwendungsbeginn
Im Hinblick auf die Neuregelungen zu **Corporate Governance** und zur **Abschlussprüfung** sind folgende Hinweise zu beachten:

> - Alle nachstehend genannten Regelungen beinhalten die Umsetzung von Vorschriften, die sich aus der EG-Abschlussprüferrichtlinie vom 17.05.2006 ergeben. Gem. Art. 66 Abs. 2 EGHGB n.F. sind die nachstehend genannten Regelungen bereits für Geschäftsjahre, die **nach dem 31.12.2008** beginnen, anzuwenden. Auf diesen **vorgezogenen Anwendungsbeginn** wird nachstehend bei den einzelnen Neuregelungen in Kapitel 6 nicht mehr gesondert verwiesen.
> - **Erleichterungen** im Hinblick auf den Anwendungsbeginn bestehen bei den Vorschriften zur Zusammensetzung des Aufsichtsrats und zur Einrichtung von Prüfungsausschüssen sowie im Hinblick auf die Cooling-off-Periode, vgl. hierzu die folgenden Ausführungen.

6.2 Zusammensetzung des Aufsichtsrats
Die **Zusammensetzung des Aufsichtsrats** der kapitalmarktorientierten Aktiengesellschaften erfährt eine Konkretisierung bezüglich der persönlichen Voraussetzungen mindestens eines seiner Mitglieder:

> **Bisher:**
> Keine gesetzlichen Regelungen.
>
> **Nach dem BilMoG neu:**
> Nach § 100 Abs. 5 AktG n.F. muss bei kapitalmarktorientierten Aktiengesellschaften **mindestens ein Mitglied** des Aufsichtsrats folgende zwei Voraussetzungen erfüllen:
> 1. **Unabhängigkeit** und
> 2. **Sachverstand**
>
> **Zu 1. Unabhängigkeit:**
> - Weder das deutsche Recht noch die EG-Abschlussprüferrichtlinie enthalten eine Definition. Verwiesen wird aber in der Gesetzesbegründung auf die Empfehlung der EU-Kommission vom 15.02.2005.
> - Daraus ergibt sich folgende Umschreibung des Unabhängigkeitstatbestands: Keine geschäftlichen, familiären oder sonstigen Beziehungen zur Gesellschaft, ihrem Mehrheitsgesellschafter oder dessen Geschäftsführung, die einen Interessenkonflikt begründen, der das Urteilsvermögen beeinträchtigen könnte.
> - Beispiele für Ausschlussgründe laut EU-Kommission:
>   - Innerhalb der vergangenen fünf Jahre Mitglied der Geschäftsleitung,
>   - Zusätzliche wesentliche erfolgsabhängige Vergütungen,
>   - Partner oder Angestellter des Abschlussprüfers.
>
> **Zu 2. Sachverstand:**
> - Nach der Rechtsprechung des BGH wird von jedem Aufsichtsratsmitglied ein gewisses Grundverständnis der Bilanzierungsvorschriften, der internen Kontrollsysteme und des Risiko-Managementsystems verlangt.

- Nach § 100 Abs. 5 AktG n.F. muss Sachverstand auf dem **Gebiet der Rechnungslegung oder Abschlussprüfung** vorliegen. Dieses Erfordernis geht sicherlich über das Grundverständnis hinaus.
- Die Gesetzesbegründung konkretisiert, dass von einem Sachverstand auf dem Gebiet der Rechnungslegung oder Abschlussprüfung nicht nur bei Angehörigen der steuerberatenden oder wirtschaftsprüfenden Berufe oder bei einer speziellen beruflichen Ausbildung ausgegangen werden kann, sondern dass dies beispielsweise auch für Finanzvorstände, fachkundige Angestellte aus dem Rechnungswesen und Controlling, Analysten sowie langjährige Mitglieder in Prüfungsausschüssen oder Betriebsräten, die sich diese Fähigkeiten durch Weiterbildung angeeignet haben, angenommen werden kann.
- **Anwendungsbereich:**
  Die Verpflichtung zur entsprechenden Zusammensetzung des Aufsichtsrats gilt **nicht** nur für alle kapitalmarktorientierte **Aktiengesellschaften**, sondern auch für kapitalmarktorientierte Gesellschaften anderer Rechtsformen, die einen Aufsichtsrat eingerichtet haben, d.h. insbesondere über § 52 Abs. 1 S. 1 GmbHG n.F. für die **GmbH** und über § 36 Abs. 4 GenG n.F. für **Genossenschaften**.
- **Anwendungsbeginn:**
  Gemäß § 12 Abs. 4 EGAktG n.F. findet die Neuregelung keine Anwendung, solange alle Mitglieder des Aufsichtsrats **vor dem Inkrafttreten des BilMoG** bestellt worden sind. Damit genügt es, wenn die neuen Anforderungen bei der **ersten Aufsichtsratsbestellung nach Inkrafttreten** des BilMoG beachtet werden. Eine entsprechende Übergangregelung gilt laut den einschlägigen neuen Gesetzesbestimmungen auch für andere Rechtsformen.

6.3 Einrichtung eines internen Prüfungsausschusses

Der **Deutsche Corporate Governance Kodex** empfiehlt den börsennotierten Gesellschaften die Einrichtung eines Prüfungsausschusses innerhalb des Aufsichtsrats, um die Effizienz und die Aufsichtspflichten dieses Gremiums zu erhöhen. Diese Empfehlung erhält nunmehr eine gesetzliche Grundlage.

Bisher:
Keine gesetzlichen Regelungen.

Nach dem BilMoG neu:

- Falls **kein** Aufsichtsratsmitglied die beiden Kriterien nach § 100 Abs. 5 AktG n.F. (Unabhängigkeit und Sachverstand) erfüllt, müssen die kapitalmarktorientierten Kapitalgesellschaften nach § 324 Abs. 1 HGB n.F. einen Prüfungsausschuss einrichten. Dies gilt auch für kapitalmarktorientierte Kapitalgesellschaften, die keinen Aufsichtsrat eingerichtet haben. Dabei muss nach § 324 Abs. 2 HGB n.F. bzw. § 107 Abs. 4 AktG n.F. mindestens ein Mitglied des Prüfungsausschusses die beiden Kriterien erfüllen.
- **Aufgaben des Prüfungsausschusses:**
  Gem. § 107 Abs. 3. S. 2 AktG n.F. obliegt ihm insbesondere die Überwachung:
  - des Rechnungslegungsprozesses,
  - des internen Kontroll- und Risikomanagementsystems und
  - der internen Revision sowie
  - der Abschlussprüfung, vor allem im Hinblick auf die Unabhängigkeit des Abschlussprüfers.

Die Arbeit des Prüfungsausschusses flankiert also die Arbeit des Abschlussprüfers. Während sich die Prüfungstätigkeit des Abschlussprüfers vorwiegend auf die Rechnungslegung und den Rechnungslegungsprozess bezieht, geht die Arbeit der Prüfungsausschüsse darüber hinaus. Sie erstreckt sich auch auf die Überwachung der Einhaltung aller durch die Rechtsordnung sowie die Unternehmensleitung vorgegebenen Rahmenbedingungen (Compliance).

- **Wahl des Abschlussprüfers:**
  Der Vorschlag des Aufsichtsrats zur Wahl des Abschlussprüfers muss sich gem. § 124 Abs. 3 AktG n.F. auf die Empfehlung des Prüfungsausschusses stützen.

- **Wahl und Zusammensetzung des Prüfungsausschusses:**
  Die Mitglieder des Prüfungsausschusses sind von den **Gesellschaftern** zu wählen. Der Vorsitzende des Prüfungsausschusses darf nicht mit der Geschäftsführung im Unternehmen betraut sein.

- **Anwendungsbereich:**
  Die Verpflichtung zur Einrichtung eines entsprechenden Prüfungsausschusses erstreckt sich nicht nur auf alle kapitalmarktorientierte **Aktiengesellschaften**, sondern auch auf kapitalmarktorientierte Gesellschaften anderer Rechtsformen, d.h. insbesondere über § 52 Abs. 1 S. 1 GmbHG n.F. auf die **GmbH**, über § 38 Abs. 1a GenG n.F. auf **Genossenschaften** sowie über § 340k Abs. 5 HGB n.F. bzw. 341k Abs. 4 HGB n.F. auf **Kreditinstitute** bzw. **Versicherungen** unabhängig von der Rechtsform, sofern nicht länderrechtliche Regelungen dem entgegenstehen. Zu beachten sind aber die auch hier spezifischen Ausnahmeregelungen in § 324 Abs. 1 Satz 2 HGB n.F., im Falle der ausschließlichen Ausgabe von „Asset Backed Securities" und bei Kreditinstituten, welche nur Schuldtitel in bestimmten Umfang emittieren und nicht zur Veröffentlichung eines Prospekts nach dem Wertpapierprospektgesetz verpflichtet sind.

- **Anwendungsbeginn:**
  Gem. § 12 Abs. 4 EGAktG n.F. findet die Neuregelung bei Aktiengesellschaften keine Anwendung, solange alle Mitglieder eines Prüfungsausschusses **vor dem Inkrafttreten des BilMoG** bestellt worden sind. Eine entsprechende Übergangsregelung gilt laut den einschlägigen neuen Gesetzesbestimmungen auch für andere Rechtsformen.

6.4 Übernahme der Internationalen Prüfungsstandards (ISA) und Verordnungsermächtigung des BMJ

Die von den Gremien der **International Federation of Accountants (IFAC)**, einer internationalen Vereinigung der wirtschaftsprüfenden Berufe, erarbeiteten Prüfungsstandards, die **International Standards of Auditing** (ISA), erlangen im Rahmen des BilMoG Rechtsnormqualität in Deutschland.

Bisher:
Keine gesetzlichen Regelungen.

Nach dem BilMoG neu:

- Bei der **Durchführung einer Prüfung** sind gem. § 317 Abs. 5 HGB. n.F. die von der EU-Kommission im Wege eines Komitologieverfahrens angenommenen ISA anzuwenden.
- Das BMJ wird in § 317 Abs. 6 HGB n.F. ermächtigt, zusätzlich zu den anzuwendenden ISA durch Erlass von Rechtsverordnungen weitere Abschlussprüfungsanforderungen oder die Nichtanwendung von Teilen der ISA vorzuschreiben.
- Abweichend vom Referentenentwurf des BilMoG umfasst die Ermächtigung aber nicht mehr die Festlegung von Abschlussprüfungsverfahren.

> Die Festlegung dieser Verfahren obliegt laut der Gesetzesbegründung weiterhin dem IDW, das diese Aufgabe bereits bisher in Übereinstimmung mit den ISA übernommen hat.
> Die Anwendung der ISA bei der **Prüfung von Genossenschaften** wird nicht zwingend vorgeschrieben, es sei denn es handelt sich gem. § 53 Abs. 2 S. 2 GenG n.F. um eine große Genossenschaft i.S.d. § 58 Abs. 2 GenG n.F. oder um eine Kreditgenossenschaft, für die die Anwendung der ISA bereits unmittelbar aufgrund der Vorschriften des HGB vorgeschrieben ist.

6.5 Erweiterungen der Verantwortlichkeit des Konzernabschlussprüfers bei Übernahme der Ergebnisse vorgelagerter Prüfungen

Während in der Einzelgesellschaft ein Wirtschaftsprüfer das Prüfungsgeschehen verantworten kann, sind im Konzern in **Abhängigkeit vom Konsolidierungskreis** eine Vielzahl von Wirtschaftsprüfern bei ihrer Tätigkeit anzuleiten, zu koordinieren und bei der Einhaltung der Abschlussnormen zu überwachen.

Bisher:
Der bisherige § 317 Abs. 3 S. 2 und 3 HGB enthielt lediglich den Hinweis, dass die Arbeitsergebnisse eines anderen vorgelagerten Abschlussprüfers übernommen werden können.

Nach dem BilMoG neu:
> Der Konzernabschlussprüfer hat nach § 317 Abs. 3 S. 2 HGB n.F. die **Arbeit** eines anderen vorgelagerten Abschlussprüfers „zu überprüfen und dies zu dokumentieren".
> Der Umfang der Prüfung hängt laut Gesetzesbegründung neben der Bedeutung der von einem anderen Prüfer geprüften Teileinheit für das Gesamtbild vor allem von der fachlichen Kompetenz und der beruflichen Qualifikation des externen Prüfers ab.
> Laut der Stellungnahme des IDW zum Referentenentwurf des BilMoG handelt es sich bei der Neuregelung lediglich um die Kodifizierung der bisherigen Praxis, die auf den fachlichen Standards des Berufsstands der Wirtschaftsprüfer basiert.

6.6 Erweiterte Rotationspflichten

Soweit ein Prüfer über eine mehrjährige Prüfungstätigkeit bei einem Mandaten verfügt, ist er in der Lage, aufgrund seiner vertieften Kenntnisse besonders effizient und fundiert zu arbeiten. Er gerät jedoch in die Gefahr zunehmender Betriebsblindheit und abnehmender Objektivität. Dies zu verhindern ist das Anliegen der **Rotationsvorschriften** für die eingesetzten Prüfer.

Die Rotationsregelungen als solche, insbesondere die für kapitalmarktorientierte Gesellschaften vorgeschriebene sog. „Sieben-Jahresregel" in § 319a Abs. 1 S. 1 Nr. 4 HGB, bleiben durch das BilMoG weitgehend unberührt, wenngleich nach der Neufassung die Phase (Cooling-off Periode) zwischen zwei siebenjährigen Prüfungszeiträumen, in denen ein Abschlussprüfer nicht prüfen darf, von drei auf **zwei Jahre** verkürzt wurde.

Der Umfang der Wirtschaftsprüfer, die der Rotationsregel unterliegen wird aber erweitert.

Bisher:
Es sind nur Wirtschaftsprüfer, die den Bestätigungsvermerk **unterzeichnet** haben (§ 319a Abs. 1 S. 1 Nr. 4 HGB) von der Regelung betroffen.

> **Nach dem BilMoG neu:**
>
> ➤ Die Rotationspflicht wird gem. § 319a Abs. 1 S. 1 Nr. 4 HGB n.F. auf die **verantwortlichen Wirtschaftsprüfer** ausgedehnt, unabhängig davon, ob sie den Bestätigungsvermerk unterzeichnet haben.
> ➤ Nach § 319a Abs. 1 S. 4 HGB n.F. ist diese Rotationsvorschrift auch auf Wirtschaftsprüfungsgesellschaften mit der Maßgabe anzuwenden, dass diese das Prüfungsmandat nicht übernehmen dürfen, wenn bei der Abschlussprüfung ein Wirtschaftsprüfer beschäftigt wird, der als verantwortlicher Prüfungspartner selbst nicht Abschlussprüfer sein dürfte. Für die Wirtschaftsprüfungsgesellschaft gilt also im Umkehrschluss die Rotationsregel nicht, wenn bei der Auswahl der einzelnen Wirtschaftsprüfer bei einem Prüfungsauftrag die Rotationsvorschriften beachtet werden.
> ➤ Verantwortlicher Prüfungspartner ist nach § 319 Abs. 1 S. 5 HGB n.F. der Wirtschaftsprüfer, der den Bestätigungsvermerk unterzeichnet **oder** der als **vorrangig verantwortlich** für die Durchführung einer Prüfung bestimmt worden ist.
> ➤ Als verantwortlicher Prüfungspartner auf Konzernebene gilt nach § 319a Abs. 2 HGB n.F. auch, wer auf der **Ebene bedeutender Tochtergesellschaften** als vorrangig verantwortlich für die Durchführung der Abschlussprüfung bestimmt wurde. Die Begründung zur Beschlussempfehlung des Rechtsausschusses weist u.a. darauf hin, dass für den Fall, dass nur sog. „Package-Prüfungen" erfolgen, die Rotationsregelungen nicht gelten.
> Laut der Gesetzesbegründung gelten Tochterunternehmen dann als bedeutend, wenn sie:
> • mehr als 20 % des Konzernvermögens (vor Konsolidierung) halten oder
> • mehr als 20 % zum Konzernumsatz (vor Konsolidierung) beitragen.

6.7 Einführung einer Netzwerkregelung

Die Regelungen zur Unabhängigkeit von Wirtschaftsprüfern beschränken sich nicht nur auf den direkt betroffenen Abschlussprüfer, sondern beziehen einen weiteren Kreis von Betroffenen, das sog. **Netzwerk**, mit ein.

> **Bisher:**
> Keine gesetzlichen Regelungen.

> **Nach dem BilMoG neu:**
>
> ➤ Es erfolgt eine Ausdehnung der Unabhängigkeitsvorschriften auf das sog. Netzwerk gem. § 319b HGB n.F.
> ➤ **Definition Netzwerk**
> Nach dem Gesetzeswortlaut in § 319b HGB n.F. liegt ein Netzwerk vor, „wenn Personen bei ihrer Berufsausübung zur Verfolgung gemeinsamer wirtschaftlicher Interessen für eine gewisse Dauer zusammenwirken".
> ➤ Die **Gesetzesbegründung** spezifiziert:
> • Ein einmaliges oder nur gelegentliches Zusammenwirken reicht für die Annahme eines Netzwerkes nicht aus.
> • Entscheidend für das Vorliegen eines Netzwerks ist nicht die rechtliche Ausgestaltung, sondern die Art des Zusammenwirkens.
> • Die Bildung eines Netzwerks ist per se nicht schädlich, vielmehr kommt es darauf an, ob ein Netzwerkmitglied die Ausschlusstatbestände erfüllt.

- In der **Stellungnahme des IDW** zum Referentenentwurf des BilMoG wird darauf hingewiesen, dass die Durchführung von Gemeinschaftsprüfungen oder die gemeinschaftliche Erstellung eines Gutachtens **kein** Netzwerk begründen.
- **Ausschluss von der Abschlussprüfung**
  Ein Abschlussprüfer darf nach § 319b HGB n.F. dann die Prüfung nicht übernehmen, wenn ein Netzwerkmitglied Ausschlussgründe erfüllt, es sei denn, dass der Abschlussprüfer darlegen und beweisen kann, dass das Netzwerkmitglied auf das Ergebnis der Prüfung keinen Einfluss ausüben kann.
- Die Gesetzesbegründung verweist explizit darauf, dass mit dieser Regelung mittelständischen Unternehmen weiterhin die Möglichkeit eingeräumt wird, sich mit Spezialisten auf dem Gebiet der Unternehmensberatung zusammenzuschließen und so eine breite Produktpalette anzubieten.

6.8 Cooling-off Periode (Auszeit) beim Wechsel zum Mandanten

Die **Unabhängigkeit** und die Qualität der Arbeit des Abschlussprüfers kann gefährdet sein, wenn dieser den Wechsel in eine Führungsposition der geprüften Unternehmung unmittelbar im Anschluss seiner Prüfungstätigkeit beabsichtigt. Daher sieht das BilMoG eine Auszeit vor dem Wechsel vor.

Bisher:
Keine gesetzlichen Regelungen.

Nach dem BilMoG neu:
- Abschlussprüfer und verantwortliche Prüfungspartner i.S.v. § 319a Abs. 1 S. 5 HGB n.F. dürfen gem. 43 Abs. 3 WPO n.F. innerhalb von **zwei Jahren** nach Beendigung der Prüfungstätigkeit keine wichtige Führungstätigkeit bei dem Unternehmen ausüben, das sie zuvor geprüft haben. Die Regelung gilt allerdings gem. § 319a Abs. 1 HGB n.F. nur für kapitalmarktorientierte Unternehmen.
- Laut der **Gesetzesbegründung** liegt eine wichtige Führungstätigkeit i.S.v. § 43 Abs. 3 WPO n.F. vor, wenn der ehemalige Abschlussprüfer in seiner neuen Position Einfluss auf den aktuellen Abschlussprüfer nehmen kann oder wenn er vergangenes Fehlverhalten seitens des Unternehmens verschleiern kann.
- Eine Beschränkung auf eine bestimmte Führungsebene ist laut der Gesetzesbegründung explizit nicht vorgesehen.
- **Anwendungsbeginn:**
  Nach § 140 WPO n.F. gilt die Neuregelung noch nicht für Personen, die ihre Prüfungstätigkeit bei den Unternehmen vor dem Inkrafttreten des BilMoG aufgegeben haben.

6.9 Konkretisierung und Ausweitung der Honorarangaben

Die im Einzel- und Konzernabschluss anzugebenden **Informationen über das Prüfungshonorar** werden im Rahmen des BilMoG konkretisiert und auf weitere Unternehmen ausgedehnt.

- **Konkretisierung der Honorarangaben**
  Anzugeben ist nach § 285 S. 1 Nr. 17 bzw. § 314 Abs. 1 Nr. 9 HGB n.F. nicht wie bisher das vom Unternehmen als Aufwand erfasste Honorar, sondern das dem Unternehmen für **das Geschäftsjahr berechnete Honorar**, unabhängig vom Zeitpunkt der Vereinbarung, der tat-

sächlichen Aufwandserfassung und der Zahlung. Die Neuregelung konkretisiert die bisherige Praxis.
➢ **Ausweitung der betroffenen Unternehmen:**
Bisher:
Nur kapitalmarktorientierte Kapitalgesellschaften sind von der Regelung betroffen.

Nach dem BilMoG neu:

Ausweitung der Honorarangabe gem. § 285 S. 1 Nr. 17 bzw. § 314 Abs. 1 Nr. 9 HGB n.F. grundsätzlich auf **alle** Kapitalgesellschaften.

Ausnahmen:
- Kleine Kapitalgesellschaften.
- Mittelgroße Kapitalgesellschaften haben die Angaben auf Anforderung der WPK mitzuteilen, sofern sie nicht im Anhang angegeben werden.
- Wenn die Angaben in einem Konzernabschluss offen gelegt wurden, in den das Unternehmen einbezogen ist.

6.10 Information an die Wirtschaftsprüferkammer bei Auflösung des Prüfungsauftrags

Die **Information an die Wirtschaftsprüfungskammer** (WPK) soll die Kontinuität der Prüfungstätigkeit in einer der Prüfungspflicht unterliegenden Gesellschaft sichern.

Bisher:
Keine gesetzlichen Regelungen.

Nach dem BilMoG neu:

➢ Die WPK ist gem. § 318 Abs. 8 HGB n.F. unverzüglich und mit schriftlicher Begründung durch den Abschlussprüfer und das geprüfte Unternehmen von der Kündigung oder dem Widerruf des Prüfungsauftrags zu informieren.
➢ Die Regelung soll die Position des Abschlussprüfers stärken.
➢ Durch die schriftliche Begründung soll die WPK die Rechtmäßigkeit der Beendigung überprüfen können.

6.11 Informationsrecht bei Wechsel des Abschlussprüfers

Bei einem **Wechsel des Wirtschaftsprüfers** muss die kontinuierliche Prüfungsqualität sichergestellt werden. Es ist daher besonders wichtig, dass der neue Prüfer auf das Wissensfundament seines Vorgängers zumindest in gewissem Umfang zugreifen kann.

Bisher:
Keine gesetzlichen Regelungen.

Nach dem BilMoG neu:

➢ Der neue Abschlussprüfer hat gem. § 320 Abs. 4 HGB n.F. ein **unmittelbares Informationsrecht** gegenüber dem bisherigen Abschlussprüfer.
D.h. der bisherige Abschlussprüfer hat auf schriftliche Anfrage über das Ergebnis der bisherigen Prüfung dem neuen Abschlussprüfer zu berichten.

> Die **Gesetzesbegründung** stellt klar, dass:
> - Die Berichtspflicht nur auf Aufforderung besteht.
> - Ein Recht zur Einsicht in die Arbeitspapiere nicht besteht.
> - Von der Neuregelung die bisherige Regelung unberührt bleibt, wonach der neue Abschlussprüfer Zugang zu den relevanten Informationen (u.a. Prüfungsbericht) über das geprüfte Unternehmen selbst hat.
> - Die Neuregelung sich sowohl auf einen vorzeitigen als auch auf einen regulären Prüferwechsel bezieht.

6.12 Schriftliche Unabhängigkeitserklärung

Der Abschlussprüfer hat im **Prüfungsbericht** über Art und Umfang sowie über das Ergebnis der Prüfung schriftlich und mit gebotener Klarheit zu berichten. Für seine Arbeit unabdingbar ist seine Unabhängigkeit.

Bisher:
Keine gesetzlichen Regelungen.

Nach dem BilMoG neu:

> **Erweiterung des Prüfungsberichts** um eine Unabhängigkeitsbestätigung.
> Gem. § 321 Abs. 4a HGB n.F. hat der Abschlussprüfer im Prüfungsbericht seine Unabhängigkeit zu bestätigen. Ein separater Abschnitt (wie ursprünglich vorgesehen) ist hierfür nicht erforderlich.
>
> Der Deutsche Corporate Governance Kodex sieht eine **Unabhängigkeitserklärung** bereits für börsennotierte Gesellschaften vor.
>
> Die Regelung geht insoweit im Hinblick auf die betroffenen Wirtschaftsprüfer über den Deutschen Corporate Governance Kodex hinaus.

6.13 Konkretisierung des Berichtsumfangs an Aufsichtsrat und Prüfungsausschuss

Die Berichtspflichten des Abschlussprüfers an den Aufsichtsrat bzw. Prüfungsausschuss werden erweitert. Dadurch sollen diese Gremien ihren Überwachungspflichten besser nachkommen können.

Bisher:
Soweit der Jahresabschluss einer **Aktiengesellschaft** durch einen Abschlussprüfer zu prüfen ist, ist dieser gem. § 171 Abs. 1 S. 2 AktG verpflichtet, an den Sitzungen des Aufsichtsrats oder eines Ausschusses über den Abschluss teilzunehmen und über die wesentlichen Ergebnisse seiner Prüfung zu berichten. Die Regelung gilt insbesondere auch für die GmbH gem. § 52 Abs. 1 S. 1 GmbHG.

Nach dem BilMoG neu:

> Im neuen § 171 Abs. 1 S. 2 AktG n.F. wird insoweit **konkretisiert**, dass die Berichtspflicht nicht nur für den Einzelabschluss, sondern auch für den Konzernabschluss besteht, jedoch nur gegenüber dem Aufsichtsrat und Prüfungsausschüssen.

> Insbesondere wird aber bestimmt, dass über **wesentliche Schwächen** des internen Kontroll- und des Risikomanagementsystems bezogen auf den Rechnungslegungsprozess berichtet werden muss.
> Ferner hat der Abschlussprüfer gem. § 171 Abs. 1 S. 3 AktG n.F. über Umstände, die eine mögliche Befangenheit begründen könnten und über Leistungen, die er zusätzlich über die Prüfungstätigkeit hinaus für das Unternehmen erbracht hat, zu berichten.
> Die Änderungen gelten mit dem Inkrafttreten des BilMoG.

6.14 Zusammenfassung und ergänzender Hinweis

Gegenstand	Bisheriges Recht	Neues Recht
Zusammensetzung des Aufsichtrats kapitalmarktorientierter Gesellschaften	Keine gesetzliche Regelung	Grundsätzlich muss mindestens ein unabhängiges Aufsichtsratsmitglied über Sachverstand auf den Gebieten Rechnungslegung oder Abschlussprüfung verfügen. Ist dies nicht der Fall, muss ein Prüfungsausschuss eingerichtet werden
Prüfungsausschuss kapitalmarktorientierter Gesellschaften	Keine gesetzliche Regelung	Falls kein Aufsichtsratsmitglied die Kriterien „Unabhängigkeit" und „Sachverstand" erfüllt bzw. kein Aufsichtsrat eingerichtet wurde, muss ein entsprechender Prüfungsausschuss eingerichtet werden
Übernahme der International Auditing Standards (ISA) und Verordnungsermächtigung des BMJ	Keine gesetzliche Regelung	Anzuwenden sind grundsätzlich die von der EU angenommenen ISA sowie die vom BMJ im Rahmen einer Rechtsverordnung vorgeschriebenen Regelungen
Verantwortlichkeit des Konzernabschlussprüfers bei Übernahme der Ergebnisse eines vorgelagerten Prüfers	Möglichkeit zur Übernahme bei entsprechender Qualität der Abschlussprüfung laut IDW-Prüfungsstandards	Gesetzliche Verankerung des Rechts zur Übernahme, wenn Überprüfung der Arbeit des vorgelagerten Prüfers erfolgt und dies dokumentiert wird
Abschlussprüfer, die der Rotationsregelung unterliegen	Abschlussprüfer, die den Bestätigungsvermerk unterzeichnet haben	Ausdehnung auf verantwortliche Prüfungspartner
Cooling-off Periode zwischen zwei Prüfungsabschnitten im Rahmen der Rotationsregel	Drei-Jahres-Frist	Zwei-Jahres-Frist

Gegenstand	Bisheriges Recht	Neues Recht
Netzwerkregelung	Keine gesetzliche Regelung	Abschlussprüfer ist von der Abschlussprüfung ausgeschlossen, wenn ein Netzwerkmitglied bestimmte Ausschlussgründe erfüllt
Cooling-off Periode bei Wechsel zum Mandanten	Keine gesetzliche Regelung	Zwei-Jahres-Frist
Offenlegung der Honorare der Abschlussprüfer	➢ Bisher nur für kapitalmarktorientierte Kapitalgesellschaften vorgeschrieben ➢ Angabe des Honoraraufwands	➢ Grundsätzlich für alle Kapitalgesellschaften vorgeschrieben, außer für kleine und mittelgroße sowie bei Einbeziehung in Konzernabschluss ➢ Angabe der berechneten Honorare
Information an die Wirtschaftsprüferkammer bei Auflösung des Prüfungsauftrags	Keine gesetzliche Regelung	Unverzüglich und mit schriftlicher Begründung durch den Abschlussprüfer und das geprüfte Unternehmen
Information bei Wechsel des Abschlussprüfers	Keine gesetzliche Regelung	Der neue Abschlussprüfer hat ein unmittelbares Informationsrecht gegenüber dem bisherigen Abschlussprüfer
Schriftliche Unabhängigkeitsbestätigung des Abschlussprüfers	Keine gesetzliche Regelung, aber Vorschlag des Deutschen Corporate Governance Kodex für börsennotierte Unternehmen	Gesetzlich vorgeschrieben innerhalb des Prüfungsberichts
Berichtsumfang an Aufsichtsrat und Prüfungsausschuss	Wesentliche Ergebnisse der Abschlussprüfung	Zusätzliche Berichtspflichten, u.a. über Kontroll- und Risikomanagementsystem

Ergänzender Hinweis:
Neben den genannten Änderungen zur Corporate Governance und Abschlussprüfung enthält das BilMoG ausgewählte branchenspezifische Einzelregelungen (z.B. für die Prüfung von Kreditinstituten durch einen Prüfungsverband in § 340k Abs. 2a HGB n.F.) und berufsrechtliche Regelungen (z.B. zur Einrichtung eines Registers bei der Wirtschaftsprüferkammer für die genossenschaftlichen Prüfungsverbände in § 40a WPO n.F. oder zur Ordnungswidrigkeit von Abschlussprüfungen in § 133a WPO n.F.).

7. Resümee und Ausblick
7.1 Veränderungen der bilanzpolitischen Spielräume
7.1.1 Verlagerung der bilanzpolitischen Stellschrauben

Für die **Bilanzpolitik** gibt es verschiedene Ansatzpunkte. Als **generelle Stufen der Bilanzpolitik** kann unterschieden werden in die Ausübung von:

1. Bilanzierungs- und Bewertungswahlrechten,
2. Ermessensspielräumen und
3. Sachverhaltsgestaltungen.

Während die erste Stufe der Bilanzpolitik sich unmittelbar aus den vom Gesetzgeber eingeräumten Wahlrechten ergibt, beinhaltet die zweite Stufe sog. versteckte Wahlrechte, d.h. der Gesetzgeber gestattet zwar kein Wahlrecht, wie z.B. im Hinblick auf die Verpflichtung zur Bewertung langfristiger Rückstellungen mit dem (abgezinsten) Erfüllungsbetrag, die Unternehmen haben aber einen gewissen Spielraum bei der Prognose dieses Erfüllungsbetrags. Im Rahmen der dritten Stufe werden Sachverhalte, z.B. Leasingverträge, so gestaltet, dass eine Bilanzierung entsprechend der Zielsetzung des Unternehmens möglich ist.

Nach neuem Recht werden zwar die **Bilanzierungs- und Bewertungswahlrechte** geringer, dafür werden aber die **Ermessensspielräume** ausgeweitet. Diese Verlagerung der bilanzpolitischen Stellschrauben zeigt schematisch folgende Abbildung.

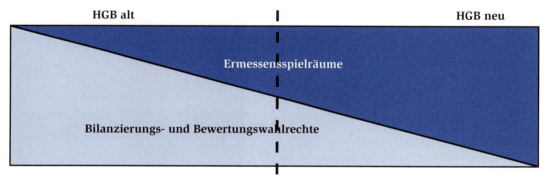

Im Hinblick auf die Ausübung der Bilanzierungs- und Bewertungswahlrechte sind zwar die verschärften Regelungen zur Stetigkeit in § 252 Abs. 1 Nr. 6 und § 246 Abs. 3 HGB n.F. zu beachten. Doch sind gem. § 252 Abs. 2 HGB n.F. in begründeten Ausnahmefällen weiterhin Durchbrechungen der Stetigkeit möglich.

7.1.2 Abschaffung von Wahlrechten im Rahmen des BilMoG
7.1.2.1 Wegfall von Ansatzwahlrechten

Folgende **Ansatzwahlrechte** gehen nach neuem Recht verloren:

Bisher	Neu
➤ Rückstellung für unterlassene Instandhaltung mit Nachholung innerhalb von 4–12 Monaten (§ 249 Abs. 1 S. 3 HGB)	➤ Ansatzverbot

Bisher	Neu
➤ Aufwandsrückstellungen (§ 249 Abs. 2 HGB)	➤ Ansatzverbot
➤ Sonderposten mit Rücklageanteil (§ 247 Abs. 3 HGB)	➤ Ansatzverbot
➤ Kosten für Ingangsetzung und Erweiterung (§ 269 HGB)	➤ Ansatzverbot
➤ Entgeltlich erworbener Goodwill (§ 255 Abs. 4 HGB)	➤ Ansatzgebot (§ 246 Abs. 1 S. 4 HGB n.F.)

7.1.2.2 Wegfall von Bewertungswahlrechten

Die nachstehend genannten bisherigen **Bewertungswahlrechte** werden neu geregelt:

Bisher	Neu
➤ Zinssatz zur Berechnung der Pensionsrückstellungen zwischen 3 % und 6 % (IDW-Stellungnahme/Praxis)	➤ Vorgegebener Zinssatz der Deutschen Bundesbank (§ 253 Abs. 2 S. 4 HGB n.F.)
➤ Wahlrecht zur Berücksichtigung erwarteter Preissteigerungen bei sonstigen Rückstellungen (h.M.)	➤ Pflicht (§ 253 Abs. 1 S. 2 HGB n.F.)
➤ Wahlrecht zur Berücksichtigung eines Gehalts- und Rententrends bei Pensionsrückstellungen (h.M.)	➤ Pflicht (§ 253 Abs. 1 S. 2 HGB n.F.)
➤ Abschreibungswahlrecht auf niedrigeren Zukunftswert (§ 253 Abs. 3 S. 3 HGB)	➤ Abschreibungsverbot
➤ Abschreibungswahlrecht im Rahmen vernünftiger kaufmännischer Beurteilung (§ 253 Abs. 4 HGB)*	➤ Abschreibungsverbot
➤ Wahlrecht für steuerrechtliche Abschreibungen (§ 254 HGB)	➤ Abschreibungsverbot
➤ Wertaufholungswahlrecht (§ 253 Abs. 5 HGB)*	➤ Wertaufholungspflicht** (§ 253 Abs. 5 S. 1 HGB n.F.)
➤ Einbeziehungswahlrecht für Fertigungs- und Materialgemeinkosten sowie Abschreibungen (fertigungsbezogen) in die Herstellungskosten (§ 255 Abs. 2 HGB)	➤ Einbeziehungspflicht (§ 255 Abs. 2 HGB n.F.)

*   Sonderregelungen für Kapitalgesellschaften gem. §§ 279–280 HGB
** **Ausnahme:**   Wertaufholungsverbot für erworbenen Goodwill gem. § 253 Abs. 5 S. 2 HGB n.F.

7.1.2.3 Wegfall von Konsolidierungswahlrechten

Die **Konsolidierungsmethoden** werden im BilMoG durch fest vorgeschriebene Vorgehensweisen ohne Wahlrechte vorgegeben, wie dies die nachstehende Tabelle zeigt:

Bisher	Neu
➤ Zulässigkeit der Interessenzusammenführungsmethode (§ 302 HGB)	➤ Abschaffung der Interessenzusammenführungsmethode
➤ Wahlrecht zwischen der Buchwert- und der Neubewertungsmethode im Rahmen der Erwerbsmethode (§ 301 Abs. 1 HGB)	➤ Pflicht zur Neubewertungsmethode (§ 301 Abs. 1 HGB n.F.)
➤ Wahlrecht zur erfolgswirksamen oder -neutralen Behandlung des erworbenen Goodwill im Rahmen der Kapitalkonsolidierung (§ 309 Abs. 1 HGB)	➤ Abschaffung der erfolgsneutralen Behandlung (§ 309 Abs. 1 HGB n.F.)
➤ Wahlrecht bei der Bestimmung des Erstkonsolidierungszeitpunkts (§ 301 Abs. 2 HGB)	➤ Festlegung des Erstkonsolidierungszeitpunkts (§ 301 Abs. 2 HGB n.F.)
➤ Verrechnungswahlrecht aktiver und passiver Unterschiedsbeträge aus der Kapitalkonsolidierung (§ 301 Abs. 3 HGB)	➤ Verrechnungsverbot (§ 301 Abs. 3 HGB n.F.)
➤ Ausweiswahlrecht zwischen der Kapitalanteilsmethode und der Buchwertmethode im Rahmen der At Equity-Konsolidierung (§ 312 HGB)	➤ Abschaffung der Kapitalanteilsmethode (§ 312 HGB n.F.)
➤ Wahlrecht der Methode zur Währungsumrechnung ausländischer Abschlüsse (bisher keine gesetzliche Regelung)	➤ Vorgabe der modifizierten Stichtagskursmethode (§ 308a HGB n.F.)

7.1.2.4 Verbleibende Wahlrechte

Von den bisherigen Wahlrechten im HGB verbleiben nach dem BilMoG noch die folgenden gesetzlichen Wahlrechte:

➤ Ansatzwahlrecht für Aktivsaldo latenter Steuern (§ 274 Abs. 1 HGB n.F.)
➤ Abschreibungswahlrecht bei nur vorübergehender Wertminderung bei Finanzanlagen (§ 253 Abs. 3 S. 4 HGB n.F.)
➤ Wahlrecht zwischen dem Anwartschaftsbarwertverfahren und dem Anwartschaftsdeckungsverfahren zur versicherungsmathematischen Berechnung der Pensionsverpflichtungen (§ 253 Abs. 1 i.V.m. § 264 Abs. 2 S. 1 HGB n.F.)
➤ Einbeziehungswahlrecht für Verwaltungskosten und Kosten für soziale Leistungen in die Herstellungskosten (§ 255 Abs. 2 S. 3 HGB n.F.)
➤ Einbeziehungswahlrecht sog. Bauzeitzinsen in die Herstellungskosten (§ 255 Abs. 3 HGB n.F.)
➤ Ansatzwahlrecht für Disagio (§ 250 Abs. 3 HGB n.F.)

> - Brutto- oder Nettomethode bei Bewertungseinheiten (§ 254 HGB n.F.)
> - Wahlrecht zur Behandlung von Investitionszuschüssen, d.h. entweder Kürzung der Anschaffungs- oder Herstellungskosten oder sofortige erfolgswirksame Vereinnahmung
> - Quotale- oder At Equity-Methode bei der Konsolidierung von Gemeinschaftsunternehmen (§ 310 Abs. 1 HGB n.F.)

> - Für bilanzpolitische Überlegungen ist insbesondere das **Ansatzwahlrecht für den Aktivsaldo latenter Steuern** sowie das **Abschreibungswahlrecht bei nur vorübergehender Wertminderung bei Finanzanlagen** relevant. Beispielsweise konnte die Daimler AG im Einzelabschluss 2008 auf rund 1,2 Mrd. € Abschreibungen bei Finanzanlagen verzichten, da davon ausgegangen wurde, dass sich die Kapitalmärkte wieder erholen (vgl. Anhangangabe zum veröffentlichten Einzelabschluss der Daimler AG, S. 8).
> - Mit den verbliebenen Wahlrechten gehen auch Ermessensspielräume einher. So finden sich weder im HGB noch in der Kommentarmeinung eindeutige Kriterien anhand derer zu beurteilen ist, wann Kursrückgänge bei Wertpapieren als dauerhaft einzustufen sind.

7.1.2.5 Neue Wahlrechte

Im Rahmen des BilMoG wurden nur wenige **neue** Wahlrechte eingeführt: die neuen Wahlrechte sind jedoch von großer bilanzpolitischer Tragweite. Zu verweisen ist auf:

> - Das Aktivierungswahlrecht für eigene Entwicklungskosten (§ 248 Abs. 2 i.V.m. § 255 Abs. 2a HGB n.F.)
>   Von diesem Wahlrecht wird allerdings in der Praxis nur in Einzelfällen Gebrauch gemacht.
> - Die Brutto- oder Nettomethode zum Ausweis der Zinserträge im Rahmen der Abzinsung langfristiger Rückstellungen (§ 277 Abs. 5 S. 1 HGB n.F.)
> - Das Ansatzwahlrecht für einen Aktivsaldo latenter Steuern wurde insoweit ausgedehnt, als hierbei auch die aktiven latenten Steuern auf steuerrechtliche Verlust-/Zinsvorträge einzubeziehen sind.

7.1.2.6 Neue Ermessensspielräume

Die **neu** entstandenen **Ermessensspielräume** resultieren vor allem aus Annäherungen der HGB-Vorschriften an Internationale Bilanzierungsstandards. Insbesondere ist zu verweisen auf:

> **Entwicklungskosten** (§ 255 Abs. 2a HGB n.F), falls Aktivierung erfolgen soll:
> - Abgrenzung von Forschungs- und Entwicklungsaufwand
> - Beurteilung, ob mit hoher Wahrscheinlichkeit ein Vermögensgegenstand entsteht
>
> **Sonstige Rückstellungen** gem. § 253 Abs. 1 S. 2 und Abs. 2 HGB n.F.:
> - Bestimmung des Erfüllungsbetrags (Preissteigerungen)
> - Festlegung der Fristigkeit und damit des Abzinsungssatzes

Pensionsrückstellungen gem. § 253 Abs. 1 und Abs. 2 sowie § 246 Abs. 2 HGB n.F.:
- Prognose von Lohn- und Gehaltssteigerungen sowie eines Rententrends
- Festlegung der Laufzeit und damit des Abzinsungssatzes
- Vorliegen der Anwendungsvoraussetzungen zur Saldierung mit Aktiva
- Zeitwertbestimmung der „Pensionsaktiva" bei Saldierung und bei wertpapiergebundenen Pensionszusagen

Latente Steuern (§ 274 HGB n.F) falls Aktivierung erfolgen soll:
- Höhe des Wertansatzes

Bewertungseinheiten (§ 254 HGB n.F.):
- Vorliegen der Anwendungsvoraussetzungen

Zweckgesellschaften (§ 290 Abs. 2 Nr. 4 HGB n.F.):
- Beurteilung, ob die Mehrheit der Risiken und Chancen übernommen wurden

---

- Neben den in der Tabelle genannten für alle Unternehmen relevanten Ermessensspielräumen ergeben sich bei Kreditinstituten weitere Ermessensspielräume im Hinblick auf die Abgrenzung des Handelsbestands, der Bestimmung der Zeitwerte des Handelsbestands und der Höhe der Risikoabschläge.
- Bei der Ausschöpfung der Ermessensspielräume sind auch die **Interpretationsspielräume** von Bedeutung, die sich daraus ergeben, dass sich zu den **unbestimmten Rechtsbegriffen** im neuen HGB noch keine herrschende Meinung gebildet hat, zu verweisen ist z.B. auf die konkreten Kriterien, die erfüllt sein müssen, damit eigene Entwicklungskosten aktiviert werden können.
- Die **Bandbreite** der möglichen Auslegung reicht von einer eher konservativen Interpretation, die stark am Vorsichtsprinzip orientiert ist, bis zu einer progressiven Interpretation, die stark in Richtung der IFRS geht. Die folgende Abbildung zeigt schematisch das Interpretationsspektrum auf.

7.2 Auseinanderfallen von Handels- und Steuerbilanz

7.2.1 Gründe für das Auseinanderfallen

Die Handels- und Steuerbilanz gehen durch das BilMoG weiter auseinander. Bisher war eine sog. „Einheitsbilanz" bis auf wenige Einzelfälle möglich, wie z.B. bei der Bilanzierung der Rückstellung für drohende Verluste aus schwebenden Geschäften, für die nach EStG ein Passivierungsverbot und nach HGB eine Passivierungspflicht besteht. Infolge der **Abschaffung der umgekehrten Maßgeblichkeit** einerseits und der vielen **Durchbrechungen der Maßgeblichkeit** andererseits gelten für die Steuer- und Handelsbilanz zunehmend unterschiedliche Regelungen. Die nachstehende Abbildung verdeutlicht das zunehmende Auseinanderfallen.

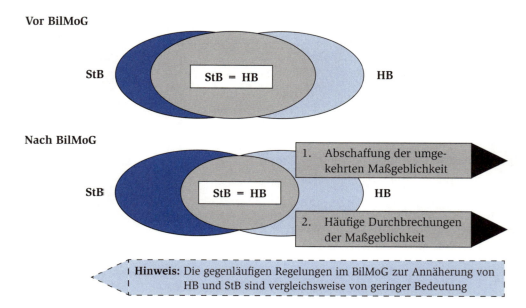

7.2.2 Zusammenfassender Überblick über die Durchbrechungen der Maßgeblichkeit im Rahmen des BilMoG

Bei den nachstehenden Bilanzposten ergeben sich durch das BilMoG **neue Unterschiede zwischen der Handels- und Steuerbilanz** infolge einer Durchbrechung der Maßgeblichkeit (vgl. zu den Unterschieden insgesamt, d.h. auch auf Basis des bisherigen Rechts, insbesondere Scheffler, 2009).

- **Eigene Entwicklungskosten**
  - HB: Ansatzwahlrecht unter bestimmten Voraussetzungen
  - StB: Ansatzverbot
- **Pensionsverpflichtungen**
  - **Berücksichtigung von Gehalts- und Rententrend**
    - HB: Pflicht
    - StB: grundsätzlich Verbot
  - **Höhe des Abzinsungssatzes**
    - HB: Marktzins gem. Vorgabe der Deutschen Bundesbank
    - StB: Gesetzlich vorgegeben 6 %
  - **Saldierung sog. Pensionsaktiva mit Pensionsverpflichtungen**
    - HB: Pflicht in bestimmten Fällen
    - StB: Verbot

  Außerdem erfolgt in der HB eine Zeitwertbewertung der Pensionsaktiva, während in der StB unverändert das Anschaffungskostenprinzip gilt.
- **Sonstige Rückstellungen**
  - **Berücksichtigung von Preis- und Kostensteigerungen**
    - HB: Pflicht
    - StB: Verbot
  - **Abzinsung langfristiger Rückstellungen**
    - HB: Marktzins gem. Vorgabe der Deutschen Bundesbank
    - StB: Gesetzlich vorgegeben 5,5 %

> **Umrechnung kurzfristiger Fremdwährungsposten** (Restlaufzeit ≤ 1 Jahr)
>   - HB: Pflicht zur Berücksichtigung von Währungsgewinnen
>   - StB: Verbot zur Berücksichtigung von Währungsgewinnen
> **Erworbener Goodwill**
>   - HB: Unternehmensindividuelle Abschreibungsdauer
>   - StB: Abschreibungsdauer gesetzlich vorgegeben mit 15 Jahren
> **Aktiver RAP für als Aufwand berücksichtigte Zölle/Verbrauchsteuern bzw. erfasste Umsatzsteuer**
>   - HB: Ansatzverbot
>   - StB: Ansatzpflicht

7.3 Resümee der neuen Vorschriften und Auswirkungen auf die Bilanzierungspraxis

Das Resümee der neuen Vorschriften und die **Auswirkungen auf die Bilanzierungspraxis** ist wie folgt zu ziehen:

1. Der Anpassungsbedarf ist unternehmensindividuell sehr unterschiedlich, er hängt entscheidend von der Ausübung der bisher bestehenden Bilanzierungs- und Bewertungswahlrechte ab.
   ⇒ **Keine Pauschalrezepte.**
2. Die Steuerbilanz und die Handelsbilanz (HGB-Einzelbilanz) gehen weiter auseinander. Damit gewinnt auch die Steuerlatenzthematik an Bedeutung.
   ⇒ **Getrennte bilanzpolitische Überlegungen in der Steuerbilanz und in der Handelsbilanz, d.h. Steuerminimierung in der Steuerbilanz (Tax Accounting) und Ausschüttungsoptimierung in der Handelsbilanz (Financial Accounting).**
   ⇒ **Weitere Spezialisierung der Mitarbeiter und Berater.**
   ⇒ **Die Steuerlatenzthematik gewinnt an Bedeutung.**
3. Der Wegfall der gesetzlichen Rechnungslegungspflichten für bestimmte kleine Unternehmen ist aus Sicht der Unternehmen zu begrüßen, bedeutet aber:
   ⇒ **Wegfall von Beratungs- und Prüfungsaufgaben.**
4. Der Übergang auf das neue HGB ist kein mechanischer Prozess, vielmehr sind organisatorische und vor allem auch bilanzpolitische Überlegungen anzustellen.
   ⇒ **Die Unternehmen müssen frühzeitig bilanzpolitische Konzepte erarbeiten. Dabei ist auch das Stetigkeitsgebot zu beachten.**
5. Die Übergangswahlrechte im EGHGB n.F. werden von den Unternehmen je nach Zielsetzung unterschiedlich ausgeübt werden.
   ⇒ **Die Vergleichbarkeit der neuen HGB-Abschlüsse wird gerade durch die unterschiedliche Ausübung der Übergangswahlrechte in den nächsten Jahren stark beeinträchtigt sein.**
6. Die neuen Rechnungslegungsvorschriften beinhalten deutlich mehr Ermessensspielräume und zusätzliche umfangreiche Anhangangaben.
   ⇒ **Höhere Komplexität der Abschlusserstellung und -prüfung.**
7. Das bilanzpolitische Instrumentarium verlagert sich von den „Wahlrechten" auf die „Ermessensspielräume".
   ⇒ **Neue Herausforderungen an die Bilanzanalyse zur Entschlüsselung der Bilanzpolitik.**

8. Die Neuregelungen beinhalten zum Teil nur eine verkürzte Form der IFRS.
   ⇒ **Zum neuen HGB-Verständnis ist IFRS-Know-how zumindest punktuell unumgänglich.**
9. Die neuen unbestimmten Rechtsbegriffe führen zu unterschiedlichen und umfangreichen Kommentierungen in der Literatur.
   ⇒ **Es wird Jahre dauern, bis sich eine herrschende Meinung zu einzelnen Neuregelungen gebildet hat, z.B. zur Frage, wie der Zeitwert einer Rückdeckungsversicherung zu bestimmen ist.**
10. Die neuen komplexen Regelungen (z.B. zur Aktivierung von Entwicklungskosten) haben Auswirkungen auf das interne Reporting und die IT-Systeme. Dabei nähern sich die externe und interne Rechnungslegung infolge des BilMoG an, wenngleich nicht in dem Umfang wie nach IFRS.
    ⇒ **Parallel mit der Umstellung der Rechnungslegung muss eine Anpassung des Berichtswesens und der IT-Systeme erfolgen.**

8. Anhang

8.1 Regelungen mit vorgezogenem Anwendungsbeginn

8.1.1 Geschäftsjahre, die nach dem 31.12.2007 beginnen gem. Art. 66 Abs. 1 EGHGB n.F.

Für Geschäftsjahre, die nach dem 31.12.2007 beginnen, gilt Folgendes:

HGB n.F.	
§ 241a	Befreiung von Buchführung und Inventar für Kleinstunternehmen
§ 242 Abs. 4	Wegfall der Bilanz und GuV für Kleinstunternehmen
§ 267 Abs. 1	Anhebung Größenklassen für kleine Kapitalgesellschaften
§ 267 Abs. 2	Anhebung Größenklassen für mittelgroße Kapitalgesellschaften
§ 293 Abs. 1	Anhebung der Größenklassen für Kleinkonzerne

8.1.2 Geschäftsjahre, die nach dem 31.12.2008 beginnen gem. Art. 66 Abs. 2 EGHGB n.F.

Für Geschäftsjahre, die nach dem 31.12.2008 beginnen, gilt Folgendes*:

HGB n.F.	
§ 285 Nr. 3, 3a/ § 314 Abs. 1 Nr. 2, 2a	Angabe von nicht in der Bilanz erscheinenden Geschäften
§ 285 Nr. 16/ § 314 Abs. 1 Nr. 8	Angabe, dass Entsprechenserklärung nach 161 AktG abgegeben und zugänglich gemacht worden ist
§ 285 Nr. 17	Honorarangaben im Anhang des Einzelabschlusses
§ 285 Nr. 21/ § 314 Abs. 1 Nr. 13	Angabe zumindest der nicht marktüblichen Geschäfte mit nahe stehenden Unternehmen und Personen
§ 288	Größenabhängige Erleichterungen der Anhangangaben soweit auf § 285 Nr. 3, 3a, 17 und 21 HGB n.F. Bezug genommen wird
§ 289 Abs. 4/ § 315 Abs. 4	Verlagerung von Angaben vom Lagebericht in den Anhang
§ 289 Abs. 5/ § 315 Abs. 2 Nr. 5	Beschreibung des internen Kontroll- und Risikomanagementsystems im Hinblick auf den (Konzern-)Rechnungslegungsprozess
§ 289a	Erklärung zur Unternehmensführung
§ 292 Abs. 2	Gleichwertigkeit ausländischer Abschlussprüfer
§ 314 Abs. 1 Nr. 9	Honorarangaben im Anhang des Konzernabschlusses

---

* Teilweise gelten die Anhangangaben aber nur, wenn bestimmte Voraussetzungen erfüllt sind, z.B. muss die Beschreibung des internen Kontroll- und Risikomanagementsystems nur erfolgen bei kapitalmarktorientierten Unternehmen bzw. wenn ein kapitalmarktorientiertes Unternehmen in den Konzernabschluss einbezogen wird.

HGB n.F.	
§ 317 Abs. 2 S. 2	Angabe, dass Erklärung zur Unternehmensführung von der Abschlussprüfung ausgeschlossen ist
§ 317 Abs. 3 S. 2	Prüfung der Arbeit vorgelagerter Abschlussprüfer durch den Konzernabschlussprüfer
§ 317 Abs. 5	Anwendung der Internationalen Prüfungsstandards
§ 317 Abs. 6	Verordnungsermächtigung des BMJ
§ 318 Abs. 3	Insbesondere redaktionelle Korrektur
§ 318 Abs. 8	Information der WPK bei Auflösung des Prüfungsauftrags
§ 319a Abs. 1 S. 1 Nr. 4 sowie S. 4, 5	Erweiterung der Rotationspflicht
§ 319a Abs. 2 S. 2	Definition verantwortlicher Prüfungspartner
§ 319b	Netzwerkregelung
§ 320 Abs. 4	Berichterstattung bei Wechsel des Abschlussprüfers
§ 321 Abs. 4a	Unabhängigkeitsbestätigung des Abschlussprüfers
§ 340k Abs. 2a	Klarstellende Regelung zur Prüfung von Kreditinstituten
§ 340l Abs. 2 S. 2 bis 4	Klarstellende Regelungen insbesondere zur Offenlegung von Kreditinstituten und deren Zweigniederlassungen
§ 341a Abs. 2 S. 5 sowie § 341j Abs. 1 S. 3	Klarstellende Ausweisregelung für Versicherungsunternehmen und Pensionsfonds

8.2 Übergangsregelungen im Einzel- und Konzernabschluss
8.2.1 Grundsätzliche Regelung

Der Übergang auf die Neuregelungen des BilMoG muss grundsätzlich **retrospektiv** erfolgen, d.h. die neuen Regelungen sind nicht nur auf neue Geschäftsvorfälle nach dem Übergang auf das BilMoG anzuwenden, sondern auch auf die nach bisherigem Recht behandelten „alten" Geschäftsvorfälle vor dem Übergang. Dadurch entstehen Anpassungseffekte, die grundsätzlich **erfolgswirksam** über die GuV in einem **Betrag** zu buchen sind (vgl. hierzu Kapitel 1.6).

Das EGHGB n.F. enthält aber hiervon in Einzelfällen **Ausnahmeregelungen**. So entfalten bestimmte neue oder geänderte Vorschriften im Rahmen der sog. **prospektiven** Anwendung nur Rechtsfolgen für „neue" Geschäftsvorfälle nach dem Übergang auf das BilMoG, keine jedoch für nach bisherigem Recht abgebildete Geschäftsvorfälle. Diese werden daher weiterhin nach den alten Regeln fortgeführt bzw. abgebildet. Darüber hinaus sehen die Ausnahmeregelungen für den Fall der retrospektiven Anpassung in bestimmten Fällen statt einer erfolgswirksamen eine **erfolgsneutrale** Anpassung durch Verrechnung der Anpassungseffekte mit den Gewinnrücklagen vor. Ferner beinhalten die Ausnahmeregelungen in einem Fall (Pensionsrückstellungen) die Möglichkeit, statt einer Anpassung in einem Betrag eine Anpassung in **mehreren Teilbeträgen** vorzunehmen. Nachstehend werden diese Ausnahmeregelungen für den Einzel- und Konzernabschluss nochmals zusammenfassend dargestellt. Alle angegebenen Artikel beziehen sich auf das EGHGB n.F.

8.2.2 Spezielle Übergangsregelungen (Ausnahmeregelungen)
8.2.2.1 Übersicht
Die nachstehende Aufstellung zeigt die **Ausnahmefälle**, in denen von dem Grundsatz der **retrospektiven erfolgswirksamen** Anpassung in **einem Betrag abgewichen** wird, im Überblick auf. Die Erläuterungen hierzu finden sich in den folgenden Aufstellungen und im Textteil des Buches bei der Darstellung der einzelnen Themen.

Ausschließlich prospektiv	Wahlweise prospektiv oder retrospektiv		Ausschließlich retrospektiv, aber mit Sonderregelung:
		falls retrospektiv:	
Einzelabschluss:	➤ Erfolgssaldo bei Rückstellungen		**erfolgsneutral**
➤ Erworbener Goodwill im Einzelabschluss	➤ Bestimmte Aufwandsrückstellungen**		➤ Latente Steuern
➤ Herstellungskosten	➤ Sonderposten mit Rücklageanteil		
➤ Entwicklungskosten	➤ Steuerrechtliche Abschreibungen**	**erfolgsneutral**	**sukzessiv**
Konzernabschluss:	➤ Aktive Rechnungsabgrenzungsposten		➤ Erhöhungsbetrag bei Pensionsrückstellungen (Wahlrecht)
➤ Angaben zum Konsolidierungskreis	➤ Bestimmte außerplanmäßige Abschreibungen		
➤ Neubewertungsmethode im Rahmen der Kapitalkonsolidierung*			
➤ Erstkonsolidierungszeitpunkt*	➤ Kosten der Ingangsetzung		
➤ Erworbener Goodwill im Rahmen der Kapitalkonsolidierung*	➤ Interessenzusammenführungsmethode im Konzernabschluss	**erfolgswirksam**	
➤ Buchwertmethode im Rahmen der At Equity-Methode			

* Mit Ausnahmen, vgl. folgende Ausführungen.
** Abschreibungen bzw. Rückstellungszuführungen, die im letzten vor dem 01.01.2010 beginnenden Geschäftsjahr vorgenommen wurden, sind aber, falls eine Auflösung erfolgt, erfolgswirksam aufzulösen (Sperrjahresregelung),

8.2.2.2 Ausschließlich prospektive Anwendung
In folgenden Fällen sind die Neuregelungen gemäß dem EGHGB n.F. erst für Geschäftsvorfälle anzuwenden, die nach dem 31.12.2009 eintreten/beginnen, d.h. die bisherige Bilanzierung und Bewertung sowie Konsolidierung für die „Altfälle" vor BilMoG ist beizubehalten und fortzuführen. Zurzeit wird in der Literatur diskutiert, ob bei einem generellen vorgezogenen Anwendungsbeginn des BilMoG gem. Art. 66 Abs. 3 S. 6 EGHGB n.F. sich auch dieser Termin auf den Beginn des ersten BilMoG-Geschäftsjahres nach vorne verschiebt. Eine h.M. hierzu hat sich noch nicht gebildet.

EGHGB n.F.		Kapitel im Buch
Einzelabschluss:		
Art. 66 Abs. 3 S. 2	Behandlung entgeltlich **erworbener Goodwill** (§ 253 HGB n.F.)	3.1.1.4.1
Art. 66 Abs. 3 S. 3	**Herstellungskostendefinition** (§ 255 Abs. 2 HGB n.F.)	3.2.4
Art. 66 Abs. 7	Behandlung eigener **Entwicklungskosten** (§§ 248 Abs. 2 und 255 Abs. 2a HGB n.F.)	3.1.1.1
Zusätzlich Konzernabschluss:		
Art. 66 Abs. 3 S. 4	Angaben bei wesentlichen **Änderungen des Konsolidierungskreises** im laufenden Jahr (§ 294 Abs. 2 HGB n.F)	4.2.2
Art. 66 Abs. 3 S. 4	Anwendung der **Neubewertungsmethode** im Rahmen der Kapitalkonsolidierung (§ 301 Abs. 1 S. 2 und 3 HGB n.F.)*	4.1.2.3.2
Art. 66 Abs. 3 S. 4	Festlegung der Erstkonsolidierung auf den Zeitpunkt, zu dem ein **Unternehmen** zur Tochtergesellschaft geworden ist (§ 301 Abs. 2 HGB n.F.)*	4.2.3
Art. 66 Abs. 3 S. 4	Aktivierung und Abschreibung entgeltlich **erworbener Goodwill** im Rahmen der Kapitalkonsolidierung (§ 309 Abs. 1 HGB n.F.)*	4.1.2.4
Art. 66 Abs. 3 S. 4	Anwendung der **Buchwertmethode** im Rahmen der **At Equity-Methode** (§ 312 HGB n.F.)	4.2.5

* Die Neuregelung ist aber gem. Art. 66 Abs. 3 S. 5 EGHGB n.F. retrospektiv anzuwenden für:
1. Tochtergesellschaften, die erstmals zu konsolidieren sind, z.B. bei Erreichen bestimmter Größenmerkmale oder aber auch im Falle von Zweckgesellschaften gem. dem neuen § 290 HGB (vgl. Kapitel 4.1.1) und
2. bei erstmaliger Aufstellung eines Konzernabschlusses für ein nach dem 31.12.2009 beginnendes Geschäftsjahr.

8.2.2.3 Wahlweise prospektive oder retrospektive Anwendung

In den folgenden Fällen räumt das EGHGB n.F. ein Wahlrecht zur Beibehaltung/Fortführung der bisherigen Bilanzierung, Bewertung und Konsolidierung ein. Für den Fall, dass das Wahlrecht nicht ausgeübt wird, ist weiterhin zu differenzieren, ob die Anpassung **erfolgsneutral** oder **erfolgswirksam** zu erfolgen hat. Soweit Beträge erfolgsneutral in die Gewinnrücklagen eingestellt werden, unterliegen sie keiner besonderen Verwendungsbeschränkung, d.h. sie können uneingeschränkt entnommen und ausgeschüttet werden.

8.2 Übergangsregelungen im Einzel- und Konzernabschluss

EGHGB n.F.		Kapitel im Buch
Beibehaltung/Fortführung <u>oder</u> erfolg<u>neutrale</u> Anpassung:		
Art. 67 Abs. 1 S. 2–4	**Auflösungsbetrag** von **Rückstellungen** infolge der Änderungen in § 253 Abs. 1 und 2 HGB n.F. Die Beibehaltung/Fortführung des bisherigen (überhöhten) Wertes ist aber nur möglich, soweit die Überdeckung spätestens bis zum 31.12.2024 wieder zugeführt werden müsste und der Betrag der Überdeckung jeweils im Anhang des Einzelabschlusses und im Konzernanhang angegeben wird. Erfolgt eine (erfolgsneutrale) Auflösung, ist der Betrag, der nach dem 31.12.2024 wieder zugeführt werden müsste, entweder erfolgsneutral oder erfolgswirksam aufzulösen. Wird dagegen der Betrag, der bis zum 31.12.2024 wieder zugeführt werden müsste, beibehalten, ist der Betrag, der nach dem 31.12.2024 wieder zugeführt werden müsste, ergebniswirksam aufzulösen.	3.1.3.6 und 3.1.4.3
Art. 67 Abs. 3	**Aufwandsrückstellungen** gem. dem bisherigen § 249 Abs. 1 S. 3 und Abs. 2 HGB. Das Beibehaltungswahlrecht kann auch teilweise ausgeübt werden. Die Einstellung des möglichen Auflösungsbetrags in die Gewinnrücklagen ist aber nicht möglich für Beträge, die im letzten vor dem 01.01.2010 beginnenden Geschäftsjahr der Rückstellung zugeführt wurden. Falls diese Einstellungen nicht beibehalten/fortgeführt werden sollen, sind sie erfolgswirksam aufzulösen.	3.1.4.1.2
Art. 67 Abs. 3	**Sonderposten mit Rücklageanteil** gemäß den bisherigen §§ 247 Abs. 3 und 273 HGB. Im Falle der Beibehaltung ist der Posten nach den bisher geltenden Vorschriften fortzuführen.	2.1.3
Art. 67 Abs. 3	**Aktiver Rechnungsabgrenzungsposten** gemäß dem bisherigen § 250 Abs. 1 S. 2 Nr. 2 HGB (Umsatzsteuer auf erhaltene Anzahlungen); hier erfolgt eine reine Umbuchung zulasten der erhaltenen Anzahlungen. Zur Behandlung des aktiven RAP nach § 250 Abs. 1 S. 2 Nr. 1 HGB vgl. Kapitel 3.2.10.1 und 8.3.1.	3.2.10.1
Art. 67 Abs. 4	**Steuerrechtliche Abschreibungen und außerplanmäßige Abschreibungen** gemäß den bisherigen Regelungen nach §§ 253 Abs. 3 S. 3 und Abs. 4, 254 und 279 Abs. 2 HGB. Die Einstellung der Zuschreibungsbeträge in die Gewinnrücklagen ist nicht möglich für Abschreibungen auf Basis dieser Rechtsvorschriften im letzten vor dem 01.01.2010 beginnenden Geschäftsjahr. Falls diese nicht beibehalten/fortgeführt werden sollen, sind sie erfolgswirksam aufzulösen.	3.2.6, 3.2.2 und 2.1.3

EGHGB n.F.		Kapitel im Buch
Beibehaltung/Fortführung oder erfolgswirksame Anpassung:		
Einzelabschluss:		
Art. 67 Abs. 5 S. 1	**Kosten der Ingangsetzung und Erweiterung des Geschäftsbetriebs**, die gemäß der bisherigen Regelung (Bilanzierungshilfe) des § 269 HGB aktiviert wurden, können entweder unter Anwendung der für sie bisher geltenden Vorschriften fortgeführt (planmäßige Abschreibung) oder sofort in voller Höhe abgeschrieben werden. Werden die Beträge beibehalten, gilt auch die bisherige Ausschüttungssperre (§ 269 Satz 2 HGB) fort.	3.1.1.4.2
Zusätzlich Konzernabschluss:		
Art. 67 Abs. 5 S. 2	Die **Interessenzusammenführungsmethode**, die in einem vor dem 01.01.2010 beginnenden Geschäftsjahr angewandt wurde, kann beibehalten werden.	4.1.2.2

8.2.2.4 Ausschließlich retrospektive Anwendung, aber mit Sonderregelung

In den folgenden Fällen erfolgt zwar entsprechend der grundsätzlichen Vorgehensweise zwingend eine retrospektive Anpassung, diese wird aber ausnahmsweise erfolgsneutral bzw. nicht in einem Betrag erfasst.

EGHGB n.F.		Kapitel im Buch
Erfolgsneutral:		
Art. 67 Abs. 6 S. 2	**Latente Steuern** bei **erfolgsneutralen Anpassungsbuchungen** gem. Art. 67 Abs. 1 S. 3 (Auflösungsbetrag von Rückstellungen), Art. 67 Abs. 3 S. 2 (Auflösung von Aufwandsrückstellungen, Sonderposten mit Rücklageanteil und ggf. Rechnungsabgrenzungsposten) sowie Art. 67 Abs. 4 S. 2 (bestimmte außerplanmäßige Abschreibungen und steuerrechtliche Abschreibungen).	3.1.5.10
Art. 67 Abs. 6 S. 1	**Latente Steuern** aus **erstmaliger Anwendung** der §§ 274 und 306 HGB n.F.	3.1.5.10
Sukzessiv:		
Art. 67 Abs. 1 S. 1 und Abs. 2	**Erhöhungsbetrag von Pensionsrückstellungen** infolge der Änderungen in § 253 Abs. 1 und 2 HGB n.F. Sofortige Nachholung oder Ansammlung in Jahresraten in Höhe von mindestens 1/15 bis zum 31.12.2024. Die Unterdeckung ist im Anhang zum Einzel- und Konzernabschluss anzugeben.	3.1.3.6

8.3 Checkliste der erfolgswirksamen BilMoG-Anpassungen

Der Ausweis der BilMoG-Anpassungen muss grundsätzlich **erfolgswirksam** erfolgen, es sei denn, das EGHGB n.F. schreibt ausnahmsweise eine erfolgsneutrale Erfassung vor. Die nachstehende Tabellen enthalten zusammenfassend die Fälle, in denen es im Einzelabschluss zu erfolgswirksamen Anpassungsbuchungen wegen fehlender Ausnahmeregelungen kommt (vgl. hierzu u.a. auch Kirsch, 2009, S. 1050). Die Tabelle kann in der Praxis als Checkliste verwendet werden, um sachverhaltsbezogen die betragsmäßigen Auswirkungen zu erfassen, die sich im Umstellungsjahr auf das GuV-Ergebnis ergeben. Der Ausweis dieser erfolgswirksamen Anpassungen muss in der GuV gem. Art. 67 Abs. 7 EGHGB n.F. unter den Posten „außerordentliche Erträge" oder „außerordentliche Aufwendungen" erfolgen (vgl. Kapitel 1.7.1).

8.3.1 Außerordentliche Aufwendungen

	HGB n.F.	Kapitel im Buch
Erhöhungsbetrag Pensionsrückstellungen [1) 2)] Infolge erstmaliger Berücksichtigung eines Lohn- bzw. Gehalts- und Rententrends sowie der Abzinsung mit einem niedrigeren Zinssatz (lt. Deutscher Bundesbank) im Vergleich zum bisher verwendeten Zinssatz können sich höhere Pensionsrückstellungen ergeben.	§ 253 Abs. 1 S. 2 und § 253 Abs. 2	3.1.3.4 und 3.1.3.5
Erhöhungsbetrag sonstige Rückstellungen [2)] Infolge der erstmaligen Berücksichtigung von Preis- und Kostensteigerungen können sich höhere Sonstige Rückstellungen ergeben. Gegenläufig wirkt aber die gem. § 253 Abs. 2 HGB n.F. erstmals zwingend vorgeschriebene Abzinsungspflicht. Nur ein Aufwandssaldo wird ergebniswirksam gebucht.	§ 253 Abs. 1 S. 2 und § 253 Abs. 2	3.1.4.2 und 3.1.4.3
Wegfall Aktivierungswahlrecht für Ingangsetzungs- und Erweiterungskosten Aufwendungen aus der sofortigen Auflösung der nach bisherigem Recht gem. § 269 HGB aktivierten Kosten für Ingangsetzung und Erweiterung des Geschäftsbetriebs, wenn von dem Wahlrecht zur Beibehaltung/Fortführung kein Gebrauch gemacht wird.	–	3.1.1.4.2
Wegfall aktiver Rechnungsabgrenzungsposten Aufwendungen aus der Auflösung der nach bisherigem Recht gem. § 250 Abs. 1 S. 2 Nr. 1 HGB gebildeten Rechnungsabgrenzungsposten für als Aufwand berücksichtigte Zölle und Verbrauchsteuern des Vorratsvermögens, wenn von dem Beibehaltungswahlrecht kein Gebrauch gemacht wird (zur Begründung der aufwandswirksamen Auflösung vgl. u.a. Kirsch, 2009, S. 1053).	–	3.2.10.2

---

1) Der Erhöhungsbetrag kann aber gem. Art. 67 Abs. 1 S. 1 EGHGB n.F. auch in Jahresraten von mindestens $1/15$ bis zum Jahr 2024 verteilt werden.
2) Für den Fall, dass sich insgesamt bei einer Rückstellung ein Auflösungsbetrag ergibt, darf dieser nicht erfolgswirksam gebucht werden, vgl. Kapitel 3.1.3.6 und 3.1.4.3.

	HGB n.F.	Kapitel im Buch
Wegfall Wertaufholung auf erworbenen Goodwill Aufwendungen aus der Rückgängigmachung einer nach bisherigem Recht vorgenommenen Wertaufholung auf einen entgeltlich erworbenen Goodwill (Wertaufholung war aber auch nach bisherigem Recht strittig).	§ 253 Abs. 5 S. 2	3.1.1.4.1

8.3.2 Außerordentliche Erträge

	HGB n.F.	Kapitel im Buch
Wegfall von Aufwandsrückstellungen Erträge aus der Auflösung von Aufwandsrückstellungen gemäß dem bisherigen § 249 Abs. 1 S. 3 und Abs. 2 HGB, wenn von dem Beibehaltungswahlrecht kein Gebrauch gemacht wird und die Beträge im letzten vor dem 01.01.2010 beginnenden Geschäftsjahr zugeführt worden sind.	–	3.1.4.1.2
Wegfall außerplanmäßiger Abschreibungen auf niedrigeren Zukunftswert Erträge aus der Aufhebung von Abschreibungen auf den niedrigeren Zukunftswert gemäß dem bisherigen § 253 Abs. 3 S. 3 HGB, wenn von dem Beibehaltungswahlrecht kein Gebrauch gemacht wird und die Abschreibungen im letzten vor dem 01.01.2010 beginnenden Geschäftsjahr vorgenommen worden sind.	–	3.2.6
Wegfall steuerrechtlicher Abschreibungen Erträge aus der Aufhebung von steuerrechtlichen Abschreibungen gem. den bisherigen §§ 254 und 279 Abs. 2 HGB, wenn von dem Beibehaltungswahlrecht kein Gebrauch gemacht wird und die steuerrechtlichen Abschreibungen im letzten vor dem 01.01.2010 beginnenden Geschäftsjahr vorgenommen worden sind.	–	2.1.3
Neuregelung zur Währungsumrechnung Erträge aus der Umrechnung von Fremdwährungsposten mit einer Restlaufzeit von einem Jahr oder weniger mit dem Devisenkassamittelkurs am Bilanzstichtag, abweichend vom bisherigen Imparitätsprinzip.	§ 256a	3.2.7
Bestimmter Auflösungsbetrag der Rückstellungen Ergibt sich ein Auflösungsbetrag, dann ist der Betrag, der nach dem 31.12.2024 wieder zugeführt werden müsste grundsätzlich erfolgswirksam aufzulösen, er kann aber auch erfolgsneutral aufgelöst werden, wenn der Betrag, der bis zum 31.12.2024 wieder nachzuholen ist, (erfolgsneutral) aufgelöst wurde.	Art. 67 Abs. 1 S. 2-4	3.1.3.6 und 3.1.4.3

Zusätzlich nur für Einzelkaufleute/Personenhandelsgesellschaften:

	HGB n.F.	Kapitel im Buch
Wegfall außerplanmäßiger Abschreibungen bei vorübergehender Wertminderung Erträge aus der Aufhebung der nach bisherigem Recht gem. § 253 Abs. 2 S. 3 HGB zulässigen außerplanmäßigen Abschreibungen bei einer nur vorübergehenden Wertminderung im Anlagevermögen.	253 Abs. 3 S. 3	3.2.1
Wegfall außerplanmäßiger Abschreibungen nach vernünftiger kaufmännischer Beurteilung Erträge aus der Aufhebung der nach bisherigem Recht gem. § 253 Abs. 4 HGB zulässigen Abschreibungen, wenn von dem Beibehaltungswahlrecht kein Gebrauch gemacht wird und die Abschreibungen im letzten vor dem 01.01.2010 beginnenden Geschäftsjahr vorgenommen worden sind.	–	3.2.2
Wegfall Wahlrecht zur Wertaufholung Erträge aus Zuschreibungen aufgrund des Wegfalls des nach bisherigen Recht gem. § 253 Abs. 5 HGB zulässigen Beibehaltungswahlrechts, wenn der Grund für eine außerplanmäßige Abschreibung entfallen ist.	§ 253 Abs. 5 S. 1	3.2.3

8.3.3 Außerordentliche Aufwendungen oder außerordentliche Erträge

	HGB n.F.	Kapitel im Buch
Zeitwertbewertung Pensionsaktiva Aufwendungen oder Erträge aus der erstmaligen Bewertung von sog. Pensionsaktiva zum beizulegenden Zeitwert im Rahmen der Saldierung mit Pensionsverpflichtungen.	§ 246 Abs. 2 S. 2	3.1.3.7
Wegfall von Verbrauchsfolgeverfahren Aufwendungen oder Erträge aus dem Wegfall eines bisher angewandten Verbrauchsfolgeverfahrens, welches nicht der LIFO- oder FIFO-Methode entsprochen hat.	§ 256	3.2.5
Hinweis! **Latente Steuern auf erfolgswirksame Anpassungsbuchungen** Aufwendungen oder Erträge aus der Bilanzierung latenter Steuern im Zusammenhang mit erfolgswirksamen BilMoG-Anpassungsbuchungen sind grundsätzlich unter den Steuern vom Einkommen und Ertrag auszuweisen; der Wortlaut des Art. 67 Abs. 7 EGHGB n.F. lässt allerdings auch den Ausweis unter den a.o. Posten in der GuV zu.	§ 274	3.1.5.10

Literaturverzeichnis

Bücher/Kommentare
Adler/Düring/Schmaltz (A/D/S): Rechnungslegung und Prüfung der Unternehmen, 6. Auflage, Stuttgart 1995 ff.
Beck'scher Bilanz-Kommentar, 7. Auflage, München 2010
Hahn, K. u.a. (Hrsg.): Die Bilanz nach Handels- und Steuerrecht, Stuttgart 2011
Gelhausen, H.F. u.a.: Rechnungslegung und Prüfung nach dem Bilanzrechtsmodernisierungsgesetz – Kommentar, Düsseldorf 2009
Haufe HGB Bilanz Kommentar, 2. Auflage, Freiburg u.a. 2011
Haufe IFRS-Kommentar, 9. Auflage, Freiburg u.a. 2010
Küting, K./Pfitzer, N./Weber, C.-P.: Das neue deutsche Bilanzrecht, 2. Auflage, Stuttgart 2010
NWB Kommentar Bilanzierung, 2. Auflage, Herne 2010
Vinken, H. u.a. (Hrsg.): BilMoG Bilanzrechtsmodernisierungsgesetz, 2. Auflage, Berlin 2011
von Eitzen, B./Zimmermann, M.: Bilanzierung nach HGB und IFRS, Weil im Schönbuch 2010

Ausgewählte Beiträge in Zeitschriften und Sammelwerken
Bertram, K.: BilMoG – Erfahrungen mit der Umsetzung, in: WPg 2011, Heft 7, S. I.
Bertram, K.: § 274 HGB Latente Steuern, in: Haufe HGB Bilanz Kommentar, Hrsg.: Bertram u.a., 2. Auflage, Freiburg 2010
Bieg, H. u.a.: Die Saarbrücker Initiative gegen den Fair Value, in: DB 2008, 2549–2552
Böcking, H./Flick, C.: Die Saarbrücker Initiative gegen den Fair Value – Erwiderung, in: DB 2009, 185–188
Dobler, M./Kurz, G.: Aktivierungspflicht für immaterielle Vermögensgegenstände in der Entstehung nach dem RegE eines BilMoG, in: KoR 2008, 485–493
Ellerbusch, M. u.a.: Die Abgrenzung latenter Steuern im Organkreis nach BilMoG, in: DStR 2009, 2443–2448
Gassen, J. u.a.: Pensionsrückstellungen nach dem BilMoG – Erste empirische Evidenz, in: DB 2011, 1061–1067
Haaker: A.: Keine (weitere) Abkehr vom Gläubigerschutz im BilMoG – keine nur einjährige Ausschüttungssperre! in: DStR 2008, 1750–1754
Hahn, K.: Anwendung der IFRS im Mittelstand – Chance oder Horrorszenario? in: IFRS-Management, Hrsg. Heyd/von Keitz, München 2007a, 197–214
Hahn, K.: Latente Steuern, in: Praxis des Rechnungswesens 3/2007, Freiburg 2007b, 419–448
Hahn, K.: Überblick über die vorgesehenen Änderungen der handelsrechtlichen Bilanzierungs-, Bewertungs- und Anhangvorschriften durch das BilMoG, in: Das Gesetz zur Modernisierung des Bilanzrechts (BilMoG), Hrsg. Freidank/Altes, Berlin 2009, 67–91
Hahn, K.: Latente Steuern im Einzelabschluss, in: Die Bilanz nach Handels- und Steuerrecht, Hrsg. Hahn u.a., Stuttgart 2011a, 630–692
Hahn, K.: Latente Steuern im Konzernabschluss, in: Die Bilanz nach Handels- und Steuerrecht, Hrsg. Hahn u.a., Stuttgart 2011b, 1213–1234
Hoffmann, W.-D./Lüdenbach, N.: Inhaltliche Schwerpunkte des BilMoG-Regierungsentwurfs, in: DStR 2008, Beiheft zu Heft 30/2008
Kienzle, T.: Der Anhang im Einzelabschluss, in: Die Bilanz nach Handels- und Steuerrecht, Hrsg. Hahn u.a., Stuttgart 2011a, 751–786
Kienzle, T.: Konzernanhang, in: Die Bilanz nach Handels- und Steuerrecht, Hrsg. Hahn u.a., Stuttgart 2011b, 1234–1253
Kirsch, H.: Geplante Übergangsvorschriften zum Jahresabschluss nach dem Regierungsentwurf des BilMoG, in: DStR 2008, 1202–1208
Kirsch, H.: Übergangsvorschriften zum Jahresabschluss nach dem Bilanzrechtsmodernisierungsgesetz, in: DStR 2009, 1048–1053

Kozikowski u.a.: § 253 HGB, in: Beck'scher Bilanzkommentar, Hrsg.: Elrott u.a., 7. Auflage, München 2010
Lüdenbach, N./Hoffmann, W.-D.: Die langen Schatten der IFRS über der HGB-Rechnungslegung, in: DStR 2007, Beiheft zu Heft 50/2007
Naumann, K.-P.: BilMoG – Was lange währt, wird endlich gut! in: WPg 2008, Heft 2, I.
Oser, P. u.a.: Eckpunkte des Regierungsentwurfs zum Bilanzrechtsmodernisierungsgesetz (BilMoG), in: WPg 2008, 675–594
Pellens, B. u.a.: Pensionsverpflichtungen nach dem Regierungsentwurf eines BilMoG – Simulation erwarteter Auswirkungen, in: DB 2008, 2373–2380
Philipps, H.: Empirische Befunde zur Ausübung von Wahlrechten und Ermessensspielräumen im ersten Jahresabschluss nach neuem Bilanzrecht, in: StuB 2011, 203–209
Schindler, J.: Bilanzierung von latenten Steuern bei Umlageverträgen im Rahmen von Organschaftsverhältnissen nach dem BilMoG, BFuP 2011, 329–344
Scheffler, W.: Bilanzrechtsmodernisierungsgesetz und steuerliche Gewinnermittlung, in: StuB 2009, 45–52
Theile, C.: BilMoG: Zur Unmaßgeblichkeit der Handels- für die Steuerbilanz, in: DStR 2008, 2031–2034
Theile, C. u.a.: Abzinsung sonstiger Rückstellungen im Jahresabschluss nach BilMoG, in: StuB 2011, 323–330
Thierer, A: Handelsrechtliche Bilanzierung von Rückdeckungsversicherungen beim Arbeitgeber, in: DB 2011, 189–195
Weigl, R. u.a.: Bilanzierung von Rückstellungen nach dem BilMoG, in: BB 2009, 1062–1066
Wüstemann, J.: Aus den Fugen: Referentenentwurf eines Bilanzrechtsmodernisierungsgesetzes, in: BB 2007, Heft 47, I.
Zwirner, C: Latente Steuern in der BilMoG-Eröffnungsbilanz – Eine sekundengenaue Problemstellung, in: DB 2010, 2686–2690

Stellungnahmen/Verlautbarungen

Bundessteuerberaterkammer: Stellungnahme zum Referentenentwurf eines Gesetzes zur Modernisierung des Bilanzrechts (Bilanzrechtmodernisierungsgesetz – BilMoG), in: http://www.bstbk.de/muster_stbk/oeffentlich/pdf/2008/Stell01_07.01.08.pdf
Bundesverband der Bilanzbuchhalter und Controller: BVBC-Stellungnahme zum Referentenentwurf eines Bilanzrechtsmodernisierungsgesetzes, in: http://www.bvbc.de/uploads/media/Stellungnahme_BVBC_BilMoG.pdf
DRSC (Hrsg.): Deutscher Rechnungslegungsstandard Nr. 18: Latente Steuern, in: Deutsche Rechnungslegungsstandards (DRS), Hrsg. DRSC, Stuttgart 2011I
IDW (Hrsg.): Stellungnahme zum Referentenentwurf eines Gesetzes zur Modernisierung des Bilanzrechts (Bilanzrechtmodernisierungsgesetz – BilMoG), in: http://www.idw.de
IDW (Hrsg.): Stellungnahme zum Regierungsentwurf eines Gesetzes zur Modernisierung des Bilanzrechts (Bilanzrechtmodernisierungsgesetz – BilMoG), in: http://www.idw.de
IDW (Hrsg.): IDW ERS HFA 27: Einzelfragen zur Bilanzierung latenter Steuern nach den Vorschriften des HGB in der Fassung des Bilanzrechtsmodernisierungsgesetzes vom 29.05.2009, in: Fachnachrichten-IDW, Heft 7/2009 (Aufgehoben am 09.09.2010 in der 221. Sitzung des HFA)
IDW (Hrsg.): IDW RH HFA 1.016: Handelsrechtliche Zulässigkeit einer komponentenweisen planmäßigen Abschreibung von Sachanlagen, in: Fachnachrichten-IDW, Heft 7/2009
IDW (Hrsg.): IDW RS HFA 4: Zweifelsfragen zum Ansatz und zur Bewertung von Drohverlustrückstellungen vom 23.06.2010, in: Fachnachrichten-IDW, Heft 7/2010
IDW (Hrsg.): IDW RS HFA 28: Übergangsregelungen des Bilanzrechtsmodernisierungsgesetzes vom 09.09.2010, in: Fachnachrichten-IDW, Heft 12/2009 und 10/2010
IDW (Hrsg.): IDW-Mitteilung vom 23.09.2010, in: http://www.idw.de/idw/portal/d601774/index.jsp
IDW (Hrsg.): IDW RS HFA 30: Handelsrechtliche Bilanzierung von Altersversorgungsverpflichtungen vom 09.09.2010, in: Fachnachrichten-IDW, Heft 10/2010

IDW (Hrsg.): IDW ERS HFA 7 n.F.: Handelsrechtliche Rechnungslegung bei Personenhandelsgesellschaften, in: Fachnachrichten-IDW, Heft 5/2011

IDW (Hrsg.): IDW ERS HFA 18 n.F.: Bilanzierung von Anteilen an Personenhandelsgesellschaften im handelsrechtlichen Jahresabschluss, in: Fachnachrichten-IDW, Heft 5/2011.

Wirtschaftsprüferkammer (Hrsg.): Stellungnahme zu dem Entwurf eines Gesetzes zur Modernisierung des Bilanzrechts (Bilanzrechtmodernisierungsgesetz – BilMoG), in: http://www.wpk.de

Gesetzesmaterialien

BR-Drucksache 270/09: Gesetzesbeschluss des Deutschen Bundestages. Gesetz zur Modernisierung des Bilanzrechts (Bilanzrechtsmodernisierungsgesetz – BilMoG) vom 27.03.09,
in: http://www.bmj.bund.de/files/-/3551/gesetzesbeschluss_bilmog.pdf

BR-Drucksache 344/08 (Beschluss): Stellungnahme des Bundesrats zum Entwurf eines Gesetzes zur Modernisierung des Bilanzrechts (Bilanzrechtsmodernisierungsgesetz – BilMoG) vom 04.07.2008, in: http://www.bmj.bund.de/files/-/3223/Stellungnahme%20Bundesrat_BilMoG.pdf

BR-Drucksache 344/08: Gesetzesentwurf der Bundesregierung. Entwurf eines Gesetzes zur Modernisierung des Bilanzrechts (Bilanzrechtsmodernisierungsgesetz – BilMoG) vom 23.05.2008.

BT-Drucksache 16/12407: Beschlussempfehlung und Bericht des Rechtsausschusses (6. Ausschuss) zu dem Gesetzentwurf der Bundesregierung – Drucksache 16/10067 – Entwurf eines Gesetzes zur Modernisierung des Bilanzrechts (Bilanzrechtsmodernisierungsgesetz – BilMoG) vom 24.03.2009, in: http://www.bmj.bund.de/files/-/3541/beschlussempfehlung_bericht_rechtsausschuss_bilmog.pdf

Bundesministerium der Justiz: Neues Bilanzrecht: Milliardenentlastung für den deutschen Mittelstand beschlossen, Pressemitteilung vom 26. März 2009, in: http://www.bmj.bund.de

Bundesministerium der Justiz: Referentenentwurf eines Gesetzes zur Modernisierung des Bilanzrechts (Bilanzrechtsmodernisierungsgesetz – BilMoG) vom 08.11.2007,
in: http://www.bmj.bund.de/files/-/2567/RefE%20BilMoG.pdf

Bundesministerium der Justiz: Eckpunkte der Reform des Bilanzrechts, Informationen für die Presse vom 08.11.2007, in: http://www.bmj.bund.de/media/archive/2515.pdf.

Bundesregierung: Gegenäußerung der Bundesregierung zur Stellungnahme des Bundesrats zum Entwurf eines Gesetzes zur Modernisierung des Bilanzrechts (Bilanzrechtsmodernisierungsgesetz – BilMoG) vom 30.07.2008, in: http://www.bmj.bund.de/files/-/3222/Stellungnahme%20Bundesrat_BilMoG.pdf

Gesetzestext

Gesetz zur Modernisierung des Bilanzrechts (Bilanzrechtsmodernisierungsgesetz – BilMoG) vom 25.05.2009, in: Bundesgesetzblatt 2009, Teil I Nr. 27, 1102–1137, ausgegeben Bonn am 28.05.2009,
Internet: www.bmj.de/files/-/3691/bilmog_gesetz_bundesgesetzblatt.pdf

Stichwortregister

A

Abgrenzungsmethode 59

Abgrenzungsposten
- für als Aufwand berücksichtige Umsatzsteuer auf erhaltene Anzahlungen 87
- für als Aufwand berücksichtige Zölle und Verbrauchssteuern auf Vorräte 88

Ableitung der Konzernbilanz nach der Buchwert- und der Neubewertungsmethode zum Zeitpunkt der Erstkonsolidierung 102

Abschaffung der Buchwertmethode 99

Abschaffung der erfolgsneutralen Goodwill-Behandlung 105

Abschaffung der umgekehrten Maßgeblichkeit 4, 14

Abschaffung des Verrechnungswahlrechts aktiver und passiver Unterschiedsbeträge 105

Abschaffung von Wahlrechten im Rahmen des BilMoG 133

Abschlussbestandteile
- Erweiterung der 20

Abweichungen zwischen der Handels- und Steuerbilanz 59

Abzinsung langfristiger Rückstellungen 50

Aktive latente Steuern
- Wertberichtigung 68

Aktivierungs- und Passivierungspflicht für latente Steuern 107

Aktivierungsverbot 25

Aktivierungswahlrecht für eigene Entwicklungskosten 3

Allgemeiner Konzerntatbestand
- Beherrschender Einfluss 96

Änderungen des Konsolidierungskreises
- Festlegung der Berichtsform 114

Anhang
- Anwendungsbeginn für Geschäftsjahre, die nach dem 31.12.2007 beginnen 141
- Anwendungsbeginn für Geschäftsjahre, die nach dem 31.12.2008 beginnen 141

Anhangangaben
- Änderungen 89
- Angaben zur Ausschüttungssperre 92
- Anteile an Investmentvermögen 90
- Anteilsliste 94
- Befreiungsregelung 94
- Geschäfte mit nahe stehenden Unternehmen und Personen 89
- mit Ergänzungsfunktion
- neue 89
- mit Ergänzungsfunktion zu den Bilanz- und GuV-Posten 89
- modifizierte mit Ergänzungsfunktion 91
- nicht ersichtliche Geschäfte 91
- Verbindlichkeiten nach Laufzeiten 93

Anhebung der Schwellenwerte 13

Anpassungsbuchungen 9

Ansatz latenter Steuern im Einzelabschluss 65

Ansatz und Bewertung latenter Steuern im Konzernabschluss 106
- infolge von Konsolidierungsvorgängen gemäß HGB 107

Anwartschaftsbarwertverfahren 37

Anwartschaftsdeckungsverfahren 37

Anwendungsbeginn für Unternehmen mit versetztem Geschäfts- und Kalenderjahr 8

Anwendungsbereich der latenten Steuern 66

Assoziiertes Unternehmen 116

At Equity Konsolidierung 108

At Fair Value through Profit or Loss 36

Aufgaben des Prüfungsausschusses 124

Außerplanmäßige Abschreibung
- im Anlage- und Umlaufvermögen 79
- im Anlagevermögen bei vorübergehender Wertminderung 78
- im Umlaufvermögen nach vernünftiger kaufmännischer Beurteilung auf niedrigeren Zukunftswert 81

Aufsichtsrat
- Zusammensetzung des 123

Aufwandsrückstellungen 48
- Abschaffung der 47
- Zulässigkeit der 47

Ausschluss von der Abschlussprüfung 128

Ausschüttungsrelevanz 4

Ausschüttungssperre 34, 92
- aktiver latenter Steuern 75
- Ergebnisabführungssperre 75

Ausstehende Einlagen 85

Ausweis der Umsatzsteuer auf erhaltene Anzahlungen
- Beispiel 88

Ausweis eines Überhangs in der Bilanz 44

Ausweis von eigenen Anteilen 86

Ausweitung der betroffenen Unternehmen 129

Auswirkungen auf die Bilanzierungspraxis 139

Auszeit beim Wechsel zum Mandanten 128

B

Beginn der Buchführungspflicht 12
Berechnung der Abführungssperre auf Ebene der Organgesellschaft 31
Berechnung von Ausschüttungssperre und ausschüttbarem Betrag 31
Beherrschender Einfluss
- vier Tatbestandsmerkmale 96

Beispiel zur Aktivierung eigener Entwicklungskosten 30
Beispiel zur Diskontierung und zum GuV-Ausweis 52
Berechnung der latenten Steuern 66
Beschreibung des internen Kontroll- und Risikomanagementsystems 122
Besteuerungsrelevanz 4
Beteiligungen einer Konzern-Tochtergesellschaft an der Konzernmuttergesellschaft 115
Beteiligungsliste 94
Bewertung des Handelsbestands 34
Bilanzielle Behandlung der Steuerguthaben aufgrund des SEStEG in den IFRS-Abschlüssen deutscher Unternehmen 23
Bilanzierungs- und Bewertungswahlrechte
- Abschaffung durch das BilMoG 3

Bilanzierung und Bewertung der Finanzinstrumente 35
Bilanzpolitik 133
Bildung einer geschlossenen Position 84
Bildung von Bewertungseinheiten 83, 84
BilMoG
- Anwendungsbeginn 7
- Gegenstand des 5
- Kostenersparnisse durch das 4
- Übergang auf das 7
- Ziele des 2

Buchwertmethode 116

C

Control-Konzept 96
Cooling-off Periode 126, 128
Corporate Governance 6
- und Abschlussprüfung 123

CTA-Modelle 44

D

Deckungsvermögen 92
Deferral-Methode 62
Deregulierungsvorschriften 11
Derivativer Goodwill 32
Deutscher Corporate Governance Kodex 124

Deutsches Rechnungslegungs Standards Committee 22
- Erweiterung der Befugnisse 22

Durchbrechungen der Maßgeblichkeit 4, 137
Durchschnittsmethode 81

E

EBIT 53
EGHGB 3, 12, 37, 48
Eigene Anteile des Mutterunternehmens 116
Eigenkapitalspiegel 20
Eigenständiger steuerlicher Anlagenspiegel 15
Einfrierungsmethode 84
Einzelabschluss 13
Entsprechenserklärung für börsennotierte AG/KGaA 94
Entwicklungskosten
- aktivierte 28
- Beispiele 29, 30
- Umfänge der Aktivierung IFRS 28
- Zeitpunkt der Aktivierung von 27

Erfolgswirksame BilMoG-Anpassungen 147
- außerordentliche Aufwendungen 147
- außerordentliche Aufwendungen oder außerordentliche Erträge 149
- außerordentliche Erträge 148

Ergebnisabführungssperre 4, 31
Erklärung zur Unternehmensführung 121
Erleichterungsvorschriften beim Übergang auf Einzelregelungen 11
Erstellung einer BilMoG-Eröffnungsbilanz 8
Erstkonsolidierung
- Festlegung des Zeitpunkts 115

Erstmalige Konsolidierung 115
Erweiterte Rotationspflichten 126
Erweitertes Niederstwertprinzip 81
Erweiterung des Konzerntatbestands 96
Erweiterungen der Verantwortlichkeit des Konzernabschlussprüfers 126
Erwerb eigener Anteile 86
Erwerbsmethode 99
- Einschränkung der Wahlrechte 100

Eventualverbindlichkeiten 93

F

Fair Value Option 36
FIFO-Methode 81
Finanzinstrumente 33
Forschungs- und Entwicklungskosten
- Bilanzierung von 25

- Unterschiede zu IFRS 27
- Vergleich IFRS und HGB 26

Forschungskosten 80
Freiwilliger vorgezogener regulärer Anwendungsbeginn 10

G

Gegenüberstellung der Konzernbilanz nach der Buchwert- und der Neubewertungsmethode 103
Gehaltstrend 40
Geringwertige Wirtschaftsgüter/Sammelposten 17
Gesetzgebungsverfahren 1
- Zeitablauf 1

Gesetzlich vorgezogener Anwendungsbeginn 11
Gewerbesteuer 66
Gewogene Durchschnittsmethode 81
Gezeichnetes Kapital 85
Gleichartige Vermögensgegenstände des Vorratsvermögens 17
Goodwill 99, 110
- aufgedeckter 110

Größenmerkmale 12
Grundsätze der Bewertungsstetigkeit 8
Grundsätze ordnungsmäßiger Bilanzierung 2
Grundsätze ordnungsmäßiger Rechnungslegung 82
GuV-Ausweis der Anpassungsbuchungen 8

H

Handelsbestand
- Ausgliederung 34
- Umgliederung 34

Handelspapiere 33
- Anhangangaben 35
- Besteuerung 35
- Bewertung von 33
- keine Zeitwertbewertung bei Nicht-Banken 33
- spezifische Anhangangaben laut RechKredV 35

Hedge-Accounting 83
Herstellungskosten
- selbst erstellter Vermögensgegenstände 80
- Umfang der 80

I

IFAC 125
Immaterielle Vermögensgegenstände 24
- Ausnahmeregelungen 25
- selbstgeschaffene 24

Impairment Only Approach des Goodwill 99
Imparitätsprinzip 82

Information an die Wirtschaftsprüferkammer bei Auflösung des Prüfungsauftrags 129
Informationen über das Prüfungshonorar 128
Informationsrecht bei Wechsel des Abschlussprüfers 129
Interessenzusammenführungsmethode 98
Internationale Prüfungsstandards 125
Internes Kontroll- und Risikomanagementsystem 122
Investitionen in Investmentvermögen 90
ISA 125

K

Kapitalanteilsmethode 116
- Abschaffung der 116

Kapitalflussrechnung 20
Kapitalkonsolidierung 98
- Aufgabe und Zweck 108
- Fallstudie 101
- Methoden der 98
- nach der Interessenzusammenführungsmethode
- Übergangsregelung 99

Kapitalmarktorientierte Kapitalgesellschaft
- Definition 22

Kauf und Verkauf von Handelspapieren 34
Komponentenansatz 55
Kongruenzprinzip 39
Konkretisierung
- der Honorarangaben 128
- des Eigenkapitalausweises 85

Konsolidierungsvorschriften des BilMoG 118
Konzept der Steuerabgrenzung 59
Konzernabschluss 13, 96
- Erhöhung der Anforderungen an einen befreienden - 117
- latente Steuern 106

Konzerntatbestand der einheitlichen Leitung 97
Korridor-Methode 39
Kosten der Ingangsetzung und Erweiterung des Geschäftsbetriebs 33
Kreditinstitute
- Pflicht zur Einstellung eines bestimmten Anteils noch nicht realisierter Gewinne aus Handelspapieren in einen ausschüttungsgesperrten Sonderposten 4

KWG 34

L

Lagebericht 121
Latente Steuern
- Anhangangaben 72

- Ansatz- und Bewertungsvorschriften 65
- Ansatz von aktiven - 67
- auf aufgedeckte stille Reserven/Lasten 108
- auf den erworbenen Goodwill 110
- auf Outside Basis Differences 112
- auf sog. „Altfälle" 75
- aus der Schuldenkonsolidierung 112
- aus der Zwischenergebniseliminierung 111
- Ausschüttungssperre 75
- Ausweis in der Bilanz und GuV 71
- Ausweisregelungen im Einzelabschluss 71
- beim Übergang auf das BilMoG 75
- erstmalige Anwendung 75
- Fallstudie 108
- Gegenüberstellung des alten und neuen § 274 HGB 56
- im Rahmen der Kapitalkonsolidierung 108
- in der BilMoG-Eröffnungsbilanz 75
- infolge von Ansatz- und Bewertungsanpassungen in der BilMoG-Eröffnungsbilanz 75

Latenzrechnung 62
- Konsolidierungsvorgängen 108
- Vor- und Nachteile 63

Latenzrechnungs-Unterschiede 77
- und Zinsvortrag 70
- Wertberichtigungen in Abhängigkeit vom Betrachtungszeitraum 63
- Wirkungsweise 57

Liability-Methode 62
- versus Deferral Methode 62

LIFO-Methode 81

M

Macro-hedging 84
Magisches Fünfeck 2
Marktzins 38

Maßgeblichkeit
- Durchbrechungen der 4

Mehrheit der Stimmrechte 97
Methode der Interessenzusammenführung 98
Micro-hedging 84
Minderheitenschutz bei befreienden Gesamtkonzernabschlüssen 113
Mindestbesteuerung 68
Modifizierte Stichtagskursmethode 117

N

Nettoausweis eigener Anteile
- Beispiel 87

Netzwerk
- Definition 127

Netzwerkregelung 127
Neubewertungsmethode 100
Neue Ermessensspielräume 136
Nicht ersichtliche Geschäfte 91
Null-Kupon-Euro-Zinsswapkurve 39

O

OCI-Methode 39
Off-balance-sheet Transactions 91
Originärer Goodwill 32
Other Comprehensive Income 39
Outside Basis Differences 113

P

Package-Prüfungen 127
Passive latente Steuern 67
Pauschalrückstellungen für Garantie- und Gewährleistungsverpflichtungen 51

Pensionsrückstellungen 36
- Ansparverfahren 36

Pensionsverpflichtungen
- Abzinsungssatz 38
- Anhangangaben 45
- Ansatz der, Übersicht 37
- Berücksichtigung von erwarteten Lohn- und Gehaltssteigerungen sowie Rentenerhöhungen 40
- durchschnittlicher Marktzinssatz 39
- Ermittlung der Abzinsungssätze durch die Deutsche Bundesbank 39

Passivierungswahlrechte 37
- Saldierung von Aktiva und Passiva 43
- Übergangsregelungen 41

Pensionszusagen
- Altzusagen und mittelbare Verpflichtungen 37

Planmäßige Abschreibungen 16
Portfolio-hedging 84
Prüfung von Genossenschaften 126
Publizitätswahlrecht 121

Q

Quotale Konsolidierung 108

R

Realisationsprinzip 83
RechKredV 35
Rechnungsabgrenzungsposten auf der Aktivseite 87
Rententrend 40

Stichwortregister

Risikoeinschätzung von in der Bilanz nicht ausgewiesenen Eventualverbindlichkeiten 93
Rotationsregel 126
Rückbeteiligungen
- Neuregelung 115

Rückstellungen
- Abzinsungspflicht 50
- Berücksichtigung künftiger Preis- und Kostensteigerungen 49
- für Steuerschulden 51
- mit einer Restlaufzeit von bis zu einem Jahr 50

Rückstellungsentwicklung mit Abzinsung und zur Ermittlung des Zinsanteils 52
Rückstellungsstand der Pensionsrückstellung nach dem Anwartschaftsbarwert- und Anwartschaftsdeckungsverfahren bei gleichen Parametern 37

S

Saldierter Ausweis aktiver und passiver latenter Steuern (Nettoausweis) 71
Schriftliche Unabhängigkeitserklärung 130
Schwellenwerte für Bilanzsumme und Umsatz 13
Segmentberichterstattung 20
Selbstgeschaffene immaterielle Vermögensgegenstände
- Ausweisvorschriften 25
- Steuerbilanz 24
- Übergangsregelung 24

Separater Ausweis der latenten Steueraufwendungen/-erträge 72
Sieben-Jahresregel 126
Sonstige Rückstellungen
- nach HGB 47
- Vergleich BilMoG mit IFRS 54
- Zusammenfassung 55

SORIE-Methode 39
Stetigkeitsgebot nach § 246 Abs. 3 S. 1 HGB n.F. 71
Stetigkeitsgrundsatz
- Erweiterung des 19

Steuerlatenzermittlung
- im Konzern
- Stufen der 64, 106

Steuerliches Verbot zur Bildung von Drohverlustrückstellungen 85

T

Tax Reconciliation 74
Temporary-Konzept 59
Timing-Konzept und Temporary Konzept 59
- Unterschiede 61

U

Übergangsregelungen im Einzel- und Konzernabschluss
- ausschließlich prospektive Anwendung 143
- ausschließlich retrospektive Anpassung, aber mit Sonderregelung 146
- grundsätzliche Regelung 142
- spezielle Übergangsregelungen (Ausnahmeregelungen) 143
- wahlweise prospektive oder retrospektive Anwendung 144

Übergangsregelungen im EGHGB 41
Überleitungsrechnung 74
Umfang der Erklärung gem. § 289a Abs. 2 HGB n.F. 121
Umgekehrte Maßgeblichkeit
- Abschaffung der 137

Unsaldierter Ausweis aktiver und passiver latenter Steuern (Bruttoausweis) 71
Unterbliebener Ausweis
- von latenten Steuern 71

V

Value-at-Risk-Abschlag 34
Verbesserung der Informationsfunktion des Konzernabschlusses 100
Verbindlichkeitsmethode 59
Verbleibende Wahlrechte 135
Verbrauchsfolgeverfahren 81
Vergleich der Buchwert- und der Neubewertungsmethode 104
Verlustvortrag 68
Vermeidung einer doppelten Anrechnung dieser passiven latenten Steuern 75
Verordnung über die Rechnungslegung der Kreditinstitute 35
Verschärfung der Wertaufholungspflichten 79
Vollkonsolidierung 108
Vorgezogener Anwendungsbeginn 11
Vorschriften zur Umsetzung der Abänderungsrichtlinie der EU 11
Vorschriften zur Umsetzung der Abschlussprüferrichtlinie der EU 11

W

Wahrung der Aufkommensneutralität 6

Währungsumrechnung
- Beispiel 83

- Einführung Modifizierte Stichtagskursmethode 117

Währungsumrechnung im Einzelabschluss 82
- Anhang 85
- zulässige Bewertungseinheiten 84

Wechsel des Wirtschaftsprüfers 129

Wechsel vom Timing-Konzept zum Temporary-Konzept 61

Wegfall bestimmter aktiver Abgrenzungsposten 87

Wegfall der Rechnungslegungspflichten
- Personenhandelsgesellschaften 12

Wegfall der Rechnungslegungspflicht für bestimmte Kleinstunternehmen 12

Wegfall von Ansatzwahlrechten 133

Wegfall von Bewertungswahlrechten 134

Wegfall von Konsolidierungswahlrechten 135

Wertberichtigungen in Abhängigkeit von der Qualität der Planzahlen 70

Wertpapiergebundene Zusagen 41

Z

Zeitbezugsmethode 117

Zinsschranke 70

Zinsvortrag 70

Zuordnung nach dem wirtschaftlichen Eigentum 21

Zusammenfassender Überblick über die Durchbrechungen der Maßgeblichkeit im Rahmen des BilMoG 138

Zusammenfassender Vergleich der Sonstigen Rückstellungen mit IFRS 54

Zusammensetzung des Aufsichtsrats 123

Zwischenergebniseliminierung 111